Law of Cause
and Effect

# 因果定律

墨　非 | 编著

中国华侨出版社
·北京·

**图书在版编目（CIP）数据**

因果定律 / 墨非编著. 一 北京：中国华侨出版社，
2019.7

ISBN 978-7-5113-7865-1

Ⅰ. ①因… Ⅱ. ①墨… Ⅲ. ①因果性 Ⅳ. ①B025.5

中国版本图书馆 CIP 数据核字（2019）第 106093 号

● 因果定律

---

编　者 / 墨　非

责任编辑 / 刘雪涛

责任校对 / 孙　丽

封面设计 / 环球设计

经　销 / 新华书店

开　本 / 670 毫米×960 毫米 1/16　印张 /17　字数 /270 千字

印　刷 / 香河利华文化发展有限公司

版　次 / 2019 年 8 月第 1 版　2019 年 8 月第 1 次印刷

书　号 / ISBN 978-7-5113-7865-1

定　价 / 39.80 元

---

中国华侨出版社　北京市朝阳区静安里 26 号通成达大厦 3 层　邮编：100028

法律顾问：陈鹰律师事务所　　　编辑部：（010）64443056　　64443979

发行部：（010）64443051　　　　传　真：（010）64439708

网　址：www.oveaschin.com　　E-mail：oveaschin@sina.com

# 前　言

　　大千世界五彩缤纷，世间万象纷繁复杂，对于生活中的很多现象也许你都已经司空见惯、习以为常了，所以根本就没有兴趣探求背后的原因，更不可能了解事情的真相了。殊不知，命运的密码就藏在自己最为熟悉却不明所以的生活现象中，它们的背后蕴含着不变的规律，这些规律都遵循着一定的逻辑，参透了这些现象，了解了其中的因果关系，你就能成功解决生活和工作中遇到的各种问题，过上自己想要的生活。

　　如果你的人生一片空白，如果你的事业没有起色，如果你总是为情所困、不知道怎么和爱人相处或者生活中缺少朋友、在任何交际场合都显得孤单，不要那么快对人生失望。你的人生不会永远定格在这里，只要你弄清了背后的因果关系，由果索因，刨除以前种下的错误的种子，播撒下希望的种子，那么你的人生就会发生改变。当然一个结果并非只对应一个原因，因果关系是错综复杂的，你的人生之所以呈现出现在这样的格局，是很多因素综合作用的结果，所以你不能只顺着一条因果链来追根溯源，而要把所有的现象和事件放在一个网状系统中分析，这就需要你对生活有更深入的理解和洞察，还需要你掌握一定的心理学知识，运用科学的方法解析各种现象。只有获得了足够的知识，才不会被事物的表象所迷惑，充分做到透过现象看本质，抓住问题的核心，找到

1

解决问题的方法。

　　本书详细介绍了手表定理、皮格马利翁效应、二八法则、吉格勒定理、羊群效应、蝴蝶效应等 100 多个风靡世界的定律、法则、效应，并辅以经典案例进行解析，中间穿插了生动的生活实例，深入浅出地阐述了其中的因果关系，可以使你在增长知识、丰富见闻的同时，更加清晰地厘清人生的脉络。掌握这些经典定律，有助于你从全新的角度和更开阔的视野看待发生在自己身边的所有事，足以令你受益终身。希望本书能够帮你解答人生中遇到的各种困惑，陪伴你度过一段美好的阅读时光。

# 目　录

1

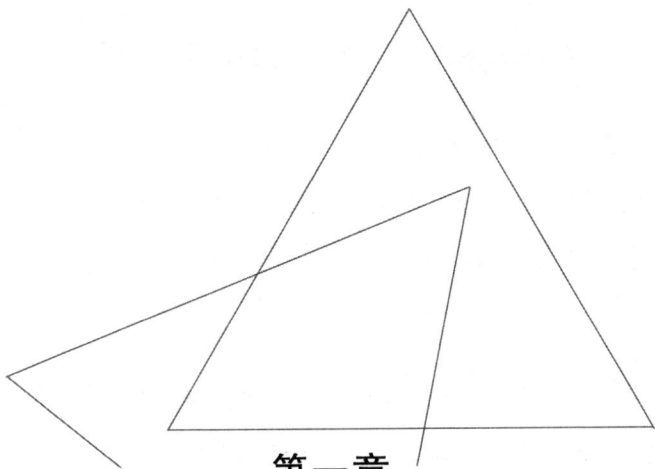

# 第一章

## 成功密码：做自己命运的舵手

    人生是由什么决定的？是神秘莫测的命运，还是自己？有的人相信宿命，要么逆来顺受，要么怨天尤人，殊不知，命运的方向掌握在你自己的手里，你的人生框架本是你自己规划的结果。万事皆有因果。所有的偶然都带有一定必然性。你最初的选择决定了你的终极命运，你的行为习惯以及你做事的方式和态度直接影响你的命运前程。

    未来并不是完全不可知的，命运也有可推理的线索，一个人若要有所造就，固然和天分、机遇有关，但是后天的努力以及情商等因素也是不可忽略的，若想改变命运，我们必须了解在客观世界和个人意识综合作用下，尤其是在个人的努力下，人生轨迹呈现出何种变化，只有透过现象看本质，我们才能破解命运的密码，做自己命运的舵手。

# 因果定律：人生没有偶然，只有必然

有人说人生中充满了偶然的际遇，你永远无法确定下一秒会发生什么，苏格拉底却认为每一件事情的发生都有一个确定的理由，每一个结果都是由一定的原因导致的，今天的一切都不是偶然的，而是和昨天的历史息息相关的。这种因果关系的铁律就被称为"因果定律"。

因果定律就像牛顿万有引力一样在现实生活中是普遍存在的，自然界中的草长莺飞、春华秋实皆是因果定律运行的结果，当你审视自身时，会发现情感、事业、家庭、人际关系等生活各方面所得的"果"，都是自己过去种下的"因"决定的，你人生的峰回路转、柳暗花明也都和因果定律有关。

如果你拥有一份足以让自己引以为傲的事业，显然是自己努力打拼的结果；如果你拥有一份美好的爱情或是一个美满的家庭，显然是你懂得珍惜和经营的结果；如果你朋友众多、人缘极佳，是因为你本身具有吸引人的特质和魅力。反之，如果你情感、事业都失意，生活潦倒不堪，多半是因为你为自己的人生播下了不良的种子，以致它不能生根、发芽，更谈不上开出芬芳的花朵，结出累累的硕果了。总之，任何事情的发生都是有原因的，而不是偶然的，即便是偶然的事件也带有一定的必然性。

拿破仑·希尔顿有一次到一所大学演讲，婉言拒绝了100美元的酬劳，理由是他在演讲中收获的东西要远远多过应得的酬金，该校校长为此非常感动，曾经动情地对自己的学生说："我在这所学校工作了整整二十年，曾有很多人应邀到我们学校发表演讲，但头一次碰到有人拒绝酬劳的情况，他声称能跟年轻人分享人生经验是一件很愉快的事，自己从演讲中也获益良多，因此坚决拒绝收取任何报酬。那个人是一家杂志的总编，我希望你们多阅读他的杂志，因为他身上所具有的美德是你们从任何一本书上都学不到的，而这种美德和品质却是应该具备的，也是你们走向社会后最不可或缺的东西。"

这所大学的学生于是纷纷订购拿破仑·希尔顿主编的《希尔的黄金定律》，杂志的销量瞬间猛增，杂志社在很短的时间内就获得了6000美元的订阅费，此后又从该校直接或间接获益50000多美元。

拿破仑·希尔顿的成功并非偶然，因果定律告诉我们，命运不会特别眷顾谁，也不会轻易遗弃谁，任何收获都是我们播种的结果。人生就像一本存折，点滴的努力、小小的善举都是存折上的正资产，日积月累，将会形成一笔无形的财富。爱默生说："因与果，手段与目的，种子与果实，全是不可分割的，因为果早就酝酿在因中，目的存在于手段之前，果实则包含在种子中……"只有倾心付出，你才能获得丰厚的回报。

有的人获得了成功，拥有了理想的生活和美满的人生，而有的人却一事无成，陷入自怨自艾的困境中无法自拔，这是为什么呢？其实这不过是因果定律在发挥作用罢了。你要想有所斩获，就必须辛勤耕耘，用双手开拓自己的人生田地，用智慧点亮自己的人生梦想，用汗水浇灌梦想之花，用坚毅的品质和善良的信念缔造美好的明天。

## 法则效应

任何一个美满的结局都是长期酝酿的结果，不要只看到别人一举成名或一夜发迹，而要认识到他们风光的背后有多少不为人知的付出，不要以为别人的运气好过自己，格外受到命运女神的垂青，世上没有无源之水、无本之木，好运不是凭空降临的。所以勤奋、善良又懂得珍惜的人通常运气不会太差，而好逸恶劳、贪图享乐、自私自利的人，即便暂时有了好运，过不了多久运气也会被耗光的。实际上，你种下什么样的"因"，就会得到什么样的"果"，想要梦想成真，拥有无悔的人生，就要磨砺自己的意志和品质，让自己成为优秀的人。

## 二八法则：抓住重点，以"少"胜"多"

心理学研究发现，人脑的记忆是存在黄金时段的，所以学生只要把握好了黄金时间，在学习过程中便能取得事半功倍的效果。通常情况下，早晨起床时，是人学习和记忆的最佳时间，早晨能记住的单词量往往比一天记忆的总和还要多。同样，工作也是存在黄金时间段的，有时你在短短两个小时取得的工作成效会超过一整天的工作总和，这就涉及了一个投入与产出的关系问题，事实证明，努力和收获之间存在一种微妙的不平衡的关系，即起关键作用的小部分努力可以给你带来意想不到的巨大收获，只要找准了关键点，你便可以以微小的代价获得巨大的收效，这就是所谓的"二八法则"。

二八法则是由意大利经济学家帕累托提出的，它所揭示的是一种不平衡的分配关系，即80%的果是由20%的因产生的，重要的部分只占少数，只要掌控了这一部分，就能控制全局。比如一个公司80%的利润是来自20%的客户，商家80%的销售额是20%的商品带来的。同样，在工作中，80%的成果来自20%的付出，而剩下的80%的努力，也就是大部分努力，对成果的影响其实是微乎其微的。传统经验告诉我们不能把所有鸡蛋放在同一个篮子里，而二八法则却告诉我们，我们必须选对篮子，然后毫不迟疑地把所有鸡蛋都放进去，集中所有的精力，把握好20%的关键因素，就能达到四两拨千斤的神奇效果。

犹太人认为宇宙之中存在着一种78：22的法则，世界上的大多数事物都是按这个比率分配的，其中22%的元素价值含金量远远超过了占绝大多数的78%的元素，比如在空气成分的构成中，氧气和其他气体占总体的22%，氮气占78%，氧气是维持人类生存最重要的气体，可它占有的比例并不高。犹太人把二八法则应用到商业领域上，把精力投放到最值得投入的少数事物上，结果取得了惊人的成功。杰出和平庸之间其实并不存在不可逾越的鸿沟，找准发力点，比埋头苦干更容易让人脱颖而出。

美国保险大王弗兰克·贝特格在刚刚进入保险行业时，业绩十分不理想，为此他感到非常灰心，甚至产生了辞职的念头，不过在离职前，他想彻底弄清自己业绩不佳的原因。回顾过去一年的工作经历，他扪心自问，自己还算是一个合格的保险推销员，他拜访了很多客户，每个工作日都非常勤奋，态度也十分热情，和客户的沟通也不存在什么问题，那么为什么他的签单率这么低呢？

翻开工作记录，弗兰克·贝特格终于找到了答案，原来他所签订的保单70%是在和客户的初次见面时成交的，20%是在跟客户第二次见面时成交的，仅有7%的保单是在跟客户第三次到第五次见面时成交的，但他却把大部分的工作时间浪费在了和客户的频繁接触上，难怪业绩这么差了。

发现问题后，弗兰克·贝特格马上调整了工作方式，终止了对客户的三次以上的拜访，把更多的时间用在了开发新客户上，结果在很短的时间内，业绩就提升了一倍。在二八法则的影响下，弗兰克·贝特格找准了努力的切入点，不再盲目投入，浪费精力，因此仅付出有限的努力就获得了80%的工作收益。

"一分耕耘，一分收获"描述的是一种理想的状态，事实上，付出越多未必就能收获越多，仔细观察你会发现，像老黄牛一样吃苦耐劳、勤勤恳恳的职场人士，付出与所得往往不成正比，人生前景也不是很乐观。努力工作本身没有错，但是精力要投放到关键"点"上，而不要放到没有主次的平面上，只有这样才能让工作富有成效。抓住20%的重点，胜过做80%的无用功，因为关键性的投入和努力，才会对产出和酬劳产生至关重要的影响。

**法则效应**

遵循二八法则不是投机取巧，也不是走捷径，而是有助于我们把有限的时间和精力投入最值得付出的事情上，它对于我们的职业规划以及具体的工作都具有积极的意义，因此我们必须对它要有一个正确的认识。

## 热手效应：别做被运气左右的"赌徒"

随手抛一枚硬币，如果硬币第一次落地的结果是正面朝上，你会理所当然地认为硬币第二次着地时正面朝上的概率会很大，而实际上硬币两次落地，不过是互不相干的随机事件而已，两者之间根本就没有必然联系。假如有一次你有幸品尝到了一份免费的甜点，就有可能想当然地以为日后还有可能吃到免费的甜点，全然忘却了世上没有免费的午餐这一放之四海而皆准的普遍真理。因为暂时的走运，就盲目相信直觉和运气，甚至以赌徒的心态看待人生，在心理学上被称作"热手效应"。

热手效应来源于篮球运动，指的是如果一个篮球队员投篮时屡屡成功，连续命中，队友们便相信他手感很好，在接下来的比赛中会选择把球传给他，但他却未必会命中，随后的表现很有可能让所有在场的人大失所望，因为每次投篮的命中率和上一次投篮的结果并不存在任何联系，所谓的"手感好"，不过是一厢情愿的直觉罢了。这就好比赌徒在玩轮盘游戏时，看到红黑两色交替出现，若是之前频繁出现红色，便会认为下次出现的一定是黑色，但事实上直觉往往是靠不住的，因为每转动一次轮盘红黑两色出现的概率都是均等的，皆为50%，根本就不受上一次游戏的影响。

在现实生活中，人们易受热手效应的误导，把互不相干的随机事件串联到一起，用直接代替理性，从而产生投机心理，做出守株待兔的荒唐行为来。在这个浮躁的社会，绝大多数人都渴望出人头地、功成名就，所不同的是有的人注重的是能力和素质上的投资，想要通过提升自身能力来改变命运，而有的人则想不劳而获，把人生看成一场赌博，偶尔尝到了甜头，就以为好运会永远伴随着自己，结果希望越大失望越大，投入越多损失越惨重。

戴维·泰勒是澳大利亚一名普通的上班族，过着平凡而宁静的生活，忽然有一天1000万澳元的大奖落在了他的头上，彻底改变了他的人生。邻居知道他中了大奖以后，游说他花费300万澳元投资一家农场，他没有管理农场的经验，一时的好运已然冲昏了他的头脑，他坚信农场能给自己带来收益，结果因为经营不善而亏了本，所有的投资全都打了水漂。

戴维·泰勒非常不甘心，又尝试了其他投资，每次都抱有强烈的投机心理，后来在短短几年里把剩余的700万澳元也全都败光了，从人人羡慕的千万富翁变成了一贫如洗的失败者，妻子因为忍受不了生活天翻地覆的变化，和他离婚了。回首往事时，他不无感慨地说，真希望自己从来就没有中过大奖。

英国的迈克尔·克洛斯在获得了120万英镑的巨额奖金之后，既没有坐吃山空地靠奖金混日子，或者挥金如土，也没有进行过任何冒险投资，而是选择继续自己的工作——卖水果蔬菜，许多人对他的做法感到不理解，他却认为一个人不能靠偶尔的幸运生活一辈子，只有脚踏实地地工作才能换来充实的生活和可靠的保障。因此他没有步戴维·泰勒的后尘。

人生不是一场赌局，用赌博代替奋斗，是不可能收获好结果的。最典型的例子莫过于人们对于炒股的热衷，当某只股票的股价持续上涨时，人们会乐观地认为股价会一直上扬，随后大量买进，没过多久就亏得血本无归，这种惨痛的经历就是盲目相信运气导致的。热手效应告诉我们运气是靠不住的，因为它是随机的，和成功之间没有必然的因果关系，能力、综合素质、机遇、天赋等因素才和成功构成因果关系链，只有破除了对运气的迷信，我们才能脚踏实地地生活。

**法则效应**

　　热手效应反映的是一种赌徒的心理状态，在现实生活中，很多人急功近利，渴望快速发财致富或是功成名就，当正当的途径无法满足其日益膨胀的野心和欲望时，带有赌博性质的冒险手段就成了他们拼命想抓住的一根稻草，但运气带有很大的随机性和偶然性，胜负是很难预料的，把一生都押注在运气和直觉上早晚会一败涂地。热手效应告诉我们一定要杜绝投机心理，要依靠自身的实力而非运气改变命运。

## 路径依赖定律：你的终极命运取决于你最初的选择

　　回首往事时，不少人曾这样调侃自己：年龄增长了，阅历不见增加；体重上升了，智慧不见增多；脸上的皱纹平添了不少，然而自己大体未改，兜兜转转又回到了原点，人生似乎进入了死循环。为什么会这样呢？其实是因为我们选择了错误的起跑线，输在了人生的起点上。在惯性力量的推动下，我们好像踏上了一条不归路，义无反顾地朝着错误的方向狂奔，这种心理就被称为"路径依赖"。

　　路径依赖定律指的是你最初的选择决定最后的结果，人一旦做出选择，便会受到路径依赖心理的影响，日后的步伐会沿着既定的路径前进，人生也会被锁定在某种状态下。

　　路径依赖定律一个广为流传的例子是有关美国航天飞机火箭助推器的宽度，它的标准宽度十分接近铁轨宽度——四英尺又八点五英寸。那么这项标准是怎么来的呢？这还得从2000多年欧洲交通史说起。古罗马人根据两匹马屁股的宽度设定了战车的宽度，其标准宽度就是四英尺又八点五英寸，后来英国人造马车的时候沿用了这一标准，起因是英国的长途老路几乎都是罗马人铺设的。电车和火车出现后，轮距和两条铁轨之间的距离依旧沿用了过去的标准。航天飞机被发明出来以后，由于两个配套的火箭助推器要靠火车运送，途中又要穿过隧道，隧道的宽度比火车轨道略宽，因此铁轨的宽度就决定了火箭推助器的宽度。最后得出的结论是，2000 年前古罗马时期两匹马屁股的宽度决定了今天美国航天飞机火箭助推器的宽度，这是多么不可思议。路径依赖定律竟然可以超越时空，影响人类 2000 年。

路径依赖定律既然可以影响人类 2000 年，那么就足以影响我们整整一生。在现实生活中，被这一定律成全或毁掉的例子比比皆是，所以我们一定要走好人生的第一步。路径依赖定律告诉我们，最初的选择规定了日后的固定跑道，也就是说，如果我们进入了良性循环的轨道，就可以不断使自身得到优化，反之若是进入了恶性循环的轨道，人生便陷入了解不开的死循环，所以我们在抉择时要慎之又慎。

戴尔电脑的创始人迈克尔·戴尔在分享品牌运作的成功商业模式和商业理念时，曾毫不隐讳地透露，戴尔电脑畅销的秘诀在于"直销模式"和"市场细分"，而这种运作模式早在他少年时期就已经在头脑中成型了。

12 岁那年，戴尔还是一个酷爱集邮的少年，他喜欢收集各种各样的邮票，然后把它们卖给跟自己一样对其着迷的人。为了赚到更多的钱，他决定不再在拍卖会上公开售卖邮票，而是说服集邮者把邮票委托给他卖，随后他在刊物上登广告宣传。那一次，他轻而易举地赚到了 2000 美元，由此他意识到抛弃中介——拍卖会，直接跟买家接触，可以获得更多的利润，直销模式的理念就这样在他的头脑中孕育成型了。

上中学时，戴尔已经尝试做电脑生意了。他发现很多经营电脑生意的商家根本就不懂电脑，既没技术又不能为顾客提供合适的产品。于是就果断地抛弃了中间商，自己购买零件组装电脑售卖，并根据顾客的需求提供不同功能的电脑，这样不仅省了成本，使自己在定价方面具有了优势，而且升级了产品的品质和服务，对市场进行了细分，能满足不同客户的个性化需求，使得产品更加受欢迎。戴尔凭借着这种商业模式创业，一步步把企业做大，在不到20年的时间里，把自己的电脑变成了风靡全球的品牌，戴尔公司也一跃成为世界上最为知名的跨国公司之一。

迈克尔·戴尔能够在商业上取得成功是因为最初选择的路径是正确的，所以路径依赖定律在他身上发挥的是正面效应的作用。我们在进行人生规划时，一定要选择正确的方向和进行正确的定位，因为你的第一份工作将成为你事业的标杆，它对你的思维模式、眼界认识、经验积累都有着深远的影响，你只有选对了池塘，才能成为一条自由游弋的大鱼。

## 法则效应

很多人在面临抉择，尤其是第一次选择时，会感到迷茫，不知道路在何方，总是抱着边尝试边探索的心态，结果选错了道路，迷失了方向，在错误的领域空耗年华，以致悔恨终身。我们在选择人生道路时，要倾听自己内心的声音，不要过度依赖他人，别人的建议只能作为参考，前方的风景是不是我们想要的，只有我们自己清楚，所以我们要相信自己的判断。

## 蝴蝶效应：细节决定的不仅仅是成败，还有命运

你相信吗？亚马孙热带雨林中的一只蝴蝶轻轻地拍打了两下翅膀，两周之后，美国的得克萨斯州将刮起一场龙卷风。一只远隔千万里的蝴蝶能引发一场飓风灾难，这听起来多少有些危言耸听。面对人们的质疑，气象学家洛伦兹声称，蝴蝶扇动翅膀会引起气流的微弱变化，导致它周围的空气和其他系统也随之发生变化，经过一系列的连锁反应，极有可能出现非常可怕的后果。这种理论就是著名的"蝴蝶效

应"。

蝴蝶效应是指微小的起因可能造成不可预知的结果，即表面上看来无关痛痒的小事情可能会给我们的人生带来巨大改变。西方有句谚语说："少了一枚铁钉，丢了一个马掌；少了一个马掌，丢了一匹战马；丢了一匹战马，败了一场战役；败了一场战役，失了一个国家。"这形象地反映了微小因素带来的不可估量的损失。

在现实生活中，蝴蝶效应的影响无处不在，比如一口痰引发工厂破产事件。在洽谈的过程中，工厂负责人随地吐了一口浓痰，引起合作方的厌恶，双方合同因此告吹，合作项目终止，进而导致工厂盈利减少、效益变差，最终破产倒闭。其实蝴蝶效应对我们的人生也能产生好的影响，譬如一次大胆的勇敢尝试，一个深思熟虑的决定，一个得体的动作，极有可能为我们叩开机遇的大门，给我们带来意想不到的惊喜和报偿。

美国福特公司是誉满全球的知名企业，它不仅在美国汽车行业独领风骚，奠定了美国汽车业在世界范围内的领军地位，还曾对美国的国民经济起到了巨大的推动作用。但谁能想到这一奇迹的创造者是因为随手捡起了一团废纸，便改变了自身和公司的命运，并创造了一个商业神话呢？

当年，福特刚刚走出校门，像所有年轻人一样对未来充满了憧憬，但同时又有点忐忑不安，初出茅庐的他没有任何资历，应聘时并不比其他的竞争者占有优势。他到一家汽车公司应聘，发现有好几个求职者学历都比自己高，所以很快便意识到自己被录用的概率其实是很小的。轮到自己面试时，福特礼貌地敲了敲门，然后走进了董事长的办公室，他一眼就瞥见了门口的地板上有一团揉皱的废纸，整个办公室都很整洁，这团废纸和整体的氛围非常不协调，于是便俯下身来捡起了废纸，随后把它扔进了垃圾篓里。

福特坐下后，正打算把心中默念了好几遍的自我介绍说出口时，董事长便直接地向他宣布："福特先生，你做得很好，我对你刚才的表现很满意，现在我很高兴地通知你，你已经被我们公司录取了。"听到这个好消息，福特当场愣住了，他做梦也没想到，自己进入公司的敲门砖居然是一团废纸，他不过很随意地捡起了废纸，这个不经意的动作竟然让他在激烈的竞争中脱颖而出。

董事长的眼光是很独到的，他拒绝了学历更高且更有资历的应聘者，直接选择了福特，福特后来的表现果然没让他失望，甚至超出了他最初的预期，这个年轻人不仅成了一匹引人注目的黑马，而且让改名后的公司进入了高速发展轨道，同时让福特汽车名扬四海，成为全世界最受消费者欢迎的汽车品牌之一。

蝴蝶效应告诉我们，一个小小的机制，将会在日后产生轰动的效应；一个微小的动作，极有可能改变我们的一生。我们的一言一行、一举一动，所能引发的连锁反应以及对未来的影响，远远超出我们的想象，因为这些小小的细节和下意识的东西，最能真实地反映一个人的操守和品质，它就像我们的个人名片，所蕴含的信息足以让别人乃至整个世界对我们产生全新的看法，所以我们绝不能忽视小事和细节。

## 法则效应

很多人认为人的命运是由至关重要的大事决定的，所以要想站得更高、走得更远，必须立大志、做大事，这种想法本身无可厚非。但在现实生活中，终其一生，我们也干不了几件惊天动地的大事，我们的生活就是由一件件琐碎的小事构成的，有时候把握住细节比不切实际的幻想更有价值。正所谓人生无小事，把握好细小的环节，也能获得巨大的收益。

## 墨菲定律：越是担忧害怕的事情，越容易发生

生活中，我们常认为概率极小的事情根本不会发生，所以对潜在的威胁常常抱有侥幸的心理，可墨菲定律却告诉我们只要概率不为零，哪怕发生的概率很低，它也极有可能发生。墨菲定律由一名叫墨菲的上尉提出，内容大意是只要你担心的事情有可能朝坏的方向发展，不管其可能性有多小，它都有可能发生，也就是说该出错的事情总会出错，该变糟的事情总会变糟。

我们或多或少都有过这样的体验：如果担心新换的地毯会被弄脏，不管自己多么小心翼翼，还是在不经意间出了岔子，不是不慎打翻了果汁就是把面包的碎屑撒在了地毯上；如果急迫地赶赴一次重要的约会，会发现打车似乎一瞬间变成了一项不可能完成的任务，忐忑不安地茫然四顾，结果几乎所有从眼前经过的出租车都载着客人绝尘而去……

墨菲定律提醒我们事情远比我们想象的要复杂得多，我们永远都不可能成为全能的超人，无论科技有多发达，无论我们的头脑有多么聪慧，总有些事情会超出我们的控制范围，事故的发生总是让人防不胜防，而我们的人生很有可能因此而悄然改变，比如临时出现状况，耽误了一场重要的面试而与心仪的工作失之交臂；在即将取得成果时出现突发状况或出现了微小的失误，导致之前所有的努力都付诸东流；因为车祸或其他偶发灾难，遭遇了重大挫折。

"只要存在出现差错的可能，事情就必将发生"，这显然是一个难以解开的"因果链"，那么是否意味着我们就该对风险听之任之，坐以待毙呢？显然不是的。墨菲定律告诉我们，要重视平时忽略的小概率事件，把风险降到最低，尽最大努力消除风险事件对我们人生的消极影响。

二战期间，有一家军工企业负责给美国空军制作降落伞，合格率高达99.9％，如果生产的是其他产品，定然会获得客户的好评，可是换成降落伞性质就不一样了，99.9％的合格率意味着每1000名伞兵当

13

中，就有一人因为背上了不合格的降落伞而丧命，这是军方所不能容忍的。经过和公司的交涉，军方提出降落伞的合格率必须达到100%，这种要求实在是太苛刻了，不少人认为这完全是不可能达到的，不过面对军方的强硬态度，公司不得不想方设法提高产品质量，负责人还曾随机抽出一个降落伞背上，亲自从飞机上跳下，结果真的实现了百分百合格率的目标，彻底消除了伞兵由于产品质量而坠伞身亡的可能性。

我们相信墨菲定律的科学性，但不能以"智者千虑必有一失""把事故风险降低到零根本不可能实现"为借口，消极地等待坏事的发生。而要通过对因果联系的分析，尽力把各种隐患消灭在萌芽状态。

日本丰田汽车公司曾奉行一种寻根究底的管理方法。一旦有机器忽然停止运转了，负责人就会马上追问："机器为什么出故障了？"员工回答："保险丝断了。"负责人继续问："保险丝为什么会断？"员工回答："是因为轴承不够润滑？"负责人又追问造成轴承不够润滑的原因是什么。员工回答说："油泵没有安装过滤器，磨损严重。"问题的源头找到了，只要立即着手解决问题，加强技术保障，完全可以杜绝同类事故再次发生。

没有什么比因为小概率的事件搞砸工作或是背上厄运、毁掉人生更让人痛心的了。事实上，只要客观上存在一定风险，我们如果不够警惕，担心的事情迟早是会发生的。所以我们要学会防微杜渐，防患于未然。

**法则效应**

由于不切实际的乐观和盲目的自信，人常常妄自尊大，把自己想象得无所不能，认为一切尽在自己的掌控中，对潜在的风险浑然不觉或是发现了异常情况，却没有引起足够的重视，结果导致坏事的发生。想要改变这种情况，我们必须纠正自己麻痹大意的生活态度，理性地看待人生中的各种事件，只有这样才能让自己的人生之舟避开不可视的暗礁和浅滩，驶向温暖明媚的阳光海岸。

## 惯性定律：卓越不是一种行为，而是一种习惯

著名心理学家威廉·詹姆士说："播下一个行动，收获一种习惯；播下一种习惯，收获一种性格；播下一种性格，收获一种命运。"由此可以得出结论：习惯决定命运。这就是心理学上的"惯性定律"。

你是否有这样的体验，明知自己身上的某个习惯可能成为前进道路上的绊脚石，或是影响自己一生的前途，却怎么也改不掉。而那些我们耳熟能详的所谓卓越人士的好习惯，无论我们怎么强迫自己身体力行地践行，都很难使其成为我们生命中的一部分，其实这就是惯性力量在起作用。惯性的本质就是一种重复性的延续。亚里士多德曾经说过："优秀是一种习惯，卓越也是一种习惯。"人的行为总是一再重复。因此，卓越不是单一的行动，而是习惯。

我们面临的最大难题是，养成好习惯不容易，改掉坏习惯更是难上加难。一个好的习惯在形成之前就像蛛丝一般脆弱，但一个坏的习惯一旦养成，就如绳索般牢固，足以套牢我们的一生。造成这种结果的原因是我们意志力不够坚定，缺乏坚持到底的精神，其实只要重复的次数足够多，长期坚持下去，好习惯完全是可以培养起来的。

苏格拉底是一个伟大的哲学家，同时也是一个了不起的教育学家，他的教学方式和教育方法在今天看来依然是别出心裁。有一天，在课堂上，他忽然对学生们说："今天我不讲什么深奥的哲学，我们只学一样东西，那就是跟我做一个简单的动作，先把胳膊抬起来，然后用力向后甩。"说完，他示范了一下甩手的动作。

学生们都忍不住笑了起来，其中一名学生不解地问："老师，这么简单的事情，难道还用学习吗？"苏格拉底严肃地说："你们不要觉得甩手是件很简单的事情，其实做好这件事是很难的。"听完老师的这番话，学生们笑得更厉害了。苏格拉底随即宣布道：

"你们学会这个动作以后，每天都要坚持做 300 遍。"学生们都有些不以为然，心想：这有什么难的呢？

过了 10 天，苏格拉底问有谁每天坚持做 300 下的甩手动作，80% 的学生都举起了手。20 天以后，苏格拉底问了同样的问题，举手的学生减少了一半。一年以后，他再次发问时，只有一名学生举起了手，他就是我们所熟知的大哲学家柏拉图。

这则故事告诉我们，坚持做同一件简单的事情并不是那么容易的，短期的坚持似乎人人都能做到，长期不懈地坚持却只有少数人才能做到，但只要你坚持下去，养成了良好的习惯，就能有一番作为。众所周知，好习惯可以让人终身受益，坏习惯则会成为我们行动的障碍，毁掉我们的大好前程。培养好习惯，克服坏习惯，唯一的秘诀就是坚持，心理学认为，形成一种新习惯只要坚持一段时间，就能习惯成自然。

一只鹰通常可以活到 70 岁，在鸟类当中，鹰的寿命可谓是最长的，但是活到 40 岁的时候，鹰的身体就明显老化了，它的嘴巴变钝，爪子也不像以前那么锋利了，捕食出现了很大的困难，假如迈不过这道坎儿，就会活活饿死。只有一种方法能让鹰存活下去，那就是反复用嘴撞击坚硬的岩石，直到让嘴巴外的硬壳完全脱落，重新长出新的外壳。随后还要把爪子上的指甲一根根硬生生地拔掉，忍受锥心的痛，把自己弄得鲜血淋漓，等到指甲重新长出来之后，就能重新捕食了。这种炼狱般的考验前后要经历 140 天，通过严酷的考验之后，鹰可以继续活 30 年。

一只鹰用 140 天的坚持换来日后 30 年的快乐，显然是非常值得的，虽然过程是那么痛苦，对于我们而言长期坚持一些好习惯，换来的就是一生的幸福，而这个过程和鹰的蜕变所经历的痛苦相比简直不值一提，那么我们还有什么理由不坚持呢？

法则效应

驴子能任劳任怨，具有坚韧不拔的毅力；千里马能日行千里，纵横天下。它们都有着各自的优秀，这种优秀虽然跟禀赋有关，但也是习惯使然，习惯了不辞劳苦或是习惯了奔腾驰骋，就会内化成一种品质。人也一样，让优秀成为自己的一种习惯，就能改变自身的行为，从而收获另一种命运。

## 波特法则：能让你脱颖而出的"独特定位"

人生在世，谁都想不虚此生，人人都期望做出一番傲人的成就，可不是所有的人都能如愿，遗憾的是不少有优秀潜质的人不能充分发挥自己的聪明才智，默默无闻地度过了一生，这是为什么呢？究其原因，主要在于他们不清楚自己的核心优势是什么，也就是说，他们对自己没有一个独特的定位，所以无法让自己在人生的舞台上大放异彩。

美国哈佛商学院教授 M. E. 波特指出，在激烈的竞争中，拥有独特的定位，才能获得独特的成功。这就是所谓的"波特法则"。波特法则强调对竞争对手最有效的防御手段就是，阻止彼此间的战斗，不走一条狭窄拥挤的路，给自己一个独特的定位，选择差异化道路，这样就不会被任何强劲的对手打败了。

其实每个人都是与众不同的，每个人都有属于自己的亮点，可惜的是大多数人都走上了大众化的道路，浪费了自己的青春和才华。仔细分析你会发现，杰出人物之所以能够闪光，不是因为优秀是他们与生俱来的品质，而是因为他们正确地运用了波特法则，充分展现出了自己最为独特的一面。罗纳尔多能成为足球先生，比尔·盖茨能缔造微软帝国，马尔克斯能获得诺贝尔文学奖，皆是因为他们不走寻常路，结合自身的优势，给了自己最独特的人生定位。精英们之所以出类拔

17

萃，不在于他们先天具有多少优势，而在于他们是否能充分运用天赋，施展自己的才华，这才是精英由平凡走向卓越的奥秘。

诺贝尔化学奖的获得者奥托·瓦拉赫在中学时代并不清楚自己擅长什么，父母希望他成为文学家，于是就苦心孤诣地培养他写作方面的能力。瓦拉赫虽然学习很用功，但整整半个学期过去了，他的表现始终差强人意，老师给他的评语是："瓦拉赫学习认真刻苦，可是写东西太过拘泥刻板了，这样的学生几乎不可能在文学上取得任何造诣。"

瓦拉赫的父母被告知他们的儿子根本不是当作家的料，不免有些失望，不过很快他们又为儿子找到了新方向，没过多久便安排他学习油画。可瓦拉赫对构图根本就不感兴趣，他对艺术的领悟也比同班同学要差很多，所以他的绘画成绩在班级里总是排在倒数的位置。学校给他的评价更糟，老师几乎把他说成了不可雕琢的朽木。

瓦拉赫一度被当成差生，许多老师都对他失去了耐心，说他不可造就，只有化学老师在他身上发现了闪光点，说他做事严谨，无论干什么都一丝不苟，这种优秀的品质正适合从事化学研究，于是便建议他改学化学。瓦拉赫在化学老师的帮助下，走上了最适合自己的发展道路，在校期间学习成绩一直名列前茅，长大后因为对科学的杰出贡献而荣获了诺贝尔化学奖。

瓦拉赫的故事告诉我们，一个人的能力发展是很不均衡的，每个人都有弱点，也都有自己最独特的优势，只有找准了定位，挖掘出自己的潜能，才能取得不俗的成就。所谓的庸才不过是暂时没有找到定位的人才，这样的人只要发现了自己最有价值的独特之处，是完全有可能实现华丽转身的。

## 法则效应

不少人认为自己怀才不遇是因为缺少机遇，但俗话说得好："是金子总是会发光的。"没有发光的金子之所以深埋地下、不见天日，原因多半出在自己身上，一味地抱怨机会太少无助于改变现状。仔细观察你会发现，很多人才华横溢、博学多识，但是却没有一项突出的专长，对自己的定位也十分模糊，这才是问题的症结所在。在激烈的竞争中，一个人若是不能展示自己的独特之处，就好比一块没有光芒的石头，不能给人眼前一亮的感觉，这样是不可能赢得更多青睐的。唯有学会运用波特法则，找到自己的独特优势，你的人生才会出现转机。

## 马蝇效应："驯服"自己的惰性

在这个快马、黑马层出不穷的时代，有些年轻人却甘愿当慢马，整天抱着得过且过的心态，浑浑噩噩地混日子，日益陷入颓废的境地，大好的光阴都被荒废了。有时候自己也痛恨这种状态，可是怎么也摆脱不了身上的惰性因子，不知道该怎样激活自己，遇到这种情况该怎么办呢？答案是时刻鞭策和激励自己。马在没有被蚊虫叮咬时，总是悠哉悠哉地缓步徐行，一路上走走停停，行进的速度比牛快不了多少，但一旦被马蝇叮咬，就再也不敢怠慢了，立即脚下生风，跑得飞快。这就是所谓的"马蝇效应"。马蝇效应告诉我们，一匹懒惰的马，如果受到了适当的压力和刺激，就会变得精神抖擞。人亦如此，没有压力就没有动力，没有破釜沉舟的决心，就不能振奋精神。

无论在工作还是生活中，我们的身边都存在着各种各样的"马蝇"，我们之所以感受不到被叮咬的刺痛，是因为自己的感觉神经太过麻木了。在自然界中，一只翠鸟向下俯冲的速度只要慢了1秒，它就会铩羽而归，久而久之会因为捕不到鱼而活活饿死。同样，一只鱼的反应速度只要比翠鸟慢了1秒，它就会成为猎食者的美餐。在非洲大草原上，每当新一天的太阳升起时，母狮都会教育自己的孩子：你必须跑得足够快才能生存，如果追不上最慢的羚羊，就没有食物可吃。

母羚羊也在教育自己的孩子：如果你不能跑过最快的狮子，就将成为猎食者的食物。同样的道理，如果我们不够努力，不能成功驯服自己改变身上的懒惰基因，就会被竞争对手赶超，很有可能因此失去立锥之地。

提起李嘉诚，人们首先想到的是他白手起家的传奇创业故事，却鲜有人知道他成功背后的辛酸。李嘉诚之所以能取得让人望尘莫及的成就，不是因为他天赋异禀，也不是因为他年少早慧、早早就立下了雄心壮志，而是他比别人更坚韧、更顽强，也更有危机感，而这些都是残酷的生活和生命的重压赋予他的。

李嘉诚的少年时代只能用命途多舛来形容，14 岁那年，战火蔓延到了他的家乡，一家人在逃难的过程中，父亲感染上了肺结核，苦苦撑了半年就离世了。经历了丧亲之痛的李嘉诚没有时间处理自己的悲伤情绪，因为他还要面对一个更现实的问题，那便是接过父亲的重担养家。他被迫辍学走上社会谋出路，先是寄居在舅父家，并在其开办的钟表公司当起了泡茶扫地的小学徒，工作十分辛苦，收入却非常微薄。

后来李嘉诚也染上了结核病，他没有钱治疗，只能靠毅力对抗病魔。他告诫自己绝不能倒下，家人需要他，他必须振作起来好好工作。为了减轻病痛，他经常早早起来爬到山顶上呼吸新鲜空气，还想了很多方法增强体质。比如，进行体育锻炼，帮厨师写家信以换取鱼杂汤，逼迫自己喝下腥味浓郁的汤水，为的是让自己的身体多吸收一些营养。在没有借助任何医疗手段的情况下，李嘉诚的肺结核不治而愈，这简直就是一个奇迹。

丧父之痛以及那段贫病交加的经历，让李嘉诚充分认识到了生活的残酷，此后他时时鞭策自己要努力奋斗，22 岁就走上了创业的道路，经过数十年的辛苦打拼，终于有了辉煌的事业。

李嘉诚的故事告诉我们，生活中的马蝇确实是客观存在的，我们感觉不到痛痒，是因为没有意识到生活的残酷性。在人生的道路上，不止有明媚的阳光和芬芳的花朵，还有电闪雷鸣和狂风暴雨，压力无处不在，危机无处不在，如果我们不能成为飞奔疾驰的骏马，就永远无法拥有一片属于自己的草原，而在竞争中落败的马儿是没有好草可吃的。因此，我们必须逼迫自己面对现实，以精神饱满的状态迎接每一天，如此才能保证不输给命运。

**法则效应**

在没有经历危机时，我们认为生活是温煦的，然而却忽略了这样一个事实，即竞争和对抗是普遍存在的，自然界中每天都在上演着捕食与反捕食的剧目。在人类社会中，我们时时面临竞争，心不在焉、掉以轻心，就会被生活狠狠教训。养尊处优只是少数人的专利，对于大多数人而言，无论是否愿意，我们都要与命运对抗和搏击，所以绝不能对生命中的"马蝇"视而不见。

## 手表定理：有专一的目标，才有专注的行动

如果戴了手表，你很容易知道时间，只要抬起手腕很快便能知道现在是几点几分，可是试想一下，如果你的手腕上戴了两只而不是一只手表，且每只表显示的时间不一样，你还能确定现在是几点钟？答案当然是否定的。两种参考标准会让人丧失对信息的判断，两只手表一定会让你无所适从，这种现象就被称为"手表定理"。

手表定理揭示的是这样一个道理，目标太多将引起人们思绪上的混乱，我们常被那只多出来的"手表"搞得心力交瘁，所以专于一个目标才是明智之举。生活中有关手表定理的例子比比皆是，比如在校读书时，有两门选修课是你非常感兴趣的，但两门课的排课时间表有冲突，这时你必定万分纠结；找工作时，同时收到了两家公司的录取通知，这两家企业待遇都很不错，各方面的条件也差不多，这时你必

定不知道该如何抉择；进入恋爱阶段，同时被两名优秀的异性追求，你又要为选择的问题而苦恼。

事实证明，有专一的目标，才有专注的行动。我们没有分身术，不可能同时命中两个目标，尽管每个目标都是那么吸引人，但我们必须做出决断，如果既想要鱼又不肯舍弃熊掌，就会像同时戴了两只手表一样，人生的程序将变得混乱。一个人心中没有目标是可怕的，没有目标就意味着没有方向，永远不可能抵达梦想的彼岸。但目标太多，同样会失去方向，而且会让人陷入疲于奔命、徒劳无功的境地。一个人一生确立的目标可能有很多，一生可做的事情也很多，但又有多少人完美地实现了一个目标，真正做好了一件事。真正在某一领域有极高造诣的人，一辈子只专注于一个目标，一生只致力于一件事，这才是他们超越平庸、非同凡响的奥秘所在。

比利时画家雷杜德画了一辈子的花卉，他尤其钟情于玫瑰，无论外面风云怎么变幻，也无论画坛上刮起什么风，他始终专心致志地画他的玫瑰，把所有的艺术激情都融入一朵朵姿容绮丽的玫瑰花中，终于成了绘画领域中最为独树一帜的杰出画家之一，被誉为"花之拉斐尔""玫瑰绘画之父"。

雷杜德生命的大部分时光是在法国度过的，他见证了风起云涌的法国大革命，目睹了政权的更迭，不少画家纷纷把创作的题材转向了那个激荡人心的历史事件，但雷杜德却没有改变自己的初衷，依旧心态平和地勾勒着玫瑰花的轮廓，整整20年，他都在画玫瑰，笔下不曾诞生过像《自由引导人民》那样的历史名画，但却记录了170种玫瑰花的风姿，他的画作集结起来足以成为一本玫瑰百科全书。雷杜德一辈子只做了一件事，那便是画玫瑰，他显然不是唯一一个把玫瑰当作创作对象的画家，但却是唯一一个用一生时光描摹玫瑰的画家，所以他画的玫瑰其艺术价值已经到了登峰造极的地步，他的艺术成就至今无人超越。

雷杜德的故事告诉我们一生只树立一个目标，把一件事做到极致，比横跨多个领域，每件事情都做得不温不火要强得多。但凡成大事者必有一个优点，那便是对工作一如既往地专注和执着。卡耐基在对100多位杰出人士的综合素质进行分析后，得出了这样一个结论：这些各大行业的精英普遍具有专注精神，他们能够在长时间内专注于一件事情。

一个人的生命有限，精力有限，那么我们该怎么把握有限的时间和精力呢？答案是只专注于一个目标，确立明确的目标后，就要把它做精做专，然后让自己成为该行业的佼佼者，这样才能让自己立于不败之地。

### 法则效应

古训说得好："欲多则心散，心散则志衰，志衰则思不达。"我们必须摒弃过多的欲望，控制住自己的贪欲，才不至于被大千世界的诱惑迷乱了心智。在面临鱼与熊掌不可兼得的困境时，只有学会舍弃，放弃那些不切实际的目标，我们才能专注于唯一的目标。在这个世界上，没有什么比专注更强大的力量了，只要你坚定不移地朝着一个方向努力，所谓的"水滴石穿""金石可镂"的奇迹完全是可以变成现实的。

## 马太效应：成功在于优势的积累

在现实世界里，很多资源都不是正态分布的。比如外表出众的人总是格外引人注目，且更容易讨人喜欢，得到的机会也比别人多，其貌不扬、各方面表现平平的人则常常备受冷落；富有魅力的人总是交游广阔，随时都能交到更多的朋友，而缺少朋友的人却总是形单影只；有头脑善于抢占先机的人，人生发展往往顺风顺水，得到第一桶金之后，个人资产便会像滚雪球一样翻倍增长，能力平庸者的日子则有可能每况愈下。也就是说，强者愈强，弱者愈弱，好的愈好，坏的愈坏，多的愈多，少的愈少，这种现象就被称为"马太效应"。

《圣经·新约》中有这么一句话："凡是有的，还要加给他叫他多余；凡是没有的，连他所有的也要夺过来。"这句话一直被视作马太效应的经典解读。马太效应是由美国科学史研究者罗伯特·莫顿提出来的，它所揭示的是社会上普遍存在的一种现象，即某一个体或群体一旦具有了绝对优势，就会获得更多的机会，从而形成一种优势积累。在这种情况下，强者会越来越主动、越来越强大，而弱者的处境则会越发艰难。罗伯特·莫顿曾经举例说："对已有相当声誉的科学家做出的科学贡献给予的荣誉越来越多，而对那些未出名的科学家则不承认他们的成绩。"科研领域如此，其他领域又何尝不是呢？这也是为什么平凡弱小者想要出人头地那么难的根本原因。马太效应告诉我们，如果不想永远走下坡路的话，就必须让自己在竞争中保持领先优势，然后不断壮大自己，形成一种优势积累，只有这样才能让自己成为强者中的强者，从而变得不可战胜。

本杰明·富兰克林出身寒微，一生只受过两年的正规教育，10岁便被迫辍学成了一名制作蜡烛的童工，12岁他进印刷厂当学徒，随后成了一名印刷工人，这份繁重的工作他做了近十年时间。工作之余，他坚持刻苦自修，广泛阅读哲学、自然科学、历史、文学等各学科的书籍，还自学了四门外语。后来他创办了自己的印刷所，凭借精湛的印刷技术和良好的信誉，在竞争激烈的印刷界牢牢站稳了脚跟。

富兰克林在印刷界做得风生水起，但他不满足于现有的成就。神秘的科学现象就像磁石般吸引着他，他对电学产生了浓厚的兴趣，于是便壮着胆子尝试了轰动世界的用风筝捕捉雷电的实验，这项实验使得他在科学界声名鹊起，为此他还赢得了英国皇家学会颁发的金质奖章，他撰写的著作也被翻译成了多种文字，在世界范围内引起了强烈的反响。随后富兰克林又发明了避雷针，成功将雷电通过金属杆引向大地。安装了避雷针的房屋在雷电的袭击下依然保持完好无损，这项发明让人们看到了科学的力量，也让富兰克林成了科学界的名人。

富兰克林一生拥有多个身份，他既是伟大的科学巨匠和杰出的发明家，又是思想深邃的哲学家和活跃的外交家，而他的成功无疑得益于最初的阅读积累，广博的学识成了他最大的优势和资本，使他无论从事什么研究都更加得心应手，这也是他从一个微不足道的印刷工蜕变成精英人物的重要原因之一。

如果富兰克林没有为自己积累优势资本，他就会在马太效应的影响下成为弱者，永远都不能咸鱼翻身。在我们身边，其实大部分人的人生起点都比富兰克林高，但是能像富兰克林那样彻底打一场漂亮翻身仗的人并不多，究其原因主要在于我们没能让自己具备技压群雄的绝对优势，也就是说没能完成从弱者到强者的质的蜕变，因此不能从马太效应中受益，反而深受其害。要想扭转这种局面，我们必须设法让自己变强大，因为胜利只属于强者，唯有强者才能主宰自己的人生。

**法则效应**

罗曼·罗兰曾经说过："一个人要帮助弱者，应当自己成为强者，而不是和他们一样变成弱者。"在马太效应的影响下，弱者始终处于弱势地位，他们的处境固然让人同情，但是同情并不意味着我们也要成为其中的一员。我们要努力让自己成为有责任感、能担当的强者，唯有如此，才能拥有美好的人生，同时帮助更多需要帮助的人。努力让自己强大起来吧，只有变强才能掌控自己的人生，也只有变强才能为世界创造更多的福祉。

## 韦特莱法则：要有惊人之举，先要有超人之想

当今社会，许多年轻人初出茅庐就梦想着一步登天，恨不得马上一鸣惊人，这显然是不现实的。事实上，人与人之间的智商差距很小，在能力和才华方面又未必存在鸿沟般的差距，要出人头地并不容易。

美国管理学家韦特莱指出，成功的秘诀在于努力去做大多数人不愿意做的事，先要有超人之想，然后才能有惊人之举，唯有不落俗套，才能一鸣惊人，这就是著名的"韦特莱法则"。

在现实生活中，因为遵循韦特莱法则而获得成功的人是很多的，比如下岗女工从开办粥铺做起，进而拥有了遍布全国的连锁店，再比如刚刚毕业的大学生从收购废品做起，后来创办了大型废品收购公司。日本内阁野田圣子年轻时做过洗马桶的工作，为了证明马桶的清洁程度，还曾经从马桶里舀起一杯水毫不犹豫地一饮而尽。

阿里巴巴的创始人马云曾经不无感慨地说："当今世界上，要做我做得到而别人做不到的事，或者我做得比别人好的事情，我觉得太难了。因为技术已经很透明了，你做得到，别人也不难做到。但是现在选择别人不愿意做、别人看不起的事，我觉得还是有戏的，这是我这么多年来的一个经验。"那些各大领域的领军人物，未必有高文凭，也未必有光鲜的履历，能力也可能不是最强的，智商也不是最高的，他们能达到别人难以企及的高度，成就一番事业，其中一个非常重要的原因就是他们能把别人不愿意做的事情做好。做好别人不屑一顾的事情，干好别人望而却步的工作，即便是在最没有前途的岗位上也会闪光的，因为能做到这点的人凤毛麟角。

艾伦·纽哈斯的祖父是南达科他州的一个农场主，9岁那年，他在祖父的农场里得到了第一份工作——徒手捡牛粪饼。这份工作又脏又累，大多数孩子都不愿做，艾伦·纽哈斯却干得热火朝天，每天都做得格外认真。

过了一段时间，祖母到学校接他，很开心地告诉他由于他在上一份工作中表现出色，祖父决定把更重要的工作交给他做，以后他再也不用捡脏乎乎的牛粪饼了，可以到农场带着马匹放牧了。听到这个消息，艾伦·纽哈斯感到喜出望外，放牧的确比捡牛粪饼有趣多了，也轻松多了，想起暑假自己将跟一望无际的草原和漂亮的马儿为伴，他开心极了，这是第一次由于工作表现好而获得提升，这意味着他的努力得到了认可，这次的经历对他来讲意义重大。

后来艾伦·纽哈斯到肉铺工作，每个星期的报酬仅为 1 美元，这份工作比徒手捡牛粪饼好不了多少，依旧让人感到十分恶心。然而艾伦·纽哈斯并没有因此放弃这份工作，他的想法很简单，只要把工作做得足够好，就一定能得到提升的机会，到时候他就可以远离这份工作了。接下来的日子里，他依旧坚持做这份工作，没过多久果然得到了晋升。凭借着同样的信念，他一路晋升，先是成了周薪为 50 美元的记者，最后成了著名的专栏作家和年薪高达 150 万美元的首席执行官。

回顾过往经历时，艾伦·纽哈斯十分感慨地说："如果你从事的是一项让你恶心的工作，只要认真做下去，尽量把它干好，就很有希望得到提升，以后就再也不用去做自己不喜欢的事了，这比什么都不肯干混日子强多了。"

很多人认为出名要趁早，成功要趁早，晚一步就成为被后浪推向沙滩的前浪，可是在现实生活中，真正能少年得志的人是很少的，鲜有人能一步到达光辉的顶点，想要马上就获得理想的工作，在最短的时间内实现自己的人生理想几乎是不可能的。只有今天愿意低下头来做别人不愿意做的事，明天才能有更多的选择，未来才有可能做成别人做不到的事。

**法则效应**

要想做出惊人之举，必须先有踏实肯干的态度，人人都趋之若鹜竞相争抢的东西，我们未必能争取到，但是别人不理会的东西倒有可能转化为我们可利用的资源。当你年轻气盛时，最好不要好高骛远，与其立志摘下满天繁星，不如在斑斓星辉下踏踏实实赶路。

## 布里特定理：酒香也怕巷子深

英国广告专家布里特曾经发表过这样一个著名论断：商品不做广告，就如同多情的姑娘向心仪的小伙子眉目传情、暗送秋波一样，那份悸动的情愫只有她自己知道，这就是有名的"布里特定理"。它在广告学中的应用便是，无论商品本身有多好，如果不懂得营销，别人永远不可能知道它的价值所在。

商品需要营销，人同样也需要营销。一个人能不能获得重大的发展机遇，除了要具备一定的能力和素养以外，最为重要的因素就在于能不能把自己推销出去。在人才济济的大都市中，每个人其实都是渺小的个体，是非常容易被漠视和忽略的。不要期望有人会礼贤下士，"三顾茅庐"地对待自己，也不要试图扮演那种"千呼万唤始出来"的矜持角色，这是一个千里马常有而伯乐不常有的时代，如果你不能奋蹄表现，就不可能被伯乐发现。只有懂得毛遂自荐，才能获得更多的发展机遇。

乔·吉拉德出生在美国贫民窟，他像所有出身寒微的人一样渴望通过自己的努力改变命运，长大后先后做过送货员、电炉装配工、建筑承包商等多份工作，但35岁之前一直一无所成，人生一团糟，而且债务缠身，没有人看好他，谁也没想到就是这样一个毫无指望的人居然在短短三年内摇身一变，成了欧美商界最成功的推销员，创下了平均每天日销汽车6辆的纪录，被誉为"世界上最伟大的推销员"，那么乔·吉拉德实现蜕变的秘诀是什么呢？答案是在推销商品前，先把自己成功推销出去。

乔·吉拉德从不放过任何一次推销自己的机会，几乎见人就会递上名片，无论是在熙熙攘攘的街头还是人流量较大的商场，他随时都向遇到的人发名片，因为他坚信机会遍布在每一个角落。当然不是每一个得到名片的人都会对他额外重视，他也不能保证每一张名片都能被精心保留而不是被随手扔进了垃圾桶，不过他认为只要有人留下名片，就会在最短的时间内弄清楚自己的身份、职业以及所售卖的商品等多种信息，而这些信息就能给他带来订单和生意。

每次到餐厅用餐，他给的小费总是比别的顾客略多一些，人们因此而更加留意他，只要有人注意到他，想要了解他，他就会主动递上自己的名片，通过这种方法他结识了不少人，其中一部分人就成了他的客户或者潜在客户。观看体育比赛时，他也没有忘记借机推销自己，当人们呐喊欢呼时，他会把名片像雪花般撒向人群，情绪高涨的观众通过密集的名片，视线暂时脱离了体育明星，转而投向了一名籍籍无名的推销员。

乔·吉拉德就是通过这种主动推销自己的方法，把自己包装成了为人们所熟知的明星推销员，各行各业的人因为一张小小的名片认识了他，了解了他推销的产品，使他的销售额一直保持着超高的纪录，他就是这样从一个不名一文的失败者变成世界上最伟大的推销员的。

在这个人才辈出的社会，你只有学会推销自己，才能摆脱默默无闻的命运。应聘时如果不能恰如其分地展示自己的长处，就不能打动面试官，也就不能得到理想的工作。工作以后如果不善于展现自己的才华，就极有可能被埋没，所以你一定要学会像销售员推销产品那样卖力地推销自己。你可以不是最优秀的，但一定要像孔雀开屏一样把自己最优秀的一面表现出来，这样才能有机会实现自己的人生价值。

### 法则应用

卡耐基曾经说过："不要怕推销自己，只要你认为自己有才华，你就应该认为自己有资格担任这个或那个职务。"的确，我们必须主动，否则即使有再大的才能，不表现出来，也不会为别人所知，更不可能得到施展才华的机会。其实，大多数怀才不遇的人，不是从来没有得到过机会，而是没能很好地抓住机遇表现自己。所以，我们一定要设法把自己成功地推销出去。

## 鲁尼恩定律：赢家未必跑得快，但一定跑得久

观看体育比赛时，尤其是紧张刺激的短跑比赛，你会发现最后的胜利者往往是最先跑在前面的人，如果谁能在比赛之初就遥遥领先，把所有的竞争对手都远远甩在后面，谁就能成为最后的赢家。马拉松比赛则不同，冠军往往是最有耐力的人而不是抢先领跑的人。最初领先的选手可能取不上名次，而笑到最后的人总是出乎人们的意料。这种现象就被称为"鲁尼恩定律"。

鲁尼恩定律是由奥地利经济学家鲁尼恩提出来的，它描述的是这样一种现象：赛跑时跑得快的未必就能成为赢家，体质弱的在打架时也未必就会输，最初谁占优势并不重要，笑到最后的才是赢家。拿破仑戎马一生，征战无数，打赢了一场又一场战争，然而最终兵败滑铁卢，没能东山再起。项羽身经百战，在战场上取得了无数次大捷，但垓下一役失败了，最后竟落了个乌江自刎的下场。鲁尼恩定律告诉我们，最初的胜利其实不过是比赛前的热身，最后的胜利才算终场。因此，我们要用长远的眼光看待问题，暂时跑在前面不可骄傲自满，因为第一名也有可能被后来者赶超，在接下来的比赛中落后；暂时落后于竞争对手不要灰心气馁，人生不是百米冲刺，而是一场漫长的马拉松，你随时都有机会翻盘。

当汽车还是富人才买得起的奢侈品时，亨利·福特便下定决心制造出能为大众普遍享有的代步工具，经过不懈的努力和多年的精心研究，他终于实现了自己的目标，造出了一种结实耐用、物美价廉的新款汽车，售价仅为825美元，连收入一般的工人都买得起。新款汽车一经推出，就引起了人们的疯狂抢购，在短短一年时间里，福特汽车公司就卖出了10000多辆汽车。

后来，福特公司在保证汽车基本性能的前提下，不断压缩制造成本，价格一降再降，凭借着价格优势，福特汽车迅速占领了市场。1920年，美国经济出现衰退，人们的购买力下降，福特汽车就成了一种最实惠的选择，销售情况依旧不错。它的竞争对手通用汽车，因为没有办法削减成本，销量直线下滑。一年之后，福特汽车的市场份额已经达到了55%，而通用汽车的市场份额仅有11%。

通用汽车公司总裁斯隆经过分析，得出了这样一个结论：通用汽车不可能把制造成本降低到福特汽车的水平，所以不能通过打价格战取胜。福特公司长期以来只生产一种类别的汽车，这曾是公司的优势，不过现在束缚了公司的发展，消费者的需求是不同的，公司必须制造出多样化的产品才能赢得大众的青睐。于是通用汽车公司便根据人们的经济状况，生产出了不同档次、不同价位的汽车。汽车的销售额迅速飙升，到了1927年，通用汽车越来越受欢迎，福特汽车则受到了巨大的冲击，亨利·福特被迫关闭了传统的T型车装配线，产品也开始朝多样化方向发展。到了1940年，福特汽车的市场份额只剩下16%，而它的对手通用汽车的市场份额却提升到了45%。亨利·福特经过战略调整，才使得福特汽车公司在艰难的处境中生存了下来。

福特汽车和通用汽车的商业竞争告诉我们，在人生的道路上，我们要做好打持久战的准备，一时的成绩并不能决定什么，一个人要想有更大的成就，就必须不断追求，勇于超越，还要有超出常人的耐力和耐心，这样才能成为最后的赢家。世界上最成功的推销员乔·吉拉德说过："笑到最后才算笑得最好。"是的，在临近终点时，胜负是很难预料的，所以我们决不能因为暂时领先就让自己中场休息，也绝不能因为暂时失利而放弃比赛，而要记住：不到最后一刻，一切都还是未知数。跑得快未必会赢，跑得久坚持到最后才能成为最终的胜利者。

法则效应

　　人生漫漫，昔日的辉煌终会被岁月冲淡，往日的屈辱也会成为过眼云烟，最初的成功并没有我们想象中那么重要，最先大笑的人未必能笑到最后。明白这一点，我们就要做到胜不骄败不馁，以归零的心态面对每一天。

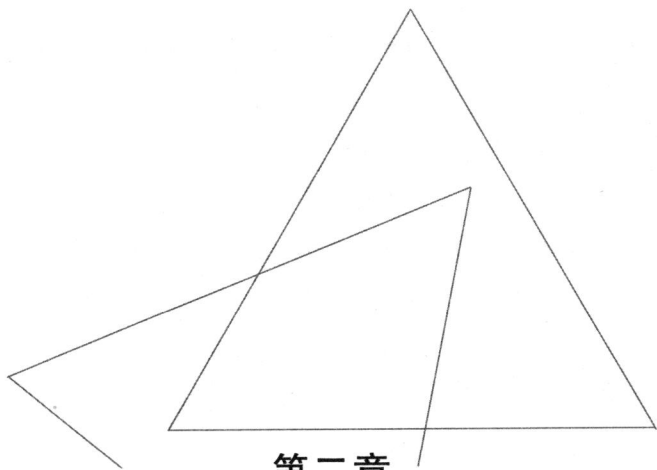

# 第二章

# 心态定律：态度决定人生的高度

人常说心态决定一切，成败皆因果，人生成败都是心态使然。仔细想来，确实如此。任何一个功绩卓著的成功人士，之所以能做出一番大业，主要是因为拥有积极健康的心态。成大事者必对自己怀有百分之百的信心，做任何事情都会全力以赴，能容忍失败，能抗拒压力，并且精力充沛，能妥善地处理自己的负面情绪，让自己始终保持阳光乐观的状态，正因如此，他们才能从容不迫地解决各种问题，以最好的状态迎接每一个崭新的日子，从而取得超凡的成就。

正所谓"境由心生，境随心转"，把握好自己的内心，就能永葆生命的活力，步步为营地实现自己的人生目标。只要心中充满阳光，无论处于何种境地，头顶都有一方蓝天，眼前都有一片花海。态度决定人生的高度，拥有好心态，就能拥有更好的人生。

## 杜根定律：只要有信心，手中永远都有一张坐票

经常出差或旅行的人，常常会因买不到坐票而烦恼，再加之车上又非常拥挤，旅途就更难熬了，许多人不得不一直站到终点，因为他们深信自己是没有机会找到空座的。可有的人却坚信无论车上有多挤，只要一节车厢一节车厢地找下去，总能找到一个空位，结果他们果真在车厢接头处附近找到了座位，而大多数人竟然全都以为列车早已人满为患了。这就是信心决定结果的例子，即你相信什么，你就能得到什么。这种现象就被称为"杜根定律"。

杜根定律是由美国职业橄榄球会前主席杜根提出的，他指出信心决定成败，强者不一定是胜利者，但胜利迟早都属于有信心的人。信心就是人生旅途中永远能让你拥有一席之地的那张坐票。有些人认为信心是强者的专利，其实并不是因为你成了强者才有了信心，而是你有了信心，才能成为真正的强者。

没有人天生就是强者，你首先要做到相信自己，才能自己相信所做的事情。比如当你攀登山峰时，你首先要相信自己具有"会当凌绝顶"的能力，这样才能坚持爬到山巅，欣赏到"一览众山小"的壮美风光，如果还没有起步，你就对自己的体能产生了怀疑，那么你成功登顶的概率是微乎其微的。人生中，总有大大小小的高山，你如果对自己没有任何信心，那么又何来征服险峰的勇气呢？所以说自信是人生中的必修课，学好这门功课，你才能一路通关，闯出一条充满希望和阳光的康庄大道来。

通用汽车公司前董事长杰克•韦尔奇小时候说话口吃，母亲一再向他强调口吃并不是什么缺陷，和别人相比，他不过是大脑思考的速度比嘴巴更快一些罢了，所以说的总比想的要慢一些。母亲的教育，使杰克•韦尔奇从小就树立起了自信的品格，无论做什么事情，他总是信心满满的，所以他总是能把事情做好。

读中学时，杰克·韦尔奇成绩优异，他本来非常有希望考进美国的顶级大学，可是最后却阴差阳错地进了州立大学。刚刚入学时，他充满了挫败感，自信心受到了不小的打击，但很快他就转换了思维，把考进州立大学当成了人生中的幸事，并很快恢复了信心。为此他是这样解释的："如果当时我选择了麻省理工学院，那我就会被昔日的伙伴们打压，永远没有出头的一天，然而这所州立大学，让我获得了许多自信。我非常相信一个人所经历的一切，都会成为建立自信的基石，包括母亲的支持，运动、上学、取得学位。"杰克·韦尔奇在州立大学就读期间，各方面表现优异，被视作该校最优秀的学生，这说明他当初的选择是正确的。

创建通用电气公司以后，杰克·韦尔奇对自己和自己的事业充满信心，正是凭借着这种精神，他年纪轻轻就做出了一番了不起的事业。他在企业管理方面也有自己独到的见解，他说："所有的管理都是围绕'自信'展开的。"迄今通用电气公司市值已经超过了4000亿美元，被世人认为是世界上管理最优秀的企业之一。

自信是一个人成就自我不可或缺的前提。有了自信，我们才能拥有排除万难、超越自我的勇气；有了自信，我们才能克服所有的恐惧与不安，激励自己把目标转化为现实；有了自信，我们才能变得强壮而富有活力，全力以赴地做好每一件事。俞敏洪说："盲目自信也比不自信强百倍。"说明自信是一种积极的人生态度，即便是自信过了头，甚至有点忘乎所以，也比妄自菲薄、停滞不前要好得多。一旦获得了自信，每个人都会变得了不起，即便我们依旧平凡，即便我们没能成为传奇人物，我们的人生也将因此变得不一样。

**法则效应**

自信源自内心，它是对自我的一种肯定。有的人认为只有自己各方面都比别人出色才能自信，这种想法是错误的，你的优秀不是比较出来的，由比较产生的自信不过是一种虚妄的优越感，它甚至会引导你走向自信的反面——自卑。人生最大的成功不在于你获得多少鲜花和掌声，也不在于你取得多么辉煌的成就，而在于无论身处何种境地，你始终对自己的生命怀有自信，能够凭借坚定的信念，始终自强不息地努力。

## 不值得定律：任何值得做的事，都值得做好

人们大多有这样一种体验：对于自己热爱的事情做起来总是得心应手，而对于自己不屑一顾的事情通常搞得一团糟。这种现象可以用"不值得定律"来解释。不值得定律指的是如果你认为一件事情不值得自己花费心血和精力做，那么在做事时就会敷衍了事，成功的概率非常小，即便侥幸成功，也不会给你带来成就感和愉快感。比如一个名校毕业生对基础性工作嗤之以鼻，那么他可能连最简单的工作都做不好，问题不是出在能力上，而是和他做事的态度有关。

现实生活中，很多人因为工作而苦恼，被迫从事着自己不喜欢的工作，对于工作环境、薪资待遇等各方面条件有着诸多不满，认为手头的工作不值得付出、不值得热爱，也不值得珍惜，在这种情况下，是不可能把本职工作做好的，想要有所成就更是难于上青天。不值得定律告诉我们，心态决定结果，你认为毫无意义的事，只能成为你生命中的负担，是不可能成为成就你的基石的。

伦纳德·伯恩斯是赫赫有名的指挥家，在音乐史上具有很高的声誉，但他最痴迷的事情并不是指挥而是作曲。伯恩斯年轻时曾跟美国最为知名的音乐家柯普兰学习作曲，学会了一些指挥技巧，展露了极高的创作天赋，他的作品不仅具有艺术表现力，而且具有直指人心的力量，本来照此发展下去，美洲大陆的乐坛上应该升起一颗新星，诞生一位杰出的作曲大师。可就在伯恩斯写下了

一系列优秀的作品时，纽约爱乐乐团指挥发现了他非凡的指挥才能，推荐他担任该乐团的常任指挥。就这样，伯恩斯以一名优秀指挥家而非作曲家的身份为人们所熟知，渐渐成了纽约爱乐乐团的灵魂人物，不久便声名鹊起。

伯恩斯做了30年指挥家，他的指挥技巧已经无可挑剔了，指挥才能为世界所认可，但在内心深处，他却时刻忍受着煎熬。他真正热爱的事情是作曲，只要稍有空闲他便会把自己关在屋子里捕捉创作灵感，强烈的创作欲望犹如一团火焰在熊熊燃烧，但可惜的是指挥工作耗竭了他的精力，他的才思似乎枯竭了，再也创作不出让自己满意的作品了。

伯恩斯感到无比茫然，鲜花与荣耀对他来说已经变得没有意义了，每当他站在舞台上，人们都会喝彩欢呼，可是这都不是他想要的，没有人明白他内心的挣扎和隐痛。在指挥方面，伯恩斯确实做得不错，但他始终认为自己应该成为一名出色的作曲家而不是指挥家，他大半生都活在痛苦和矛盾中，最后带着满腔的遗憾离开了人世。

伯恩斯的故事告诉我们选择你真正热爱的事情，你才能愉快地把它做好。如果你从事的工作恰是自己梦寐以求的，那么一定要把它做好。如果你是被现实所迫，不能从事自己所钟爱的事业，那么要么曲线前进，步步为营地朝最初的目标靠近，要么改变自己的心态，把本职工作做好。其实世界上没有任何一项工作是不值得做的，每种工作都是有价值的，都值得我们用心做好。

据说有位手艺非凡的修鞋匠，每次修鞋都格外认真，把鞋修好以后，还要把一颗巧克力和一张纸条用蜡封好，装进鞋子里。纸条上写着他的工作理念和精神追求："任何值得做的事情，都值得做好。"如果我们能以这种心态面对工作、面对人生，那么世上恐怕没有任何一件事情是做不好的。

如果不想被"不值得定律"击中，那么就全力以赴地做好每一件事情吧。改变漫不经心的态度，无论做什么，都要不遗余力、全心全意地去做，你的生活定会焕然一新。做事就好比做菜，你只有用心烹饪，才能做出色香味俱全的美味佳肴来。正所谓"世上无难事，只怕有心人"，只要肯用心，没有什么事情能难倒你。

## 比伦定律：成功之花都长在"失败"的废墟上

日本企业家本田说："很多人都梦想成功。可是我认为，只有经过反复的失败和反思，才会达到成功。实际上，成功只代表你的努力的1％，它只能是另外 99％的被称为失败的东西的结晶。"的确，成功是在失败中孕育出来的，没有失败的经历，成功也就不复存在了，因为成功是建立在反复失败的探索上的。

失败不代表不良记录，它只是让我们在无数的尝试中排除了其他可能，将我们由错误的方向引向了正途。美国考皮尔公司前总裁比伦说："若是你在一年中不曾有过失败的记录，你就未曾勇于尝试各种应该把握的机会。"即失败之中蕴藏着机会，大多成功之花都长在"失败"的废墟之上，这就是著名的"比伦定律"。人是在尝试和犯错中成长的，什么都不做，当然杜绝了失败的可能性，不过也把成功的可能性降低到了零。

成功是经验的累积，是对失败的总结和超越，古今中外，任何一位成功人士，在成功之前，都经历了比常人多出数倍的失败，马云年轻时求职屡屡被拒，创业时历经了四次惨败，但失败并没有把他打垮，他把从失败的经历中学到的东西为自己所用，最后一手打造出了中国最大的互联网商务平台。数学家罗巴切夫斯在证明平行公理时屡屡失败，后来他总结了前人的失误和自己失败的原因，终于解开了长期困扰数学家的世界难题。这说明只要善于总结经验教训，我们就不会白白犯错误，错误的累积沉淀也能为我们铺就一条成功之路。

25岁之前，林肯一直没有稳定的工作，为了谋生四处奔波。23岁那年，他失业了，便决定不再东奔西走了，下定决心投身政治，于是满怀热情地参加了州议员的竞选活动，由于太年轻，缺乏资历和政治经验，他竞选失利，没能实现宏愿。在短短一年的时间里，他先后遭受了两次失败的打击，换作别人可能一蹶不振，但他在失落了一段时间之后，迅速调整好自己的状态，又投入新的奋斗中。

他投身商业，着手创办企业，本以为能迎来新的转机，可惜好景不长，刚成立的企业运营不到一年时间就破产倒闭了。他不但没有赚到钱，还欠下了巨额债务，日后的17年里他都在为还债而忙碌不休。

26岁那年，他找到了人生的伴侣，和心爱的姑娘订了婚，眼看就要成为幸福的新郎，可悲的是结婚前夕未婚妻因病猝然离世，婚礼没办成，却要含泪准备丧礼，他受到了沉重的打击，一连数月卧床不起。

三年后，他的精神才有所恢复，开始努力竞选州议会议长，结果又一次失败了。34岁那年，他竞选美国国会议员，结果仍以失败告终，37岁时，他卷土重来，再次参加国会议员的竞选，这一次终于当选了。任期结束后，他努力争取连任，可惜没能如愿。为了生活，他不得不另谋出路，他积极申请本州的土地官员一职，被严词拒绝了。46岁时，不服输的他又一次把精力投向了政坛，参加了参议员的竞选，但却落选了。两年后他竞选副总统，依旧没有成功。又过了两年，他再次在竞选参议员时落败。52岁那年，他终于当选为美国第16任总统。

林肯经商破产，竞选数次败北，成功的次数可谓屈指可数，他的奋斗史俨然就是一部由接二连三的失败串联起来的历史，不过最后却是以成功收尾的，之前漫长的失败都变成了铿锵有力的前奏，这足以说明即使屡战屡败也不意味着永远失败，如果一个人能把失败当成一种成长经历，并将其转化成正能量，完全是有可能反败为胜的。

　　没有人可以随随便便成功，失败是在所难免的，它只是你前进道路上的小小插曲而已，所以遭遇挫败时，千万不要灰心懊丧，失败只说明你暂时还没有找到成功的方法而已，只要你不放弃，继续尝试，积极地汲取经验教训，终有一天你会叩开成功的大门。

## 瓦伦达效应：别在关键时刻乱阵脚

　　生活中有一种奇怪的现象：越是最为关键的时刻，人们越是容易发挥失常。比如平时成绩优异的学生，一遇到重要考试就会考砸；平时在赛场上表现抢眼的优秀球员，每到重大比赛就犯低级错误，甚至会把球踢到门框外。人们之所以在关键时刻阵脚大乱，主要是"瓦伦达心态"在作怪。因为太渴望成功，过于患得患失，最终导致失败的现象就叫作"瓦伦达效应"。

　　"瓦伦达效应"源自一个真实的事件。美国有一位出色的表演艺术家，叫作瓦伦达，他尤其擅长高空走钢索表演，平时行走在钢丝上简直如履平地，从来没有出现过失误，但在一次最为重要的表演中意外发生了，他不幸从高空坠落身亡。事后他的妻子说：我就知道他要出事，以前他只关注脚下的钢丝，没有任何心理负担，而此次表演上场前他总是反复强调这次表演太重要了，他绝不能失败。

　　瓦伦达如果能始终保持一颗平常心，悲剧是不会发生的。他的人生经历告诉我们，动机太强，有时会成为行动的绊脚石，一个人功利心太重，得失心太强，往往会离成功越远。法拉第说："拼命去换取成功，但不希望一定会成功，结果往往会成功。"这才是成功者的奥秘所在。

　　从前有位百步穿杨的神射手，名字叫作后羿，他能以各种姿势拉弓射箭，或站或跪，或策马骑射，无论在什么情况下发箭都能一箭射中靶心，几乎百发百中。后羿的箭术非常高超，简直到了出神入化的地步，见识过他本领的人无不啧啧称奇。他的名声越来越大，美名传到了夏王耳朵里。夏王很想见识一下这位射箭英雄的真功夫，便召他到宫中表演。

　　夏王为了一睹神奇的箭术，便对后羿许诺说："如果你的技艺真像传说中那么厉害，能让本王大饱眼福，我就赏给你万两黄金以示嘉奖。但是如果你只是徒有虚名，不能射中，我便要削减你的封地。"夏王的一席话让后羿感到分外紧张。他忐忑不安地取出一支箭，然后默默把箭搭在了弓弦上，准备瞄准开弓。不知什么原因，他那只孔武有力的手忽然变得虚弱无力起来，他感到自己的手在不自觉地颤抖，结果瞄准了好几次都没有成功把箭射出去，良久箭才离弦，只听"啪"的一声闷响，那只利箭直冲箭靶射去，却没有命中靶心，而是偏离了目标好几寸远。

　　后羿见状，惊得脸色惨白，他再次搭弓射箭时，神经绷得更紧，心情也更加紧张，结果第二支箭偏离靶心更远。后羿对自己的表现很失望，垂头丧气地离开了。夏王很失望，感到十分疑惑，于是便问左右大臣："人们都说后羿箭无虚发，今天他为何一箭都没射中呢？"有位大臣回答说："后羿平时练箭心无杂念，心思全在弓箭上，所以能发挥出最高水平。今天他进行的射箭表演关乎自身的切身利益，心情过于紧张，当然不能发挥出正常水平。"

　　后羿的故事告诉我们过分在乎输赢，就会影响正常水平的发挥，只有摆正心态，集中精力做好眼前的事，才能将自己的才能表现得淋漓尽致。事实证明，越是拼命抓取的东西，往往越容易失去，越是渴望得到的，越是难以如愿，所以我们不妨放松心态，别把名与利、得与失、成与败看得太过重要，要让自己心静如水，全神贯注地投入自己所从事的事业中去，这样才有希望获得成功。

瓦伦达效应源于人们对失败的恐惧，人还没有行动，就已经被这种恐惧搞得心神不宁、惶惶不安了，临场发挥失误完全是情理中的事。由此可见，畏惧失败，就会更快地遭遇失败，这就是所谓的未战先败。这说明我们只有在精神上先战胜了自己，才能克服对失败的恐惧，才能心态平和地走向成功。

## 齐加尼克效应：学会把压力关在门外

随着生活节奏的加快，现代人的压力越来越大，激烈的职场竞争、繁重的工作任务、复杂的人际关系，堪称压在上班族肩头的三座大山，不少人觉得活得太累，精神一直处于高度紧张状态，似乎随时都有可能崩溃。这种因工作压力太大而造成的心理上的紧张状态，就被称为"齐加尼克效应"。

齐加尼克效应是由法国心理学家齐加尼克提出来的，他曾做过一项著名的压力测试实验。实验的内容是先把受试者分成两组，然后分别交给他们20项工作任务，测试期间，故意阻挠其中一组人员工作，使得他们不能顺利完成任务，而另外一组成员在不受人为干预的情况下成功完成工作任务。测试时，由于工作有难度，最初接受工作任务时，两组成员都较为紧张，但实验结束后，顺利完成任务的一组成员紧张感完全消失，而没有完成任务的那组成员精神一直处于紧张状态，压力始终是存在的。

适度的压力可以让我们振作精神，但长期的高强度压力则会给我们造成沉重的精神负担，严重影响我们的工作和生活。齐加尼克效应在现实生活中是普遍存在的，它对我们的影响通常是负面的。最直接的后果就是导致人的心理疲劳，甚至有可能引发一些心理疾病。受齐

42

加尼克效应影响的人，通常不知道该如何放松自己，也不知道怎样休息。比如报刊的编辑在工作的八小时以外，脑海里还想着选题、组稿和排版等一系列工作，工程师大脑里装满了各种公式，时时都在心里默默地计算着，长此以往，人就会被压力压垮。

人常道："不会休息的人，就不会工作。"的确，不会给自己降压减压的人是不可能把工作做好的，带着紧张的情绪和沉重的心理负荷工作，不仅工作效率不高，还会对自己的身心健康造成巨大的损害。所以放松身心，适度休息是最明智的选择，我们只有轻装上阵，学会把压力关在门外，才能以饱满的精神做好每一天的工作。

美国第23届总统本杰明·哈里森面对压力，表现得举重若轻。在当选之前，还是候选人的他十分平静地等待着竞选的结果。明知道印第安纳州的选票直接关系到他是否能问鼎总统宝座，该州的竞选结果会在晚上11点公布，他还是提前睡着了。当朋友电话向他道贺时，他早已进入了梦乡。

第二天，朋友前来拜访时，不解地问他为何在竞选结果还没公布之前就能安然睡下，他语调轻松地解释道："熬夜并不能改变结果。如果我当选，我知道前面的路会很难走。所以不管怎么说，好好休息都不失为一种明智的选择。"

政要人物大多懂得如何排压减压，本杰明·哈里森就是一个典型的例子，其实商业精英在面对繁忙的工作时，也非常注意自己的生活节奏。比如新东方创始人俞敏洪，无论多忙，每天早上都会坚持晨练，至少要跑1000~2000米，午饭过后他常常会花10分钟时间散步。每个星期他都会徒步旅行一两次，还会抽出时间游泳，生活安排可谓是张弛有度。每晚11点过后，他都会关掉手机，不再理会商业上的事情，索性什么都不想，让自己自然进入睡眠状态。因为休息得法，他看起来总是精神抖擞、意气风发，工作状态良好，所以工作效率也很高。

有时候我们必须学会把压力关在门外，才能更好地工作，忙碌了八小时以后，要学会关闭自己的心门，把工作上的各种烦恼统统忘掉，然后回归自己的正常生活，多做一些自己感兴趣的事情，比如阅读、运动、看电影、听音乐、喝咖啡等。科学减压还有许多其他有效的方式，研究表明，随身携带一只有弹力的小皮球，感觉压力大的时候随手捏一捏，能有效缓解人的紧张情绪。此外，把所有的烦恼全部写在纸上也不失为一种很好的减压方式，研究表明，以文字的方式倾诉心中的苦恼，能有效缓解压力，提升人的积极情绪。

**法则效应**

缓解精神压力关键在于心态的调整，那些著名的企业家、科学家和其他各大领域的精英，工作繁忙，面临的压力更大，但他们却能精神百倍地迎接每一天，而普通的上班族却被有限的压力压垮了，这是为什么呢？其实两者的差异关键在于心态不同，我们应尽力调整好自己的心理状态，同时注意劳逸结合，以积极的心态面对压力，这样才能抗压成功。

## 心理摆效应：顺其自然，让心情不再摇摆

我们常用"心如止水"来形容人的淡定状态，但事实上，没有人可以做到永远心如止水，我们的心情就像潮水一样有涨有落，又像钟摆那样摇摆不定，前一秒还欢欣鼓舞，后一秒就有可能陷入深深的忧伤，这不是因为我们本身有多么敏感，而是因为人的情绪本来就会在积极与消极、亢奋与沉静、欢乐与哀伤之间游走，这种现象就被称为"心理摆效应"。

在心理摆效应的影响下，我们的情绪会由"沸点"迅速降到"冰点"，常常会乐极生悲，引起诸多复杂微妙的感受。比如刚刚实现了某个人生目标或是获得了某项成就，起初会被强烈的幸福感包围，但没

过多久就会陷入深深的空虚中。再比如参加聚会时，气氛无比热闹，大家在一起谈笑风生心情非常愉快，但曲终人散后就会觉得格外孤独和冷清。

心理摆效应不仅严重影响我们情绪的稳定性，还会影响我们的健康，给我们的心境蒙上阴霾。被心理摆效应控制的人要么喜怒无常，要么经常莫名悲伤，这无疑会干扰我们的正常生活。我们只有让心灵上的钟摆停止频繁地摆动，才能拥有一个明快、健康的阳光心态，精神昂扬地面对每一天。

从前，有位国王想要退位，打算在两位王子中选一个继承人。他的两个儿子都很优秀，都是做国君的合适人选，而王位只有一个，这让他犯难了。后来国王想出了一个办法。他分别给了两个儿子一枚金币，吩咐他们到集市上买一样东西，然后让他们带着精心挑选的物品回宫。王子们出宫前，国王派人悄悄地把他们的衣兜剪坏了，每个人的衣兜都被剪了一个小洞。

到了下午，两个王子都从集市上回来了。大王子一脸沮丧，一副失魂落魄的样子，因为他两手空空，什么也没买回来。小王子虽然也没有带回任何东西，不过看起来心情依旧不错。国王佯装糊涂，关心地问儿子们究竟发生了什么事。大王子难过地说："我把金币弄丢了，这才发现衣兜破了个洞。"小王子则回答说："我的金币也丢了，不过我却用这枚金币买回了一个宝贵的教训，那就是在购买物品前要仔细检查一下衣兜，看衣兜有没有破洞，确保里面的金币还在。这可是能让我受用一生的财富啊。"

国王听完两位王子的话，心中已经有了答案，没过多久他就把王位传给了小王子。小王子即位后，励精图治、勤勉施政，把国家治理得井井有条，无论发生什么事，他都能冷静处理，从来没有因为情绪波动而影响统治。在他的治理下，王国日益强盛，百姓安居乐业，举国上下一派祥和。

每个人的心理都有高潮期和低潮期，有时是因为外界刺激引起的，有时是因为性格和心境使然，我们必须学会调整自己的心态，努力做到"不以物喜，不以己悲"，避免情绪两极化，这样才能排除各种干扰，从容应对人生中的各种挫折和难题，从而实现自己的人生理想。

应对心理摆效应最重要的就是顺其自然，诗人惠特曼说："让我们学着像树木一样顺其自然，面对黑夜、风暴、饥饿、意外与挫折。"的确，每一种经历都是生命的独特体验，快乐的经历让我们体验到了生活的美好，负面经历让我们了解了人生之不易，所以说每一段经历、每一种体验都是有价值的，我们不必狂喜，也不必失落，要像树木一样安然面对朝晖夕阴、风霜雨雪，任何时候都要保持冷静和清醒，用平和的心态积极面对生活和人生。

### 法则效应

周国平说："人生有千百种滋味，品尝到最后，只留下了一种滋味，那就是无奈。我们不得不把人生的一切缺憾随同人生一起接受下来，认识到了这一点，我们的心中才会坦然。"如果我们足够坦然，心境足够宁和，就不会随着境遇的改变过悲或过喜，心情也不会飘忽不定了。想要摆脱心理摆效应，必须放下那份执着，欣然接受无力改变的事实，尽力改变生命中能改变的部分，洒脱怡然地面对人生。

## 存肢效应：不惧所失才能有所斩获

在医学上存在这样一种现象，一个人遭遇意外被截肢以后，在相当长的一段时间内，对自己已经丧失的肢体依旧有着强烈的支配欲，似乎那部分肢体还存在，这种现象就被称为"存肢效应"。

存肢效应反映的是人们面对失去时的一种心理状态，比如人们在痛失所爱、失掉一笔财富或者心爱之物时，不敢也不愿意面对残酷的现实，一味活在过去的幻境里，固执地守着昨天的废墟不肯离开，以致影响了当下的生活。

诚然，失去生命中宝贵的东西无疑是痛苦的，拥有时有多么满足和幸福，失去时就会有多么痛心。但事情已经发生了，我们可以欺骗自己一时，却不能欺骗自己一世，要学会面对现实，就像截肢的人要面对自己残缺的身体一样。失去是一种劫难，但抱残守缺则是一种灾难，我们必须学会放手过去，才能过好今天，拥抱明天。

据说，"圣雄"甘地有一次坐火车，不慎将一只鞋掉到了铁轨上，当时列车已经开动了，要找回那只鞋子显然是不可能了。甘地于是果断地脱下了另一只鞋，毫不犹豫地把它扔到了窗外。旁边的人感到很困惑，便问他为什么要这样做。甘地微笑着说："我只剩下一只鞋子，以后再也不能穿出门了，不如把它扔掉，捡到的人如果得到一双鞋子，还可以继续穿。"甘地的回答告诉我们，与其抱着残缺的东西紧紧不放，不如果断放弃，成全自己，也成全别人。其实失去也是另一种形式的拥有，甘地的"失去"换来了别人的"拥有"，我们从失去中也能收获其他的东西，有时上帝在我们面前关上了一扇门，又会在别处开启一扇窗，失去换来的很有可能会是人生的重大转机。

有一位哲学家带着他的学生到郊外探讨人生哲理，走着走着，他们便来到了一间破屋前，推门而入，发现里面住着一对贫苦的夫妇和三个年幼的孩子，屋里连一件像样的家具都没有，简直可以用家徒四壁来形容。通过交谈，他们知道这个家里唯一的财产就是一头奶牛，这家人每天都要把挤好的新鲜牛奶拿到集市上换取食品和生活用品，如果没有这头奶牛，全家人的生活就没有了着落。

哲学家和这家人攀谈了一会儿，就带着学生离开了。走到半路时，哲学家忽然说："我们应该回去，把那头奶牛扔下山崖。"学生听到这番话，很是震惊，他说奶牛是那家人唯一的希望，失去了奶牛，那家人就会被逼入绝境。尽管学生再三阻拦，哲学家还是没有听从他的建议，自己独自返回去，把奶牛推向了悬崖。

若干年以后，学生仍然为自己没能阻止老师的行为而深深自责，所以便决定旧地重游看看那家人的境况。让他倍感吃惊的是，记忆中的那间破屋已经不见了，取而代之的是一座宽敞明亮的大房子，屋主正是当年那位贫苦的父亲。男主人向他解释说，几年前，家里唯一的奶牛突然不见了，因为失去了生活来源，他被迫到外地学习新技能，没想到学到技术和本领以后，日子居然渐渐好了起来。现在想来，当年丢失了奶牛并不是什么坏事，反而是一件幸事。听完屋主的陈述，学生这才明白了老师当年的良苦用心。

失去虽然是一种损失，但是它却能让我们重新审视自己的人生，促使我们踏上新的起点，所以，从某种意义上说，失去也是一种开始。人生本来就是不圆满的，有所失才能有所得，不惧所失才能有所斩获，因此面对失去，我们不要过分忧伤，不要沉湎于过去，而要以全新的心态面对眼前和以后的人生。

**法则效应**

截肢之痛是刻骨铭心的，故而存肢效应普遍存在。失去生命里最为重要的东西，的确是一种挫折和打击，但自怨自艾并不能改变什么，也不能弥补任何事情。只有勇于接受现实，我们才能学会珍惜，才能更好地拥有。

## 科斯塔定理：此刻即未来

未来的宏伟蓝图能带给我们无限的憧憬，但遥远而神秘莫测的未来毕竟是不确定的，每当静下心来思考明天的时候，我们常感到茫然和不知所措。假如有人能预测未来，让我们吃下定心丸，那该多好啊。对此美国未来学家阿瑟·科斯塔提出："预测未来的最好办法，就是现在创造未来。"这就是有名的"科斯塔定理"。阿瑟·科斯塔认为，时间是延续的，今天的因种下的就是明日的果，把握好现在的每一刻，就等于创造了一个可触摸的未来，因此从某种意义上说，此刻就是未来。

当我们还是不谙世事的孩子的时候，总是无忧无虑地享受当下，根本不会担心不可预知的明天，也不会像自己或者外界索要命运的答案。长大以后，我们被教育成时刻面向未来的有志青年，可未来却是模糊的，这让我们深感不安。正是这份不安让我们深深迷失，忽略了当下的价值。事实上，只有当下是最值得我们珍惜的，昨日不可留，明日不可知，只有今日，当下的分分秒秒是我们可以掌控的，如果我们能让当下无悔，那么就能让未来无憾。

英国青年威廉·斯勒对人生充满了困惑，虽然他就读于著名的蒙特瑞综合医科学校，毕业后应有不错的发展前景，但是他却不明白如何实现自己的远大理想和人生抱负，不知道该以什么样的态度面对眼下的生活。他认为学校生活无比乏味，由于学习不在状态，他的成绩越来越糟。为此，他感到很苦恼，特地找到老师谈心，坦然倾诉困惑自己的人生问题。老师建议他阅读哲学家卡莱里的著作，认为这样做或许会对他有帮助。

威廉·斯勒一向不崇拜名人，他觉得名人名言都是些被美化过度而又没有实际价值的空话，他相信自己的判断，而不愿理会名人的论断。不过既然老师竭力推荐卡莱里的书，或许那本书真有什么与众不同之处，于是决定翻开那本书看看。忽然，他从书里看到了这样一句话："最重要的，是不要去看远方模糊的未来，而是动手清理手边实实在在的最具体的事情。"

威廉·斯勒心中豁然开朗，他想无论多么远大的理想，都要靠今天一步步努力实现，人不能只盯着遥远的未来看，而要致力于做好眼下的每一件事情。想明白以后，他便开始刻苦读书，从此他再也不高谈理想了，而是致力于努力提高学习成绩，因为这正是眼下最紧要的事情，半个学期以后，威廉·斯勒的成绩在全校名列前茅，两年后，他以优异的成绩毕业，随后成了一名医生。工作以后他认真对待每一天，认真对待每一位患者，凭借着良好的态度和高超的医术，赢得了不俗的口碑，很快他就成为当地被人交口称赞的名医。

后来，威廉·斯勒一手创办了约翰·霍普金斯学院，他踏踏实实地工作，努力把握好每一天，使该学院成了全国乃至全球最为知名的医学院。当他应邀去耶鲁大学演讲时，面对着一流学府的莘莘学子，他只强调了两句话，一句是要"活在完全独立的今天"，另外一句是"要把未来和昨天关在门外，未来就在今天，最重要的是把你手边的事情做好，这就够了。"他说自己就是依靠这两条成为著名的医学家的。

我们可以把人生想象成一只沙漏，无论我们多么着急，都不可能让所有的细沙全部漏下，事实上每次沙漏只能漏下有限的沙子，就如同我们手中有限的时光，因此我们必须认真对待眼下的光阴，而不要急于奔向明天。只要让现在过得充实而富有意义，那么未来也就掌握在了我们自己手中。

**法则效应**

为未来太过担忧，无疑会严重影响对当下的注意和思考。人的精力是有限的，我们不可能让自己既活在今天，又活在明天。明天不过是虚无缥缈的海市蜃楼，今天的一切才是真实可感的，只有把握好现在，明天的幻梦才会变成美好的现实。

## 杜利奥定理：没有激情是对青春最大的辜负

仔细观察你会发现，那些碌碌无为、潦倒失意的人大多眼光呆滞、暮气沉沉，一副未老先衰的样子，而事业有成的人大多昂扬自信、神采飞扬，即便到了垂暮之年依旧像年轻人那样富有朝气和活力。这是为什么呢？究其原因，主要和心态有关。

美国自然科学家、作家杜利奥说："没有什么比失去热忱更使人觉得垂垂老矣，精神状态不佳，一切都将处于不佳状态。"这种论断便被称为"杜利奥定理"。杜利奥定理告诉我们，如果一个人对人生缺乏最基本的热情，便不可能在任何领域有所建树。

其实，人与人在智力和能力方面的差距并不悬殊，造成彼此间巨大差异的，主要是对待人生的态度。以热忱积极的态度面对人生，你就像喷薄而出的朝阳，照亮世界的同时也照亮了自己，人生会一直处于上升期。以消极颓废的态度面对人生，你就像日薄西山的落日，失去了应有的光彩和光辉，随时都有可能沉没。

在这个世界上，没有什么比心灵的衰老更可怕了，一个人可以优雅地自然老去，但绝不能在风华正茂之时让心灵提前衰老。没有激情的青春是不值得度过的，没有激情是对青春最大的辜负，所以我们一定要把握好美好的年华，活出属于自己的风采。

克罗克来到这个世界时，美国轰轰烈烈的西部淘金运动刚刚落下帷幕，他错过了那个狂热的年代，也错过了改变贫穷命运的最佳机遇。1931年，踌躇满志的他正准备上大学，想要用知识改变命运，结果却赶上了百年不遇的经济大萧条。由于经济不景气，人们的钱袋都瘪了，囊中羞涩的他已经无力支付大学学费，只好辍学尝试做房地产生意。

随着经济的复苏，房地产业的前景越来越被看好，克罗克的生意也开始有了起色，可就在这时第二次世界大战爆发了。战争的阴云席卷了世界，人们全都活在深深的恐惧之中，谁还有心思购房安享生活呢？房价随着动荡的时局一路下滑，克罗克破产了，为了生计，他频繁换工作，当过急救车司机，做过钢琴演奏员，还推销过搅拌器，然而生活的磨难并没有泯灭他心中的激情，他依旧执着于对理想的追求，从来就没有想过放弃。

1955年，克罗克结束了漂泊的生活，回到了故乡，变卖了一份产业后，开始筹集资金做生意。经过市场调查，他发现麦当劳兄弟开办的餐馆生意非常红火，因此非常看好餐饮业的发展，虽然他已经年过半百了，但依旧像一个热血青年一样充满斗志，从头做起。他先是到一家餐馆打工，学会了制作汉堡，然后举债买下了这家餐馆。凭借着非凡的经营才能和不懈的努力，克罗克将一家特色小餐馆变成了享誉世界的快餐品牌，把连锁分店开遍了全球，他本人也成了在美国最有影响力的汉堡大王。

丹麦心理学家克尔凯郭尔说："要么你驾驭生命，要么生命驾驭你。你的心态决定谁是坐骑，谁是骑师。"狄更斯说："一个健全的心态比一百种智慧更有力量。"人，最大的对手和敌人不是别人，而是自己。人生最大的障碍，也是来源于自己。不要总是抱怨命运不公、运气不好，你的人生并不是由这些客观因素决定的，而是由你的心态决定的。

有心理学家曾经做过一项调查来揭示成就和态度之间的关系，结果显示：积极、主动、果断、毅力、奉献、乐观、信心、雄心、恒心、决心、爱心、责任心等要素对于一个人的长才起到的作用占80%，口才、技术、创造力、工作能力等通过后天学习修炼出来的技巧对成功起的作用占13%，而运气、机遇、天赋、相貌等先天性因素对于成功的影响是非常小的，它们起的作用只占7%。由此可见，态度决定一切，你若以青春和热血书写人生，就一定会获得超值的回报，反之，在最该奋斗的年纪选择了浑浑噩噩虚度青春，则会一无所成。

### 法则效应

爱默生曾经说过："热情像糨糊一样，可以让你在艰难困苦的场合里紧紧地粘在这里，坚持到底。"只要你对生命怀有如火的热情，身体便时刻充满了力量，每一个细胞都会以最好的状态积极备战，在这种情形下，自然会所向披靡，还有什么目标达不成呢？

## 卡瑞尔公式：做最坏的打算，往最好的方向努力

有时候摧垮人精神意志的不是人生的重大事故，而是等待事故发生的焦虑和恐惧。一个身患重病的人，在很短的时间内猝然离世，他并不是被病魔杀死的，而是在对自己进行生命倒计时时，被自己的心魔活活折磨死的。由此可见，焦虑比事件本身更可怕。那么怎么才能有效缓解焦虑呢？美国工程师威利·卡瑞尔提出了这样一条理论：遇到困难时做最坏的打算，同时做好应对的准备，往最好的方向努力，这就是著名的"卡瑞尔公式"。

卡瑞尔公式是威利·卡瑞尔根据自己的亲身经历总结出来的。他曾被公司派到密苏里州安装一架瓦斯清洁机。他费了很大的力气才把机器安装好，使它勉强可以使用，但是并不能保证机器的运转完全达到公司的要求。为此他懊恼万分，经常由于过分焦虑而彻夜难眠。后来他发明了一套缓解忧虑的方法，这就是卡瑞尔公式。

第一步，想象最坏的情况可能是什么。对于威利·卡瑞尔来说，他最担心的莫过于丢了工作，连累老板损失 20000 美元。

第二步，让自己坦然面对并接受糟糕的情况。威利·卡瑞尔告诫自己，丢了工作就再找一份工作，这没有什么大不了。老板损失的 20000 美元可以算作研究经费，他并没有白白损失，不过是在探求新方法时付出了一定的代价而已。

第三步，针对最坏情况做好充足准备，积极扭转困局。威利·卡瑞尔经过几次研究和实验发现，只要再给机器加装一些设备，技术上的难题完全可以圆满解决，结果他不但保住了自己的工作，还为公司创造了效益，并没有让老板损失一分钱。

当我们面临困境和危机时，随时都有可能要面对最坏的情况，越是焦虑越容易把事情搞砸。冷静地想象可能出现的最坏情况，反而能使我们焦躁不安的心情平静下来，促使我们以处变不惊的态度想出更

好的应对之策，这样反倒会化不利为有利，促成问题的解决。

有个商人由于生意失败，欠下了巨额债务，为了躲债他狼狈地逃到了乡下。想起苦闷的人生，想起自己的窘境，他万念俱灰，精神几近崩溃。为了散心，他拜访了一户农庄，希望宁静的田园生活能给自己的心灵带来平静。当时正值瓜熟时节，诱人的瓜香味随着清风钻进了他的鼻子，令他的精神为之一振。热情的瓜农摘了好几个瓜果邀他品尝。商人一口气就吃了半个香瓜，忍不住赞美了几句。

瓜农听到了赞美，自然很高兴，于是就跟这个商人讲起了自己种瓜的经历。他说每年四月份，他就忙着播种了，五月份开始着手为瓜田除草，到了盛夏，还要给瓜田除虫。他大半辈子都在种瓜种菜，若是赶上天灾，一年的收成就全毁了。比如遇到旱灾时，瓜秧全都枯死了。遇到洪灾，瓜秧又全部淹死了。苦盼下雨时等不来雨，不该下雨的时节大雨却下个不停，以前他总是很焦虑，但无论怎么忧心，都不能挽回收成。他觉得不能再这样下去了，于是便想出了一个积极应对的办法。他想最坏的情况，莫过于发生旱灾或者洪灾，与其提心吊胆，倒不如找出应对的方法，后来他在瓜田旁边打了好几口井，又学会了滴灌技术，以后就再也不怕遇上旱灾了。他还掌握了为田地排水的科学方法，即便真的发生了洪灾，他也不担心了。

商人从瓜农的话里得到了启发，便离开了农庄返回了大都市。此后每当遇到困难时，他都会做好最坏的打算，同时做好充分的准备，再也没有被焦虑困扰过，成功解决了一个又一个难题，五年以后，他成了当地最成功、最有名望的企业家。

在现实生活中，很少有人在面对巨大的变故时，能做到"泰山崩于前而色不变"，这是因为突如其来的巨变往往让人措手不及，如果我们能提前做好准备，那么结果就完全不一样了。卡瑞尔公式告诉我们，人生不能打无准备之仗，事先评估好风险，为可能发生的最坏情况做好准备，坏事发生时就不至于手忙脚乱，这样做能有效阻止事情向最坏的方向发展。

**法则效应**

运用卡瑞尔公式思考问题，并不是一种消极的心态，更不是杞人忧天，把事情往最坏的方向想，事先弄清一切不利条件，有助于我们对全局的掌控，即使最坏的情况没有发生，也能起到防患于未然的作用。

## 情绪效应：给头脑降降温，管好不良情绪

无论在任何场合，稳重理智的人都容易获得别人的信任和赞赏，人们几乎都认为这样的人可以担当大任，所以愿意给予他们更多的机会和更大的舞台，帮助他们获得更好的发展。而感情用事、情绪化的人通常被认为是不成熟和不可靠的，所以没有人愿意对他们委以重任，其能力常常受到否定和怀疑，才华也因为受到压制难以施展。这主要是情绪效应在起作用。

所谓情绪效应是指一个人的情绪状态直接影响人们日后对他的评价。情绪效应在双方第一次接触的过程中起到非常关键的作用。如果一方情绪不正常，就会把坏情绪传染给对方，引起对方的不良反应，导致对方对其评价不高。这种不良印象会长期保持下去。

一个人情绪波动大，总是反复无常，大多会被贴上"情商低"的标签，所以不善于控制自己的情绪在职场上绝对是大忌。一位学者曾经说过："不会控制自己情绪的人，就是一台被损坏了的机器。"一个不能控制自己不良情绪的人，随时都有可能做出不理智的事情来。这样的人又怎么会被信任呢？然而人非草木孰能无情，每个人都有喜怒哀乐的情绪变化，存在情绪波动本身没有什么错，关键在于你是否能掌握好自己情绪的开关。情绪就像影子一样，时刻伴随我们，良好的情绪能促使我们更好地发挥主观能动性，

出色地完成自己的使命，不良情绪则会左右我们的判断，使我们的头脑失去理智，行为严重偏离正常轨道，一时的情绪失控往往会让我们付出惨重的代价。

相传，成吉思汗曾带着一队人马上山打猎，可是忙了半天也没有打到任何猎物，只好徒然地返回帐篷。可成吉思汗不甘心就这样空手而归，于是又带上弓箭、箭袋以及训练有素的爱鹰一个人出发了。

成吉思汗沿着曲曲折折的山路走了很长时间，天气越来越闷热，他感到口渴难忍，于是暂时把打猎的事情放到一边，开始四处寻找水源。后来他来到了一个山谷，发现有水滴一滴一滴地从山岩上滴落下来，就兴冲冲地拿金属杯子来接。快要接满时，他举起杯子，想要痛痛快快地一饮而尽，可就在这时，他带来的老鹰忽然把杯子打翻在地，里面的水全都洒了出来。他又惊又气，但也感到无可奈何，只好耐着性子重新接水喝。等到一杯水即将接满时，老鹰又以迅雷不及掩耳之势把水杯打翻了。成吉思汗勃然大怒，心里产生了杀机。他再次不动声色地拿起水杯，一点一点地接水，水杯快要接满时，他不声不响地把杯子移到嘴边，做出喝水的动作，老鹰又一次扑了过来，试图把水杯打翻，这时它的主人亮出了一把锋利的尖刀，毫不留情地把它杀死了。

成吉思汗杀老鹰时精力过于集中，不知不觉把杯子弄丢了。他仍然感到非常口渴，找水依旧是一件迫在眉睫的事情。他想，既然有水从高高的山岩上滴落，这说明高处有蓄水的地方，只要继续往上走，就一定能找到水源。于是成吉思汗一路向上攀爬，到达山顶时，果真看到了一个池塘。

成吉思汗非常高兴，即刻跑过去俯下身子掬水，他正要饮水解渴时，忽然发现水塘旁边有一条毒蛇的尸体，这才明白了爱鹰反常的举动，它屡屡打翻杯子，原来是想阻止主人饮下有毒的清水。老鹰救了成吉思汗一命，成吉思汗却在盛怒之下把它杀了，了解了事情的真相之后，成吉思汗无比痛心，但是一切都已经无法挽回了。

成吉思汗因为没能控制住自己的情绪，杀死了自己的爱鹰，犯下了让自己后悔不迭的错误，称霸草原的一代天骄尚且如此，我们普通人被坏情绪绑架时，当然也会做出不理智的事情。古往今来，由于情绪反常而遭受惨痛损失的例子比比皆是，不少杰出将领因为意气用事输掉了战争，导致全军覆没，很多君王因为暴虐无常，让国家走向了灭亡。不良情绪泛滥，往往意味着自毁前途，所以我们一定要驾驭好自己的情绪。

**法则效应**

在日常工作和生活中，很多人都有被坏情绪摆布的经历，因为一时头脑发热而大发雷霆，做出了让人难以理解的蠢事。不善于控制自己的情绪，很容易误人误事，所以我们决不能让负面情绪左右自己，发火之前先冷静几分钟，给头脑降降温，然后理性地面对，避免自己做出冲动的事，这样才能赢得他人的尊重和信任。

## 踢猫效应：别做负能量的"传递员"

有这样一则故事：一位父亲在公司里被老板严厉训斥，心里万分恼火，回到家里就把在沙发上玩耍的孩子臭骂了一顿，孩子感到既生气又委屈，于是把怒气发泄在了无辜的小猫身上，对着沙发旁的小猫狠狠地踢了一脚。小猫逃到了大街上，迎面的卡车为了躲避它，撞伤了路边的孩子。这则故事描述的就是心理学上有名的"踢猫效应"。

踢猫效应指的是把弱于自己的人当成出气筒，毫无顾忌地发泄负面情绪，而引发的一系列连锁反应。在现实生活中，恶劣情绪不仅是可以传染的，而且是可以传递的，一般而言它会由金字塔顶端的人逐层传递，一直扩散到最底层，这样最弱势的人往往就成了受气最多的群体，但这条传递链并不会就此中断，而是会以某种微妙的形式反馈给最初的传递者。

　　有些人或许对这种说法不以为然，认为弱小的群体根本就没有这种力量。但玩过斗兽棋的人都知道，象可以吃狮、狮可以吃虎、虎可以吃豹、豹可以吃狼、狼可以吃狗、狗可以吃猫、猫可以吃鼠，而鼠可以吃象。表面看来，大象是无敌的，几乎可以一切通吃，但最后却败给了小小的老鼠。在社会生活中，如果你扮演的是大象的角色，记住千万不要藐视小小的老鼠，也不要藐视任何地位不如自己的人，因为小人物的力量是不可小觑的。想要自己不受其害，我们就不要做负能量的传递员，而要果断地切断"踢猫效应"的链条，这样就不会再有人受到伤害了。

　　林肯坐在办公室里埋首处理文件时，陆军部部长斯坦顿脸色阴沉地走了进来，随后一言不发地坐了下来，好像在生闷气。凭借经验，林肯猜到他一定是又受到什么人的指责了。沉默了片刻，林肯主动问："怎么了？你看起来很不高兴，有什么烦恼说出来，也许我能帮你出出主意。"斯坦顿一下子找到了倾诉的对象，便气呼呼地说："有位上将对我说话时非常不礼貌，他的口气让我难以忍受，简直就是在对我进行人格侮辱，他说的事情根本就是子虚乌有，真是气死我了。"

　　斯坦顿原以为林肯会为自己讨回公道，把那名无礼的上将痛批一顿，没想到林肯并没有说什么，而是建议他给对方写一封信："你可以在信中痛骂他一顿，让他也感受一下被人无端指责的滋味。"斯坦顿觉得这是一个好主意，就附和着说："你想得太周到了，我一定要狠狠地骂他一顿，他有什么资格那样说我呢？"于是就写了一封充满火药味的批评信。

　　林肯读完信件后，说："你写得不错，一定能达到很好的效果。"然后随手把信投进了炉火里，信纸即刻化为了灰烬。斯坦顿看到后呆住了，他赶忙问林肯："不是你建议我写信教训他的吗？为什么要把我写的信烧掉呢？"林肯微笑着回答说："写完这封言辞激烈的信，你的怒气也该消了吧。如果还没消气，那就再写一封吧。"

林肯阻止了斯坦顿向上将发泄怨气，便有效阻断了"踢猫效应"的链条，避免了负能量的扩散。试想一下，如果上将看到斯坦顿的信有何反应呢？他极有可能把怒气发泄到比自己级别更低的军官身上，军官又会把怒气发泄到士兵身上，整个军队会因此怨声载道，进而导致国家利益受损，这样最大的受害者将是美国总统林肯。因此，林肯从上游切断"踢猫效应"传递链的做法是非常明智的。

每个人都是社会中的一环，当你调整不好自己的心态，肆意地向比你更弱势的人释放负能量时，会在无数人那里引起一系列反应，最后的受害者很有可能把这种负能量以某种形式反馈给你，让你成为更大的受害者。

**法则效应**

"踢猫效应"告诉我们不要随意对弱者发威，一旦有了糟糕的情绪，要想办法自己化解，别把任何人当成随时可以踢上一脚的小猫。在办公室里，上司随意辱骂下属的例子屡见不鲜；在餐厅里，挑剔的顾客总是为难低眉顺眼的服务员；在无数个不和谐的家庭里，大人只要一不顺心就打骂孩子，这些不文明的现象，反映的都是一种恃强凌弱的行为，要知道，自己也有可能成为这个链条里的受害者。我们要杜绝这种踢猫的行为，平等友善地对待每一个人，让自己变成正能量的传递者，如此世界才会变得更加和谐和美好。

## 罗伯特定理：最大的敌人是你自己

无论在战场上还是在赛场上，常有人战胜了最强劲的对手，最后却输给了自己。由此可见，人生最大的敌人根本就不是别人，而是我们自己。美国史学家卡维特·罗伯特对此深有感触，他说："没有人因倒下或沮丧而失败，只有他们一直倒下或消极才会失败。"他指出："如果自己不打倒自己，就没有人能打倒你。"这种把自己当成最大对手的理念就是著名的"罗伯特定理"。

罗伯特定理的提出和一位叫作林德曼的精神病学专家进行的一次冒险行动有关。林德曼认为，一个人只要始终对自己抱有信心，在关键时刻能战胜自己，就一定能冲破障碍走向成功。为了证明自己的理论，他只身驾着一叶扁舟横闯大西洋。在险象环生的航行中，他多次面临死亡的威胁，每当心情绝望时，他都会不停地激励自己，最终战胜了恐惧和绝望，成功活了下来。他的实验证明，人只要打败自己，就能战胜所有的困难，获得最后的胜利。卡维特·罗伯特根据林德曼的经历，总结出了罗伯特定理，向我们强调真正使我们受伤的敌人不是强大的竞争对手，而恰恰是我们自己。

拿破仑曾经说过："我可以战胜无数的敌人，却无法战胜自己的心。"正因为如此，这位叱咤风云的军事天才被囚禁在圣赫勒拿岛上以后，生命的光辉日渐黯淡了下去，从此彻底退出了政治舞台。也许终其一生，我们都不可能像拿破仑那样取得辉煌的成就，我们的对手也没有反法同盟那么强悍，但我们依旧逃避不了困难和竞争。其实输赢并没有那么重要，我们可以输给任何人，但只要打赢了自己，日后总有机会击败对手。有时候我们失败，是输给了自己，可见，只要调整好心态，谁也不能把我们打倒。

有一位企业家由于经营不善，公司倒闭了，成了一个一文不名的流浪汉。落魄不堪的他向一位从事个性分析的专家咨询，想要从这位专业人士口中找到自己失败的答案。专家迅速打量了他一眼，看到的是一个眼神茫然、面容沧桑的失败者形象，他已经十多天没有刮胡子了，显得无比邋遢。

专家同情地望着眼前这位曾经风光过的流浪汉，想了一想，对他说："很遗憾，我觉得我帮不了你，但是我可以给你介绍一位更有能力的人，他能帮助你东山再起。"流浪汉听完专家的话，立即紧张地抓住了专家的手，苦苦哀求说："请你带我去见这个人吧。"专家带着他走到了门口，随后把窗帘拉开，一面硕大的镜子露了出来，他从镜子里看到了自己全身的影像。专家指着镜子说："全世界能帮你的只有这个人了，他就是你自己。你认为自己失败，是因为外部环境不好，或者是被别人打败了吗？告诉你，这不是主要原因。其实你不过是输给了自己罢了。"

流浪汉看着镜中的自己，觉得无比陌生，那个头发蓬乱、眼窝深陷、衣衫肮脏的人真的是自己吗？他惊讶得一连后退了好几步，最后忍不住啜泣起来。几天以后，他又变回了西装革履的绅士。经过一番心理挣扎，他终于振作起来了，后来终于东山再起，赢回了自己的全部产业。

战胜自己比战胜别人更困难，不少人总想着超越别人，事事都要比别人强，但是只要输一次就一蹶不振了。罗伯特定理告诉我们，想要战胜对手，我们首先要战胜自己。战胜了怯懦，我们才能变得勇敢；战胜了软弱，我们才能变得刚强；战胜了颓丧，我们才能奋起。我们要战胜自身的各种弱点，只要我们克服了这些弱点，世间的任何困难都会被我们牢牢踩在脚下，到时就没有任何人能将我们打败。

**法则效应**

我们常把失败的原因归结于对手太强或客观条件不成熟，这是一种逃避责任的想法。事实上，没有人该为我们的失败负责。面对失败，我们要学会正视自己，克服自己内心的心魔，昂起头来面对崭新的一天，迎接一个全新的自己。

# 皮尔斯定理：人贵有自知之明

《伊索寓言》里有一则故事说：普罗米修斯造人时，给每个人做了两只口袋挂在身上，胸前的一只口袋里装的是别人的缺点，背后的一只口袋里装的是自己的缺点。结果，人们只要一低头就能清楚地看到别人的所有缺点，却看不见自己的缺点。这则故事揭示的是一个再简单不过的道理，知人容易知己难。

常言道："人贵有自知之明。""贵"字体现自知之难，这说明不自知才是常态。大多数人都对别人的缺点一目了然，但是对于自己的不足之处却缺乏清醒的认识。这就好比眼睛，可以清晰地看到百步以外的人或物，然而却看不见离自己最近的睫毛。对此"卫星通讯之父"约翰·皮尔斯指出，人贵在自知，人只有看清自己的不足，才能通过后天努力弥补自身的不足，获得长久的进步。这种把自知当成自我完善途径的论断就是有名的"皮尔斯定理"。

皮尔斯定理告诉我们，意识到自己的缺憾和无知，将成为促使我们不断进步的动力。为了完美自身，我们会努力求知，虚心学习，成为更加出色的人物。但前提是我们能正视真实的自我。有人说，人本身就是带着缺点降临人世的，我们的一生就是一个不断改掉缺点、完美自己的过程。的确，由于先天基因和后天教育环境的差异，我们有了不同的个性和风采，每个人都有可爱迷人的一面，都有令人遗憾之处。谁都不是百分百完美的，这是一个客观事实。

有的人自以为取得了了不起的成就就目空一切，变得不可一世，还有的人恃才傲物，喜欢居高临下地审视别人。而真正的智者和杰出人物都是虚怀若谷的，笛卡儿曾说过："愈学习，愈发现自己的不足。"爱因斯坦也说："一个大圆圈之外有那么多空白，我知道自己有多么无知。"连思想深邃的哲学家和智商很高的物理学家都能坦然承认自己的无知，我们又怎能狂妄地认为自己无所不知呢？一个人即使再博学多才，经验再丰富，也总有不足之处，看不清这点，就不可能让自己百尺竿头更进一步，更不可能取得更高的成就了。

凯勒丰是大哲学家苏格拉底的挚友，他非常钦佩苏格拉底，于是就跑到德尔斐神庙问神明，世上有谁比他的朋友苏格拉底更聪明。神谕说：没有比苏格拉底更聪明的人。凯勒丰知道这个答案后，很是高兴，他马上把神谕的内容告诉了苏格拉底，苏格拉底却不认为自己是世界上最聪明的人，他的眼神里透出了疑惑和些许不安。

出于实事求是的需要，苏格拉底想要找一个比自己更睿智更德高望重的人，以此来证明神谕的错误。他找到了一个颇有声望和影响力的政治家，政治家自以为学识渊博，见到苏格拉底就夸夸其谈起来，苏格拉底从他自负的眼神里看到了无知，心想：这个人虽然有很多知识，但却不知道什么是善、什么是美，却以为自己无所不知，看来他并不比我聪明。

苏格拉底然后找了一位满腹经纶的诗人，那位诗人也一样让他失望，以为自己创作了几首酸腐的小诗就很了不起，开始瞧不起下里巴人的审美。看来，诗人也不是他要找的人。接下来，苏格拉底又找到了一个手艺精湛的能工巧匠，没想到那位工匠也是个非常傲慢的人，以为一技压身便无所不能了。

苏格拉底最后终于明白了神谕的意思，神说苏格拉底是最聪明的人，不是说他的智慧超过所有人，而是因为他能认识到自己的无知，而自知无知的人就是最了不起的智者。

在这个世界上，自认为无所不能、无所不知的人不少，有多少人能像苏格拉底那样认识到自己的不足和无知呢？意识不到自己的无知比无知本身更可怕，看不到自己的缺陷比缺陷本身更可怕，人只有正视自己的弱点，才能克服自身的弱点，成为更加出色的人。而一味地孤芳自赏，就会自我设限，永远不可能走出狭隘的天地了。因此，我们不仅要学会"察己"，还要"虚己"，既要看到自己的长处，又要看清自身的瑕疵，不断在学识上充实自己，在人格品质上升华自己，努力把自己打造成一个更加美好的人。

法则效应

　　一个人是否有自知之明，不仅决定了他的人生高度，还决定了他品格的高下。有点小成就就沾沾自喜，不把他人放在眼里，是妄自尊大的表现。到达事业顶峰不改本色，依旧致力于丰富和完善自己的人，才是值得敬重的。

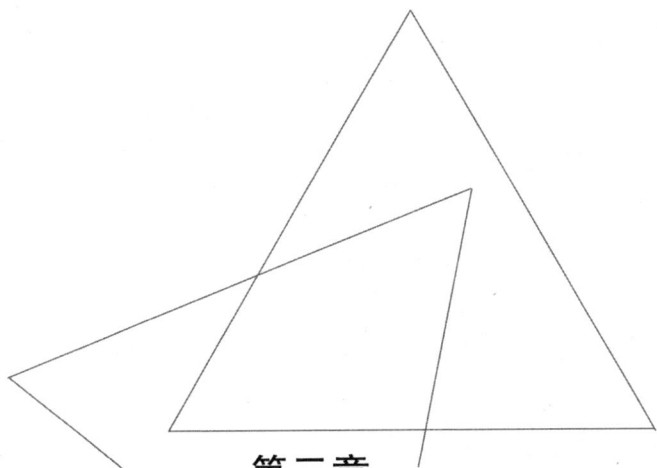

# 第三章

## 思维定律：你的优秀取决于超越平庸的思维

　　人的一生是一个不断选择的过程，你的思路决定了你最后的出路，你的观念和思维方式决定了你的前途。在因果关系链中，思与行是辩证统一的，有什么样的思想，就会有什么样的行为。唐代文学家韩愈说："行成于思，毁于随。"西方哲学家笛卡儿说："我思故我在。"他们从不同的角度肯定了思考的价值。

　　仔细观察，你会发现，那些思路灵活、拥有创新意识的人，其能力和综合素质要远远强于普通人，他们往往能另辟蹊径，做好别人根本做不到的事情。而墨守成规、缺乏独立思考能力的人，每次遇到问题都疲于应付，能力受到抑制，要么被淘汰出局，要么平庸一生。卓越者和平庸者最大的不同就在于他们思考问题的方式不一样，不同的思维方式导致了迥然相异的人生。

## 酝酿效应：思维卡壳时，暂且把问题放一放

日常生活中，我们或多或少都有类似的体验：花费好几个小时苦思冥想仍然没有厘清思路的问题，暂时搁置不管，做做其他事情让大脑放松一会儿，忽然之间就茅塞顿开了，困扰自己的难题在不经意间便轻轻松松解开了。心理学上把这种现象称为"酝酿效应"。

酝酿效应源自阿基米德对浮力的思考。相传，希腊国王让人用纯金为自己打造了一顶王冠，他怀疑工匠暗中做了手脚，在里面掺了银子，但是却没法证实自己的想法，因为王冠的重量并没有减轻。国王把这个难题交给了阿基米德。阿基米德绞尽脑汁也想不出解决办法。有一天，他在澡盆里洗澡，发现水向外溢出时，似乎有一股力量将自己向上托起，于是发现了浮力原理，成功地帮国王解决了问题。

酝酿效应指的是当我们面对百思不得其解的难题，不知从何入手时，暂时不去想它，让思维进入"酝酿阶段"，过不了多久答案就会以出其不意的形式自动跑出来。数学家高斯对此深有体会，他曾经花费两年的时间思考一个算数定理，一直没有突破，后来脑海里突然冒出一个想法，结果一下子就找到了答案。回忆那个奇妙瞬间的时候，他说："像闪电一样，谜一下解开了，我也说不清楚是什么导线把我原先的知识和使我成功的东西连接了起来。"

心理学家认为，人之所以在休息时，脑海里会闪出电光石火的火花，瞬间得到灵感，是因为在酝酿过程中，你头脑中收集到的资料是以一种你所不知道的方式在默默进行加工和整合，你无法马上找到答案是因为精神过度紧张，思维陷入了僵化的状态，只要隔一段时间再去思考这个问题，就会突然灵感迸发，问题就会迎刃而解，那时你会忍不住惊叹：踏破铁鞋无觅处，得来全不费工夫。

早在 1825 年，人们就发现了苯，但却一直弄不清它的结构，化学

家们普遍认为苯分子是对称排列的，但6个碳原子和6个氢原子能以什么样的形式呈完全对称分布状态，并构成结构稳定的分子呢？化学家们苦苦研究了几十年，依旧没有找到答案。

德国化学家凯库勒对苯分子的结构也非常感兴趣，他长期致力于这方面的研究，但像其他化学家一样，始终想象不出苯分子中原子的排列方式。1864年冬季的一个晚上，他像往常那样偎依在火炉旁看书，不知不觉就进入了梦乡。他做了一个神奇的梦，苯分子的谜题就这样解开了。

在回顾那个影响化学史的奇妙梦境时，他说："我花了很多时间研究苯分子，不过事情进展得并不顺利，我的心思就转到别的事情上了。我坐在火炉边，进入了半睡半醒的状态。一个个原子忽然出现在我眼前，它们变化多端，靠近我的时候扭动着连结起来，就像一条飞舞的蛇一样。那条蛇回转身咬住了自己的尾巴，不停地在我面前旋转着。接着，我的身体就仿佛受到了电击一般，忽然挣脱了梦境，回到了现实。醒来之后我工作了一整夜，终于证实了苯分子的结构就是蛇形结构。"

凯库勒并不知道，他能在梦境里发现苯分子结构的秘密，是因为酝酿效应在起作用。酝酿效应是一种不受任何逻辑形式束缚的创造性活动，它能打破常规，让人的思维活动瞬间取得飞跃性进展，表面看来多少有点不可思议，其实却是一个水到渠成的结果。思维的酝酿和发酵都是符合科学原理的。

## 法则效应

在遇到棘手问题时，如果我们苦苦思索，思路仍然很不明朗，不妨暂时把问题放一放，思维卡壳时千万不要强迫自己继续思考，把精力暂时转移到别的事情上，比如散散步、看看书，等到大脑得到充分放松时，有价值的点子和想法就会酝酿出来。不要急于解决问题，酝酿效应告诉我们，如果我们的精神长期处于紧张状态，思路会越来越僵化，只有让紧绷的神经松弛下来，我们才能找到答案。正所谓"磨刀不误砍柴工"，适度的休息更有利于我们产生创新的想法。

## 达维多定律：创新无止境

面对日益激烈的商场竞争，英特尔公司副总裁威廉·H.达维多指出，企业必须不断淘汰旧产品、研发新产品，让自己的产品不断得到更新，才能在市场上始终占据主导地位。这种商业竞争理念就被称为"达维多定律"。

达维多定律告诉我们，商场如战场，只有敢于创新，才能抢占先机，赢得第一桶金。企业的成败取决于创新能力，主动让自己的产品更新换代，就能凭借领先优势迅速抢占市场份额，获得高额利润。虽然新鲜出炉的产品可能还不尽完善，但因为没有同类产品竞争，优势依旧是十分明显的。苹果平板电脑的畅销就是一个较为典型的例子，每隔一段时间，苹果公司就会推陈出新，把最新款的产品推向市场，以时尚的外观和个性化的理念征服消费者。其实苹果公司出产的 iPad 并不是世界上第一款平板电脑，但它的外观设计是别具一格的，操作界面简洁清新，设计又比较人性化，带给用户的是前所未有的娱乐体验，所以即使它在性能上未必是一流的，却仍然获得了大众的追捧和青睐。

商品畅销离不开创新，个人发展同样也离不开创新，但创新是需要勇气的。有位企业家说："一项新事业，在十个人当中，有一两个人赞成就可以开始了；有五个人赞成时，就已经迟了一步；如果有七八个人赞成，那就太晚了。"的确，无论任何行业任何领域，能够引领潮流的人必然是敢为天下先的人，而等到众人蜂拥而上再采取行动，就已经错过时机了。勇于创新的人，必然是第一个敢吃螃蟹的人。

创新需要胆识和气魄，也需要新思路和新方法。想要创新，必须另辟蹊径，就像一位哲人说的那样要避开人人都走的大路，只身潜入森林，发现前所未有的新东西。约束人类创新意识的，多半是固有的理念和人云亦云的求同思维，我们只有学会不走寻常路，才能开拓出一条全新的路来。

我们都知道世界上第一座迪士尼乐园是由动画大师沃尔特·迪士尼开办的，但却很少有人知道迪士尼乐园的设计者是何许人，他的名字叫作格罗培斯。格罗培斯是哈佛大学建筑学院的院长，他有着40多年的建筑研究经验，解决过无数技术难题，然而在为迪士尼乐园进行路径设计时，却遇到了前所未有的挑战。

在迪士尼乐园即将对外开放时，他还没有想好怎样规划连接各景点的路径。施工部催他赶快提交设计方案时，他正在法国参加庆典，庆典一结束他就准备动身回国，回国之前想把最终方案定下来。

为了厘清思路，他让司机驱车带他到地中海海滨放松一下，车子渐渐驶入了一个小山谷，来到了一个无人看管的葡萄园前。这个葡萄园很特别，人们只要将五法郎投进园门口的小箱子，就可以随意地摘上一篮子葡萄，这种新奇的经营方式吸引了很多人，所以葡萄一直卖得很好。相传，葡萄园的主人是一位老妇人，她因为年老体衰，没有精力打理葡萄园，就想出了这么一个办法，谁知竟促成了葡萄的大卖。由于任意采摘的方式给了人们极大的自由，因此来到此地摘葡萄的游客一直络绎不绝。格罗培斯由此受到了启发，立即让司机掉转车头，匆匆忙忙赶回了巴黎。刚回国，他就给施工部提交了方案，告诉其在乐园里撒上草种，通知游客提前对外开放。

很快，如茵的绿草便铺满了整个乐园，景点之间最初是没有任何道路的，过了半年以后，草地上被人为地踩出了一条条小径。这些小路有宽有窄，仿佛是从草地里自然长出来的一样，有一种说不出的天然美感。第二年，格罗培斯让人按照游人踩出的痕迹铺设了黄色小路，设计出了别有意趣的路径。小路和草坪黄绿掩映，自然优雅，格外迷人，凭借这套独到的设计，格罗培斯荣获了 1971 年国际艺术最佳设计奖，迪士尼乐园的小路也被评为世界最佳路径设计。

创新必须打破窠臼，正所谓不破不立，安于现状、墨守成规，是不可能培养出创造性思维的。只有敢于突破，积极创新，才能把新理念和新思想转变成一种无形资源，让自己终身受益。创新的道路是永无止境的，我们要不断更新自己的思维，不断革新自己的观念，紧跟时代步伐，把自己塑造成具有超前理念的新锐人物，如此方能永远立于不败之地。

### 法则效应

创新并不是天才的专利，我们普通人如果能够充分发挥主观能动性、开动脑筋、积极思考，打破僵化刻板的思维定式，同样可以想出很多新奇的点子或绝妙的主意。有时候我们之所以认为创新很难，是因为长期受到固化思维的束缚，总会有意无意地追随大众的思路，只有大胆探索，走一条少有人走的路，我们才能意外地发现惊喜。

## 相关定律：世上没有孤岛

当你碰到不好解决的难题时，不妨试着从相关处入手，因为世上并不存在绝对孤立的事物，万事万物都是相互联系的，找到了它们之间的关联处，便能触类旁通，揭开所有的奥秘了。唯物论认为，所有的事物都处在纵横交错的联系之中，比如潮涨潮落，涉及潮水和月球的引力，草木的春荣秋杀和季节的更迭、气温的变化有关，水涨船高是因为水的浮力托高了船体……这些我们再熟悉不过的自然现象，充分说明了事物间存在一种普遍的联系，这种普遍的联系就叫作"相关定律"。

相关定律告诉我们，世界上没有任何孤岛，所有事物都是相互依存的。即便是大洋深处不为人知的遥远小岛，依然和主体大陆共享着同样的季风和洋流，且不可避免地受到全球气候的影响。我们在思考问题时，不要把任何一个问题看作一个孤立的存在，而要学会由此及彼地联想，通过已知事物的特性，推导出与之相似和相关的东西，运用触类旁通的方法，达到"以此释彼"的目的。

我们在面对难题时，要尽量避免用孤立的眼光看待事物，而要学会把具体的事物看成整个世界中的一个环节、一个要素、一个组成部分，然后由此及彼、由点及面地思考问题，这样才能探求到事物的本质。

掌握相关定律，必须有全局的观念。我们要把一个系统看成一个有机整体，而不是一种杂乱无章的组合。在寻求答案时，不要让思路局限在狭窄的范围内，而要尝试着由已知推理出未知，由局部推理出整体，由一个小小的节点推理出一个庞杂的关系网，之后从事物间的关联处入手，这样就能解决棘手的难题了。

**法则效应**

人们在进行创造性思维时，常苦于没有思路，思维经常陷入僵局，找不到出口，这主要是因为没有很好地运用相关定律。如果我们能够运用科学的方法思考，把单一的事物看作是整体的一部分，然后努力寻找与其相关的事物，就能发现一种普遍规律，这样可以成功解决很多问题。

## 非理性定律：理性地看待非理性

每个人心中都横亘着一条波光潋滟的小河，把一颗心分成了左岸和右岸，左岸代表感性，蕴藏着世间最温柔的情感，主宰着我们的喜怒哀乐；右岸代表理性，它代表的是冷静、理智、合乎实际的思维。人是感情动物，绝对理性的人是不存在的，且在某些特殊的时刻，情感会以绝对的优势压倒理智，让我们做出一些非理性的事情来。人人皆有感性的一面，也都有不理性的时候，这种论断就是所谓的"非理性定律"。

非理性定律告诉我们，每个人都是根据自己的爱憎评判一切的，没有人可以做到绝对理性和客观，我们的判断总是会受到情感因素的干扰。有位教授曾做过一项冰激凌的实验。他曾经向人们售卖两杯重量不等的冰激凌，以此测试人们的反应。一杯冰激凌只有 7 盎司，不过放进一个容积为 50 毫升的小杯子里，看起来非常满，仿佛随时都有可能溢出来一样。另外一杯冰激凌为 8 盎司，但被装进了一个 100 毫升的大杯子里，看上去少得可怜。结果，人们宁愿花钱去买只有 7 盎司的冰激凌，也不愿意过问 8 盎司的冰激凌。

这项实验说明，人脑不是科学仪器，我们判断眼前事物，依据的是自己的情感，而不是理性或客观数据。情感因素会在很大程度上左右判断的结果。这就是为什么面对同样的事情，不同的人会有不同的反应，有的人提出的观点甚至会跟别人截然相反。在非理性思维的影响下，我们不在乎做事的方法是否科学、是否可行，只在乎采用的手段是不是符合自己的喜好。我们不考虑一件事是不是该做，只是想随心所欲地做自己喜欢的事情。更为糟糕的是，我们的理智会被情感所蒙蔽，让我们在是非面前丧失基本的判断力。

有个女青年酷爱国学，不仅博览国学经典著作，还经常坐在电视机前认真聆听国学大师的讲座，并多次参加文化学者的座谈会。有一天，她在传统文化座谈会上，有幸见到了自己仰慕已久的著名国学大师，感到既荣幸又惊喜。那位国学大师很受媒体追捧，到处宣讲孔圣人的理念，女青年想当然地把他想象成了一个儒雅敦厚、高风亮节的学者。然而那天发生的事情却完全出乎她的意料。她目睹了这位国学大师不为人知的一面。

有位女士毕恭毕敬地走上台去向国学大师请教问题，大师感到很不耐烦，当着所有听众的面毫不客气将那位女士羞辱了一番，语气生硬地说："你回去多翻翻字典，把字查清楚了，再上台提问。"那位女士非常难堪，感到无地自容，满脸通红地走下了台。事后女青年感慨万分，她做梦也没有想到自己仰慕的大师级人物，居然会在大庭广众之下故意让别人难堪，亏她还一直把他奉为精神导师。其实她就是被自己的情感蒙蔽了，出于对国学的热爱，她会不自觉地高看国学大师，完全没有想过对方的品质和为人。

具有非理性思维的人，判断人或事物时，是把情感放在首位的，很容易被情绪左右，看待问题往往是有失偏颇的。这样的人内心世界一般都是非常丰富的，他们敏感、细腻，较为理想化，容易与现实脱节，在重要时刻，很难做出正确的判断和抉择。非理性的人大多命运坎坷，因为太过任性肆意，不能很好地驾驭自己的情感，不能理智地思考问题，比较容易走弯路。所以，我们要努力克制自己的非理性，做事要依从逻辑判断，不要过多地被内心的情感所左右。

**法则效应**

培养理性思维不是完全杜绝感性，每个人都有感性的一面，正是因为有了感性，我们心中才有了温暖美好的情愫和爱恨缠绵的复杂情感，一个纯粹理性的世界是不堪想象的，它将是一片冰冷的荒漠，但一个纯粹感性的世界也可能是一个冰火两重天的地狱。对于一个人来讲，应该让情感和理智达成一种微妙的平衡，但在关键时刻，要注意绝不能让情感代替理智，而要尽力让理智回归大脑，促使自己做出冷静客观的判断。

## 韦奇定律：不要让别人动摇了你的意志

每个人都有面临抉择的时候，大到择校、就业，选择婚恋对象，小到挑选商品，选择哪条线路出行。做决定之前，我们或多或少都会向朋友、家人、同事征求意见，即使心中有了主见，也还是想听听别人的想法。假如身边的人和我们的想法一致，那么我们往往会会心一笑，但是，如果出现相反的情况，别人的看法全都与我们相左，我们就很难坚持自己最初的想法了，心理学上把这种现象称作"韦奇定律"。

韦奇定律是由美国洛杉矶加州大学经济学家伊渥·韦奇提出的，他认为："即使你已经有了主见，但如果有10个朋友的看法和你相反，你就很难不动摇。"这是因为我们意志不坚定吗？其实不是的。我们在做决策前，之所以要向他人咨询意见，是为了掌握全面丰富的信息，更好地理解和分析问题，以便纠正偏差，做出最切合实际的决定，当大多数人的意见和我们不一致时，我们自然会奉行少数服从多数的原则，选择听从大众的意见，放弃自己最初的主张。问题在于大众都认可的事情未必是正确的，大众所选择的道路未必适合我们，我们为了少犯错而广泛征求意见，却极有可能被多数人的言论误导。

韦奇定律告诉我们，我们是非常容易被别人的意见所左右的，尤其易于屈从多数人的意见。每个人站在十字路口，不知道向左走还是向右走时，通常比较茫然，就算选定了方向，也还是担心会走错路，所以才会把周围的人当成智囊团，但通常情况下，别人并不能为我们选择正确的道路，因为别人的感受并不能代替我们的感受。由此看来，没有主见乃是人生的大忌。

其实有主见的人，也有可能受韦奇定律影响。因为站在多数人的对立面是需要勇气的，不是所有人都能像但丁那样，掷地有声地说一句："走自己的路，让别人说去吧。"然后毫无负担地坚持自我。但任何一个生活圆满、事业有成的人，都是坚持走自己的路才获得成功的，甘愿受别人摆布是不可能过上自己想要的生活的。我们只有坚定信念，义无反顾地朝着自己选定的方向前进，不走寻常路，才能实现自己的理想和价值。

女科学家罗莎琳·苏斯曼·雅洛从小就有着与众不同的一面，刚刚3岁时她就有了自己的主意，坚决要朝着自己认定的道路前进。有一次，母亲带她外出，回来时她怎么也不肯沿着原路走，无论母亲怎么规劝，她坚持要走一条新路，母女俩在大街上僵持了很久，引来了很多人围观。面对这种情形，母亲真是哭笑不得，最后只好妥协了。

少女时代，她读完居里夫人的传记后，便立志成为一名科学家。她认定成为居里夫人那样献身于科研的工作者就是自己毕生的追求，当周围的人知道她的想法后，几乎都觉得她是在做白日梦，没有一个人支持她。高中毕业后，母亲想要把她培养成一名小学老师，然而她依然做着自己的科学美梦。读完大学，父亲建议她到中学教书。家人都认为对于女孩子来说，能有一份谋生的工作就不错了，奉劝她不要痴心妄想了。但罗莎琳说："居里夫人也是女人，她能做到男人都做不到的事，我相信我也一定能做到，我想成为她那样的人，为科学奉献一生。"她同时向父母保证绝不会为了事业耽误家庭，将来一定会成为一个贤妻良母。

罗莎琳在通往科学殿堂的道路上艰难求索着，但是在当时的时代，女性社会地位不高，在科学界很难受到重视，所以她很难拿到研究院的津贴，但是她要当科学家的决心并未因此而动摇过。后来，她被伊利诺斯大学破格录用了，成了一名助教。若干年后，她凭借在医学上的特殊贡献先后获得了 12 个医学研究奖奖项。1977 年，荣膺诺贝尔生理学及医学奖，终于成了像居里夫人一样受人尊敬的女科学家。

罗莎琳的故事告诉我们，我们应当矢志不移地坚持自己所选择的道路，无论有多少反对的声音，也无论有多少人质疑，只要我们做出了决定，就不能轻易放弃，不能轻易让别人的言论动摇了自己的意志。正如巴普洛夫所说的那样："倘若我坚持什么，即使用大炮也打不倒我！"若是有了这样的信念和勇气，那么做任何事情都会成功的。

法则效应

不要害怕旗帜鲜明地亮出自己的观点，每个人都有自己独立思考的能力，即使得不到别人的认同和支持，也不要轻易放弃自己的决定。别人的决定不能代替你的决定，没有人可以替你规划人生，脚下的路还是要由自己来走。一旦有了目标，就要勇往直前，坚持下去，千万不要因为别人的议论和质疑而停下脚步。

## 定式效应：小心被经验套牢

人的思维普遍遵循一种定式，非常典型的一个例子就是我们所熟悉的郑人疑斧的典故，说的是古代有一个郑国的人丢了斧子，怀疑是被邻居偷去了，于是观察邻居走路的姿势和脸上的神情，无论怎么看都觉得邻居就是一个盗贼。后来找到了斧子，再去观察邻居，忽然觉得对方的一举一动都和盗贼相去甚远了。这就是定式效应在起作用。

定式效应是指人们的认识局限于已知的信息和过往的经验，从而形成了一种固定的思考模式，使得人们依据老眼光和旧模式观察人或事物。苏联有个社会心理学家曾经做过测试定式效应的实验，他把同一个人的照片分别给两组受试者看，对第一组说此人是个臭名昭著的罪犯，对第二组说此人是个受人尊敬的知名学者。相片中的人双眼深陷、下巴翘起，结果第一组受试者认为他凹陷的眼睛透出狡诈残忍的光，翘起的下巴显示出顽固不化的性格。第二组则认为他深陷的双眼透露着智慧，一看就知道他是一个思想深邃的学者，翘起的下巴则显示出其顽强不息的精神。

为什么面对同一个人两组人员的评价会如此不同？答案是他们都受到了定式效应的干扰。当被告知照片中的人是罪犯时，人们就以审视罪犯的眼光来审视这个陌生人，所以从对方的面部特征上解读出了狡猾、凶残等信息。而把这个人当成著名学者来看时，人们则不自觉地把一些美好的品质加在了他身上，把对方描绘成了睿智、博学的好人。这足以说明人的认知是受先前积累的知识和经验的束缚的。

定式效应反映的是一种根深蒂固的惯性思维方式，它会不知不觉地深入我们的潜意识之中，限制我们的想象和思考，把我们引向一条看似合理却错误的道路。如果我们不能摆脱定式效应的影响，就会被过去的经验套牢，判断事物时往往会出现偏差，处理问题时也极容易陷入困局。

美国科普作家阿西莫夫天资聪颖，智商在160分左右，堪称天才。为此，他一直十分得意。作为高智商博士和知名作家，似乎没有什么事情能难倒他。让阿西莫夫万万没有想到的是，自己会被一名汽车修理工提出的问题难住。

那名汽车修理工有一天对他说："博士，让我出一道题检测一下你的智力，看看你能不能说出正确答案。"阿西莫夫接受了这个挑战，他不认为一个学历不高的修理工能提出什么高深莫测的问题。修理工问："有位聋哑人到五金店买钉子，他朝售货员打手势说自己想要什么，将左手两指立在柜台上，右手握拳做出敲打的动作。售货员给了他一把锤子，他摇了摇头，特地指了指立在柜台的两根指头。售货员恍然大悟，把钉子递给了他。聋哑人刚离开，有位盲人进了商店，他想要买一把剪刀。你认为盲人会怎么做？"

阿西莫夫心想这个问题太简单了，于是边打手势边说："他会做这个动作。"他伸出了两根手指，做剪刀状。修理工一听忍不住哈哈大笑："博士，你答错了。盲人买剪刀只要说一声自己想要什么就行了，根本用不着做手势呀。"阿西莫夫这才意识到自己犯了低级错误。修理工接着又说："我早就料到你会答错。因为你受过太多教育，所以看上去很聪明，实际上却不是这样。"

博士因为储备了太多的知识，头脑反而不如一个修理工灵活，可见，知识和经验也会成为人的负累，一个人掌握的知识越多，积累的经验越丰富，就越容易形成思维定式，而这种思维方式常使人陷入思维的误区，对此我们一定要加以警惕。

法则效应

人的思维空间是无限延展的，可以容纳亿万种可能性，然而由于定式效应的干扰，我们的思维被限制在一个狭小的区域，那个区域是为我们所熟知的，也是阻碍我们探求其他路径的最大障碍，我们必须排除这种干扰，才能找到更有创意的解决方法。

## 霍布森选择效应：有一种选择叫作"没得选"

在工作和生活中，人们常常陷入这样一种困境，认为眼前只有一条路可走，倘若放弃了唯一的机会，就会被逼得无路可走，这种没有选择余地的选择就被称为"霍布森选择效应"。霍布森选择效应源自一个英国典故，讲述的是英国剑桥商人霍布森从事租马和贩马的生意，顾客挑马时，他提出了一个条件，即只允许对方在马圈出口挑选，这样高头大马没办法从小门出去，能走出来的都是小马和瘦马，人们无论怎么挑选都挑不到好马。后来管理学家就把这种大同小异的假选择讥讽为"霍布森选择"，霍布森选择效应由此得名。

霍布森选择反映的是一种选择误区，人们误以为自己做出了最满意的选择，实际上由于思维的局限性，选择的空间被无限缩小了，这种情况下做出的选择当然不可能是最好和最理想的。人之所以会陷入这种困境，主要跟思维的"封闭性"和"趋同性"有关。由于眼界和认识的局限性，人们看不到更广阔的视野，意识不到环境系统的开放性，所以很难通过新的视角看待问题，也很难找到新的途径解决问题。这就好比选马的顾客视线被低矮的小门遮挡住，他们能看到的只有小马和瘦马，所以根本不可能租到或买到高大健壮的骏马。由于思维的"封闭性"是普遍存在的，由此就造成了思维的"趋同性"。

心理学家指出，人一旦陷入了"霍布森选择效应"的困境，就无法进行创造性学习和工作了。因为好坏优劣都是在比较中产生的，没有选择余地就等于没有了对比，在这种情形下，人是不可能做出合理的判断的。没有选择的选择，根本就不可能称为选择，更谈不上是最优方案了。有句格言说得好"当看上去只有一条路可走时，这条路往往是错误的"。假如我们的人生失去了备选方案，那就意味着我们失去了择优的权利，在这种情况下做出的决策往往会把我们带入更大的困境。事实证明，选择比努力更重要，因为你的未来就是你今天选择的结果，所以我们一定要谨慎地对待人生中的每一次选择。

一个美国人和一个法国人、一个犹太人被关进监狱服刑，刑期均为三年，监狱长答应满足他们每人一个愿望。美国人平时最喜欢抽雪茄，于是就向监狱长要了三大箱雪茄。法国人无论在什么时候都讲究浪漫，于是要了一个美艳的女子陪伴自己。犹太人说他什么也不想要，只要一部能跟外界沟通的电话就可以了。

三年很快过去了，三个人刑满出狱了。美国人第一个冲出了牢门，只见他的鼻子里和口里满是雪茄，嘴里不停地重复着一句话："给我火，快给我火！"原来他当初只要了雪茄，忘了向监狱长要打火机了。第二个走出牢房的是法国人，他已经是一位父亲了，怀里抱着一个可爱的孩子，那位美艳的女子手里牵着一个孩子，她的腹部微微隆起，显然又怀上了一个孩子。最后出来的是犹太人，他感激地握着监狱长的手说："多亏你为我安装了一部电话，我才没有断了和外界的联系，这三年来，我的生意不但没有受到影响，利润反而翻了一倍。为了向你表达我最诚挚的谢意，我打算送给你一辆劳斯莱斯。"

这则故事告诉我们，做出什么样的选择，就会拥有什么样的生活，只有了解了最新最全的信息，我们才能与时俱进，创造美好的未来。犹太人虽然被囚禁在有限的空间里，但他的思维并没有被束缚住，因此他并没有受到霍布森选择效应的影响。而美国人和法国人均认为，既然自己已经身陷囹圄，就丧失了选择生活方式的权利了，眼下最重要的就是怎样消磨难熬的时光，所以他们分别选择了雪茄和美女，目光变得短视，未来的前景十分堪忧。人的一生中总要面临大大小小的选择，为了摆脱霍布森效应的消极影响，我们一定要学会拓展思维的"可能性空间"，在诸多具有可行性的方案中选择最优的一个，避免陷入无路可走的尴尬境地。

**法则效应**

我们常听别人说，没有选择的选择也是一种选择，这只是一种无奈的叹息罢了。事实上，没有回旋余地的选择根本就不是选择，假如有一天我们只有一条路可走，不要误以为是现实把我们逼得无路可走，实际上是我们的思维把自己逼入了困境。我们必须开动脑筋，运用发散性思维思考问题，这样才能找到更好的出路。

## 布利丹效应：两难抉择，让人无所适从

选择愈多愈好是被大多数人认同的一个基本常识，比如购物时，无论走到哪个店铺都能看到琳琅满目的商品，通过货比三家，可以买到性价比较高的商品。可是选择的范围扩大以后，人们又很难判定哪一个才是自己最想要的，思绪游移不定，费神费力，结果很有可能空手而归。这种由于选择太多而拿不定主意的情况就被称为"布利丹效应"。

布利丹效应又叫布利丹毛驴效应，源自法国哲学家布利丹讲的一则寓言故事：有一头小毛驴以前每天都吃一堆草料，有一天主人给了它两堆草料，这两堆草料看起来一样多，而且都十分鲜美可口，小毛驴不知该吃哪一堆，结果活活饿死了。我们也许觉得这头小毛驴很愚蠢，但小毛驴犯的错误，人类也常常犯，人类的思维能力并不比这头可怜的小毛驴强多少。

有位心理学家曾做过一项有趣的实验：他在人流量较大的风景区

设置了两个奶茶摊点，其中一个摊点只提供 4 种口味的奶茶，另一个摊点奶茶的种类则较为丰富一些，人们可以品尝到 14 种口味的奶茶。在一个小时的时间内，经过第一个摊点的 102 位游客中，有 21％的人停下脚步观望，经过第二摊点的 198 位游客中，有 60％的人停下脚步观望。显然口味丰富的奶茶引起了更多人的注意，所以路过第二个摊点的人纷纷停下了脚步，但令人失望的是，购买的人却寥寥无几，他们的数量不足 7％。而奶茶种类较少的摊点，却有一半以上的人买了一杯奶茶。由于不知道该选哪杯奶茶好，人们选择了不喝奶茶，看来在面对多样选择时，人类和忍饥挨饿不吃草料的小毛驴几乎没有什么区别。由此可见，很多人都是有选择障碍的，选择范围越广未必越好。

在西班牙，有个富商和一个摆摊的小商贩是邻居，两人膝下都有一个儿子，富商的儿子叫布兰科，商贩的儿子叫奥特加。两个孩子在不同的环境中成长，受到的教育也完全不同。

富商对孩子说："你长大以后想干什么就干什么，人生有无限的可能，想当律师我就让我的私人律师教给你法律知识，他可是法学界大名鼎鼎的人物，跟着他学习，你也能成为有名的律师；想当医生我就让我的私人医生当你的老师，他可是当地医术最高超的医生，在他的教导下，你一定能成为一名好医生。假如你想成为影视明星，我会让你到最顶级的艺术学校学习，找一线导演和编剧专门为你量身打造角色，到时你一定会大红大紫的。如果你对这些都不感兴趣，想要像我一样做个成功的商人，那么我会把自己的全部经验毫无保留地教授给你。"商贩对孩子说："爸爸能力有限，除了摆地摊外，没有别的本事，也教不了你其他的东西，你就跟我一起摆地摊吧。"两个孩子都将父亲的话铭记于心。

布兰科最初的志愿是成为一名律师，考大学时便报考了法律专业，可是没学多久他就感觉背诵法律条文太无聊了，于是转而学医。做一名医生免不了要成天跟病人打交道，既要解说病情又要安抚病人，需要有十足的耐心，布兰科觉得这份工作并不适合自己，没过几天就放弃了学医，尝试当演员了。后来他又嫌做演员太辛苦，选择了向父亲学习经商。不幸的是恰好赶上了金融危机，父亲的公司倒闭破产了，布兰科最终一无所成。

奥特加跟随父亲摆地摊，饱尝人世心酸，每天不但要受风吹日晒雨淋之苦，还时常受气被人看不起。坚持了几天，他就不想干了，但一想除了摆地摊自己什么也做不了，只好咬牙继续摆摊。渐渐地，他长大了，想法也发生了改变，他认为把地摊摆好也能有一番成就，他是不可能一辈子都摆地摊的。后来他创办了自己的专卖店，又一手创立了庞大的服装集团公司，其品牌服装店遍布全球 68 个国家，他本人则成了世界第二大零售商。

面对多种选择，人们常常会无所适从，在思绪游移不定时很容易将有价值的方案舍弃。而适度地缩小选择范围，反而有助于我们把精力聚焦在最有价值的目标上，只要我们不遗余力地坚持下去，是很有希望把美梦变成现实的。

## 法则效应

黑格尔曾经说过："一个胸怀大志的人，必须如歌德所说，知道限制自己。反之，那些什么事都想做的人，其实什么事都不能做，最终只会走向失败。"是的，我们需要给自己的大脑设置"关卡"，对于那些妨碍我们实现人生目标的东西，一律限制进入，这样就可以有效缩小选择的范围，促使我们朝着有限的目标努力，直至达成目标。

## 羊群效应：比冒险更危险的是盲从

羊群并不是一个纪律严明的组织，平时很散乱，总是乱哄哄地左冲右撞，但只要有一只羊奔走起来，羊群就会盲目地一哄而上，根本就不考虑前方会不会遇到天敌——狼，即便附近有更好的草场它们也不肯停下脚步。这种盲目从众的心理就被称为"羊群效应"。

羊群效应在现实生活中是普遍存在的，比如大街上突然有一个人抬头看天，人们不知道他在看什么，但也纷纷仰头观看，随后会有更多的人加入这个行列，以至于后加入的人误以为大家看到了 UFO（不明飞行物）或者是什么百年难遇的奇景，而事实上第一个看天的人可能只是在欣赏蔚蓝的天空或是用目光追逐几抹流云而已。羊群效应反映的其实是一种随大溜的心理，人们对于不了解、没把握的事情，不喜欢自己单独做决定，而会倾向于选择追随大众的脚步，以为这样做可以提高自己的安全系数，而事实上这种盲从行为往往会把人带入误区。

从众心理主要跟人们寻求安全感有关，多数人认为随大溜比单独行动安全，然而却忽略了这样一个基本事实，即千军万马地过独木桥，本身并不安全，反而有可能把自己置于险境。人们选择从众还有一个重要原因便是，不想被群体孤立，假如自己的步调和集体不一致，就有可能受到排斥、打压。但事实告诉我们，如果我们盲目地随大溜，就不可能成就非凡的人生。成为玻璃或是钻石取决于物质的特质，一个丧失了独立意志和独特个性的人，就像随处可见的玻璃一样，平庸而没有特色。唯有有个性、有主张、卓尔不群的人，才能像钻石那样发出耀眼的光芒。

物理学家富尔顿在从事研究工作的时候，摒弃了人们所熟知的传统方法，采用了一种新的测量方法测试固体氦的热传导度，测量的结果和按照传统方式测算的数字相去甚远，两者之间差了 500 倍。富尔顿感到吃惊，不敢公布自己测量的数据，害怕大众怀疑自己的数据，更怕别人说他故意标新立异。

过了一段时间，有位年轻的科学家测量固体的热传导度，测出的结果和富尔顿测量的数据一模一样。不过这位年轻后生没有选择沉默，而是把这个可能引起巨大争议的数据公布了出去，他的研究成果立即在科学界引起了广泛关注。富尔顿得知此事后，满心悔恨地写道："假如当初我有勇气摘掉'习惯'的帽子，戴上'创新'的帽子，那个年轻的科学家就不会抢走本该属于我的荣誉。"

富尔顿所说的"习惯"的帽子指的就是从众心理，当自己的研究结论和大众不一致时，他选择了从众，隐瞒了自己测试的数据，所以与科学荣誉失之交臂。而那位年轻的后起之秀完全不理会公认的结论，选择了相信自己的判断，因此他得到了应有的殊荣。由此可见，只有克服从众心理，坚持走自己的道路，才能在事业上有一番成就。

## 法则效应

羊群效应遏制个性的自由发展，束缚人的思维，极大地抹杀了人的创造力，我们必须敢于做一只特立独行的羊，才能摆脱行动的盲目性，闯出一条通往理想之门的开阔道路来。

## 跳蚤效应：永远不要给自己的思维设限

有个生物学家曾用跳蚤做过一项非常有趣的实验，他把一只跳蚤随意地抛下，发现这只小东西落到地面后竟能跳起一米多高。后来他在一米高处加放了一个盖子，跳蚤每次跳起都会碰到盖子。隔了一段时间后，把盖子撤掉，堪称弹跳高手的跳蚤再也跳不到一米高了，直到生命结束，跳蚤的跳高纪录一直被限定为一米以下。这种因为自我设限而限制自身能力发挥的现象就被称为"跳蚤效应"。

跳蚤为什么再也跳不高了呢？因为它被自己的思维限制住了，反复碰到盖子以后，它自动调节了跳高的高度，把高度设定为一米以下，然后想当然地认为这个高度就是自己所能达到的极限了，所以就再也跳不高了。其实人也一样，如果把自己限制在一定范围内，就不可能再有什么新的突破了。可悲的是，我们不是因为能力的局限达不成目标，而是被自己的想法束缚住了，仿佛有无形的盖子限制了我们人生的高度，让我们误以为自己永远不可能迈向新的高度了。

有一个农夫养了一头驴子，有一天驴子失足掉进了一口枯井里，农夫使出浑身解数救驴子，但没有成功，驴子依旧待在枯井里，望着主人嚎叫个不停。万般无奈之下，农夫只好放弃，他想反正驴子已经那么老了，以后也干不了活了，要不了多久就会寿终正寝，不如就让它死在枯井里吧，也许这就是天意。他不忍心让驴子在井里慢慢饿死，便找来邻居往井里填土，他们齐心协力地铲土，尘土纷纷扬扬地落到了可怜的驴子身上。

驴子意识到自己就要被活埋了，绝望地惨叫起来。不过没多久，它就平静了，也许是已经接受自己的命运了。农夫探头朝井底一看，立即被眼前的景象惊呆了。只见驴子站在高高的土堆上，身体几乎就要碰到井口了。原来当众人向它扬土时，它本能地将掉下的泥土抖落在地，渐渐地泥土变成了一个小土堆，土堆越升越高，它也慢慢地升高，就好像踩着一架梯子一样，最后，轻轻一跃，便跳出了井口。

每个人生命中都有一口枯井，但遗憾的是，不是每个人都能安然脱困。艰难挫折就好比加在我们身上的泥土，我们只有将它抖落掉，将其变成高高的垫脚石，才能脱离那口困住我们的枯井。许多人选择坐井观天，是因为思维被井口束缚住了，把泥土仅仅看成了泥土，以至于被泥土掩埋，失去了获得自由的机会。

罗曼·文森特·皮尔在讲述"积极思维的力量"时说："有了思想并不一定能保证成功，重要的是积极思考，做思想的主人，发现自己的不足并努力改进，不断地自我完善。只有这样才能在事业上不断地前进，实现自己的梦想。一个人持有什么样的思想，便会产生与之对应的结果。"即你有什么样的想法就会有什么样的人生，如果你的思维是正向的、积极的，那么你就能向更高的目标迈进，实现自己的人生理想。

德国数学家高斯在读中学时，有一次竟在数学课上睡着了。被下课铃声吵醒以后，他迷迷糊糊地抬起头，看到黑板上有一道题目，以为是老师布置的家庭作业，放学回家后便把自己关在屋子里埋头演算。那道题目太难了，他算了好久都没算出来。但是他没有放弃，继续算个不停，最后终于得出了答案。第二天他把作业本交给了老师，老师看了计算结果，惊讶得目瞪口呆，原来那是一道被数学界公认的无解的题。为什么被高斯解开了呢？因为高斯并不知道自己演算的题目是无解的。

高斯的故事告诉我们，一切皆有可能，只要你坚信自己能做到，就会打破自我设限的思维，而后鼓起勇气尝试，把不可能变成可能。我们之所以像跳蚤那样被一只盖子限制住，就是因为我们不相信自己，脑海里充满了负面思维，如果我们能像从枯井中脱困的驴子那样用积极的思维思考问题，那么就不会被任何难题难倒，人生将有无限的可能。

**法则效应**

人生本身是一个解惑的过程，思考太少就会感到茫然，看不清未来的方向，思考太多又会烦恼丛生，庸人自扰。但思考仍然是必要的。我们之所以把自己锁在了一个狭小的天地里，就是因为不能正确积极地思考，有时候换个角度考虑问题，就会打破思维的固定模式，给自己带来希望与转机。

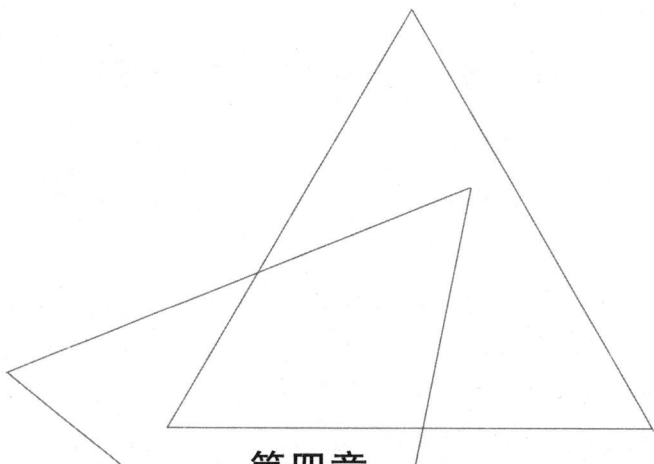

# 第四章

## 内外因原理：在低到尘埃的日子里，追求向上的力量

　　哲学家黑格尔说："相互作用是事物的真正的终极原因。"任何事物的发展变化都是内因与外因共同作用的结果，我们在分析和观察问题的时候，既要看到外因的作用，又要深入分析内因。个人的成长当然离不开主观的努力，但是我们也会受到外部环境的影响。毕竟我们是自然人，也是社会人。我们需要从外部世界获取资源和知识，渴望得到外界的鼓励、支持、赞美和肯定，或多或少会受到他人评价的影响。良好的外部环境可以成全我们，恶劣的外部环境则会给我们的人生带来十分消极的影响。

　　我们虽然不能完全脱离环境，但绝不能因此甘于沦为环境的附庸，在低到尘埃的日子里，要学会从内心寻找向上的力量，抵御外界的诱惑，消除所有不利的影响，成为一个有独立思想和独立精神的优秀个体。

# 泡菜效应：近朱者赤，近墨者黑

　　腌制过泡菜的人都知道，把同一种蔬菜浸泡在不同的水中发酵，过一段时间，将它们分别煮来吃，口感和味道是不一样的。其实，人就像泡菜一样，在不同的坛子里浸泡，就会被染成不同的气味。人是环境之子，在某种环境下成长，由于耳濡目染，秉性、气质都会深受影响，久而久之，自然与环境融为一体，以致"久居兰室不闻其香，久居鲍市不闻其臭"，完全变成了环境的一部分，这种现象就叫作"泡菜效应"。

　　泡菜效应揭示的是"近朱者赤，近墨者黑"的道理，健康良好的环境可以造就一个人，极度恶劣的环境则会毁灭一个人。环境对于人的影响是根深蒂固的，在人的童年时期尤其如此，所谓的"出淤泥而不染"是少数成年人经过修心养性才能达到的境界，所以，古时孟母三迁择邻是非常必要的。

　　当你步入少年和青年，学校教育对于你的人格养成起到了非常关键的作用，你的人生观、世界观、价值观就是在学生时代逐渐形成的，你的能力和素养也是在这一阶段被培育起来的。因此，从某种意义上说，一个人是否能成为德才兼备的高素质人才，学校是不可忽视的一环。曾经荣获诺贝尔物理学奖的科学家温伯格曾说过："我之所以获奖，是因为我们学校有一种人才共生效应。"确实如此，在温伯格的同级校友中，涌现出了十多个优秀的物理学家。他就读的康奈尔大学俨然就是一个培养人才的摇篮，所以他把自己的成功归结为学校环境对自己的积极影响，是有一定道理的。

　　一流的环境更容易诞生一流的人才，恩格斯说："人创造环境，同样，环境也创造人。"环境对人的成才和成长具有不可忽视的影响。所以我们要努力为自己争取良好的生存和成长环境，多认识和接触有品格、有素养的人，让自己潜移默化地受到熏陶和影响，这样我们就可以成为一个更优秀的人。

泡菜效应告诉我们，环境对人有着不可抗拒的影响作用，所以我们绝不能低估外部环境对于自身人格和素质的影响。外部环境包括家庭环境、教育环境和社会环境三部分。家庭环境是我们无从选择的，但教育环境和社会环境则是我们可选择的。即便我们不能进入人才济济的名校，只要创造机会，多认识比自己更优秀的人，同样可以学到让我们终身受益的东西。

**法则效应**

刚刚来到这个世界时，每个人都是一张没有任何内容的白纸，是后天的环境把我们塑造成了不同的模样。环境不是我们的外衣，而是我们的塑形师。因此，我们一定要尽最大努力为自己选择对自身有积极影响的环境，避开让人腐化堕落的环境，这样才能成为社会需要的人。

## 停滞效应：即使匍匐在地，也不能止步不前

心理学家在研究育婴堂的儿童时发现，这些孩子比正常接受教育的同龄人接受新东西的能力要差很多，他们在学习上处于一种停滞的状态。出现这种情况，主要是因为他们没有一个健康的成长环境，缺乏必要的学习机会。由于环境不佳，没有学习机会，导致学习能力停滞发展的现象，在心理学上被称为"停滞效应"。

良好的学习环境是一个人成才的充分保障。但不幸的是，由于各种各样的原因，许多人被剥夺了接受教育的机会，使得学习的潜能得不到开发，天分和才华被埋没。一个再有天赋的人，如果不能被悉心培养，天赋之树也有可能因为营养缺失而枯萎凋零。比如，一个擅长

绘画或唱歌的孩子，在家长和老师的逼迫下，把所有的精力都用在了考卷上，他长大之后是不可能成为杰出的画家或音乐家的。再比如，由于家境或个人原因，过早地离开校园踏入社会的人，大多选择了投身商业，因为他们没有机会开发自己某一方面的潜能。

停滞效应毫不留情地扼杀了人的天赋和灵感，那么，这是否意味着我们应该向环境屈服，任凭自己停滞不前呢？答案当然是否定的。假如命运亏待了我们，我们更要百倍地补偿自己。即使我们匍匐在地，也不能止步不前，没有学习机会，创造机会也要顽强学习。在知名人物之中，自学成才的例子比比皆是。2007年的诺贝尔文学奖获得者多丽丝·莱辛中学辍学以后，一直顽强自修，终成一代文学巨匠。美国前总统林肯小学都没有毕业，年轻时通过自学成为一名律师，后来又投身政界，凭借广博的学识和惊人的辩才战胜了竞争对手，最终成功问鼎总统宝座。可见，只要自己不放弃学习，我们的人生就不会停滞不前。

齐白石是个大器晚成的画家。由于家境贫寒，他很小的时候就当了放牛娃，没有机会接受正规的教育。有一天他放牛归来，来到水塘边洗手，看到有很多虾在水里快活地游来游去，觉得十分有趣，就把这幅图景深深地映在了脑海里。

13岁时为了生计，齐白石开始学习木工手艺，1年后开始学习雕花，后来成了一名手艺不凡的木匠。做木匠非常辛苦，报酬却不多，尽管如此，齐白石还是每天背着木箱到处做工。有一天，他在一个主顾家里发现了一部叫《芥子园画谱》的图书，立即被里面充满灵气的山水画吸引了，他临摹了一遍又一遍，居然无师自通地掌握了古画的神韵。以前临摹《芥子园画谱》的人只知道刻板地照抄复制，少有人能参透其中的神髓，而齐白石由于童年时长期置身户外，养成了善于观察的习惯，从大自然中找到了不少灵感，所以一运笔，就画出了一幅幅鲜活的画作。

齐白石20多岁才开始走上绘画的道路，到了40岁还没有形成自己的风格。他醉心于画虾，经常对着活虾写生，为了捕捉虾的动感，他有时会故意用笔杆触碰虾须，受惊的虾常常条件反射般地"腾"地跳起来，他立即把这一幕画了下来。他每天观察虾的动作神态，画的虾真实得仿佛活的一样，其硬壳有着近乎写实的透明感，又细又长的虾须好像一触就能动起来。齐白石赋予了画作新的生命力，他创造的《虾图》，就艺术水准而论，堪称登峰造极之作，至今也无人能超越。

齐白石的成长环境是很不理想的，他自幼就没有接受过系统的教育，但是他一直都没有放弃学习，没有老师的教导，他就以自然为师；没有可供参考的图书，他就到主顾家里寻宝，没有机会创造机会也要坚持学画，最后终成一代绘画大师。古语说："天行健，君子以自强不息。"齐白石所践行的正是这样一种自强不息的学习精神，如果我们也具备了这样的精神和品格，那么无论所处的环境有多么不利，都不可能让停滞效应在自己身上发生。

**法则效应**

人的潜质就像蓄电池，如果不能被及时利用，就有可能迅速流失。我们只有不断为自己充电，不断地学习，才能让自己充满能量。不要抱怨环境，也不要抱怨命运，假如我们和别人相比确实缺乏学习机会，那么就该想办法加倍补足自己。机会不是凭空等来的，而是自己创造出来的，只要你有一颗渴望求知探索的心，那么终有一日会找到属于自己的机会的。

## 暗示效应：载舟亦可覆舟的心理暗示

生活中，大多数人都容易受到他人暗示的影响。比如在公共场所，如果有一个人打哈欠，周围的人即使并不困倦，也会忍不住跟着打哈欠，一时间似乎所有在场的人都哈欠连连，这并不是因为哈欠会传染，而是因为人们受到了外部环境的影响，即暗示效应的影响。

暗示效应指的是在无对抗的前提下，采用某种含蓄的方式，向他人发出信息，诱导其接受一些意见或者按照自己的期望行动。其实早在三国时期，人们就已经学会运用暗示效应了。最典型的例子就是"望梅止渴"的典故，据说曹操率军远征时，天气无比炎热，众将士口渴难耐，附近偏偏又找不到水源，行军速度明显减慢了，这时曹操骗大家说前面有一片梅林，将士们想起饱满多汁、酸甜可口的梅子，口腔不自觉地分泌出了大量的唾液，于是所有人都不渴了。

暗示效应是一把"双刃剑"，既可载舟亦可覆舟，可对人的情绪和行为产生或积极或消极的影响。如果我们接受的是积极的心理暗示，潜能便会得到激发，促使我们发挥出更好的水平。比如，一名优秀的运动员非常具有潜质，是世界冠军的种子选手，如果教练在训练时，不断向他暗示："你能行，你一定能拿到冠军的奖杯。"在强大的心理暗示作用下，他果真在世界级比赛中荣获了第一名。心理暗示也有消极的一面，比如一个孩子被周围的人评价为胆子小、软弱无能，这种消极的暗示就会在孩子幼小的心灵里生根发芽，此后他的胆量越来越小，不敢大声讲话，不敢公开发表自己的意见，对自己越来越没有信心。一般而言，孩子比成年人更容易受到暗示影响。成年人受外界暗示的影响程度不同，只有极少数人能把这种影响降低到可以忽略不计的程度。

一场盛大的足球比赛，吸引了数千球迷到场观看。比赛正如火如荼地进行着，观众目不转睛地盯着赛场上的运动员，情绪无比激动。

谁也没有留意观众席上发生的小小骚动。其中有 6 人忽然感到腹部疼痛，有的还感到恶心，看上去随时都有可能呕吐。工作人员及时注意到了这一情况，认为他们是因为喝了台下售卖的饮料引起的不良反应，于是便通过广播告诫广大球迷，千万别喝某款饮料，以免出现不适反应。

观众观看比赛的热情立即冷却了下来，其中有 200 多人刚听到广播不久，就出现了食物中毒的症状，人们不得不火速把他们送往医院。奇怪的是，该品牌饮料经过检测后，被认证为安全饮品，它的所有指标均符合国家的安全标准。于是，工作人员又通过广播公布了饮料的检测结果。这则消息不胫而走，很快传到了医院，那 200 多名食物中毒的球迷竟莫名不治而愈，他们用最快的速度办理了出院手续，又跑回球场接着观看比赛了。

这则令人啼笑皆非的故事告诉我们，我们都会不自觉地接受外界的暗示，并会把其中的信息转化成潜意识的一部分，进而作用于自己的心理和行为。当我们感觉到他人在对自己进行某种暗示时，一定要仔细甄别，尽可能地接纳积极的暗示，消除消极暗示对自己的影响。如果我们的情绪和心态因为外界的环境发生了某种变化，就很有可能跟暗示效应有关，这时我们要仔细分析暗示的来源，然后通过积极的自我暗示，调节和控制外界暗示对自身的影响。

## 法则效应

如果外界给予我们的是赞美、鼓励和期许，那么我们得到的无疑是积极的心理暗示，它会让我们产生无畏的勇气，获得战胜困难的力量，我们要把这种暗示转化成一种能量。同时，要警惕消极暗示对我们造成的不利影响，一定要想方设法排解负面暗示给我们带来的痛苦和压力，避免让负能量危害自己的身心健康。

## 巴纳姆效应：知人易自知难

心理学研究显示，人很容易轻信一种模糊、笼统而又抽象的人格描述，误以为这种一般性的表述真实地反映了自己的人格特质，甚至会暗自进行对号入座。这种现象就叫作巴纳姆效应。

巴纳姆效应又叫福勒效应，是心理学家伯特伦·福勒经过试验证实的一种普遍存在的心理现象，它是以著名杂技师肖曼·巴纳姆而得名的。肖曼·巴纳姆认为自己的表演之所以符合大众的口味，是因为每个人都能从节目中看到自己喜欢的部分。这样他才能让表演产生魔力。伯特伦·福勒验证了他的观点，他用一些含糊不清的空泛但又易于被接受的形容词描述一个人时，对方会固执地认为这些描述说的就是自己。其实心理学家的描述只是一顶无论戴在谁的头上都可能合适的帽子，它并不具有针对性，人们只是一厢情愿地相信它针对的仅仅是自己，而不是随便什么人罢了。

巴纳姆效应在生活中是普遍存在的，比如有人相信塔罗牌可以预言自己的未来，因为他们认为占卜者的讲述非常可信。而事实上，占卜者在解牌之前，已经通过各种微妙的细节掌握了人的心理感受，通过分析和揣摩，自然能做出一些含糊其词且具有普遍意义的解说。这个过程并没有什么神秘的。

如果你不相信这个结论，可以让别人随便说几句话概括和描述自己，他有可能会说："你很在乎别人的看法，希望得到人们的尊重和肯定。你有很多优点，只可惜能力没有完全发挥出来，目前还没有找到一个更适合自己的平台。当然你也有一些缺点，不过你正在努力克服它们，以便更好地完善自己。你表面上看起来像无风的海面一样平静，内心却经常起波澜，有时简直是波涛汹涌。你有很多还没有实现的想法，所以有人说你的抱负不切实际……"听到这番话以后，你是否觉得他所说的百分百符合自己的情况呢？可事实上这些描述可以随便用在任何人身上，这些话并不是量身为你打造的。虽然这些陈述在一定程度上与你的某些特征吻合，但并不能揭示你是一个怎样的人。

法国研究人员曾经做过一项试验，他们把一个犯罪分子的生日资料寄给了号称能利用高科技手段得出精准星座报告的公司，请其对这名罪犯进行分析。过了三天，这家公司把分析报告交给了研究人员，其内容如下："这个人具有良好的适应能力，而且可塑性比较强。他很有魅力，言谈举止非常得体，在社交圈很受尊重。他头脑聪慧，道德感很强，将来生活一定非常富足，必定能跻身中产阶级行列。"此外，该公司还预测这名罪犯在1970～1972年会对感情做出重大承诺，但事实是，这名罪犯因为犯下了连环命案，已于1946年被执行死刑了。

研究人员看完这份可笑的分析报告之后，又把希特勒的生日资料寄给了其他专门研究星座的公司，并请来五十多位星座爱好者对这份资料进行分析，受试者全都不清楚希特勒的具体出生日期。研究人员让这些人说出对不同星座性格的看法，他们的说法和星座资料大体相同。研究人员又让大家猜测希特勒的星座，有人猜是天蝎座，理由是希特勒残暴狠毒。有人猜是射手座，理由是希特勒性格中存在近乎偏执的完美主义倾向。结果没有一个人猜中，实际上希特勒出生在四月份，属于金牛座。

星座公司也没有将希特勒的人格特征准确地概括出来，其只是推测希特勒喜欢动物，而且是个极富爱心的和平主义者。一个对人类犯下滔天罪行的战犯显然不可能有多么热爱和平，也不会富有爱心，但他确实喜欢动物，只有这点算是猜对了。

巴纳姆效应其实完全可以通过概率学来解释，任何一种推测都有一半的概率和事实相吻合，同时也有一半的概率和事实完全相反。喜欢动物、富有爱心、热爱和平是一个非常大众化的描述，它在大多数情况下是奏效的，但用它来描述希特勒显然是不合适的。这说明空泛性的表述和推断是非常不科学的，那么我们为什么会被搞得晕头转向呢？究其原因，主要是"主观验证"在起作用。

假如我们想要相信一件事是真实的，就会想方设法地搜寻各种证据证实自己的观点，使所有的证据表面看起来都符合最初的设想，在这种情形下，巴纳姆效应就发挥它的神奇作用了。与其说是别人的暗示把我们搞糊涂了，还不如说我们对自己缺乏深入客观的了解，要想摆脱巴纳姆效应的影响，必须从客观地认识自己开始。

**法则效应**

巴纳姆效应反映了我们对自我认识的缺失，如果我们想更好地认识自己，就必须勇于面对真实的自己，不要试图掩藏任何信息。还可以通过过往的成长经历，了解和解析自己的人格。另外一个了解自我的途径就是以人为镜，通过朋友、家人、同事的印象构建自己的形象，然后与自己心目中的自我形象做对比，通过比较更深刻地了解自己。

## 阿伦森效应：别患上赞美依赖症

善于巧妙夸赞别人的人总是采用先抑后扬的方式，善于奖励的人总是把最大的惊喜留在后面，两者运用的都是阿伦森效应的原理。阿伦森效应揭示的是这样一种心理现象：人们会随着奖励的减少变得消极，随着奖励的不断增加而变得积极。阿伦森认为，人们喜欢奖励、表扬不断增加，是因为褒奖的减少会给人造成一种挫折感，这种挫折感会引起人们心理上的极度不适。

阿伦森曾经做过一项著名的心理学实验，他让四组受试者分别对某个人进行评价，第一组人员始终对他赞美有加，第二组人员一直都在贬损他，第三组人员采取的是先褒后贬的评价方式，第四组人员采取的是先贬后褒的评价方式。测试的结果是，被评论的人对第四组人员最有好感，对第三组人员最为反感。这个实验充分证明了阿伦森的猜想。

在现实生活中，阿伦森效应是非常常见的，比如一个初出茅庐的大学生作为职场新人，小有成绩后自然会受到上司和老板的表扬。但工作时间长了，大家对他的出色表现已经习以为常，他听到的表扬声就越来越少了，久而久之他便感到自己在公司里无足重轻，挫折感越来越强，工作积极性大为降低。上司和老板对此深感不满，批评声越来越多，这个大学生内心的挫败感进一步加剧，工作效率越来越低，给别人留下的印象越来越低，随后便陷入恶性循环中。阿伦森效应告诉我们，要客观地看待表扬和批评，切不可因为外界加给自己的毁誉而影响了平静的心境。

马克·吐温曾写过一篇名为《羊皮手套》的小说，故事讲述的是：我到百货商店购买羊皮手套。漂亮的女店员给了我一副蓝手套。我说我不喜欢蓝色，女店员却说我的手和蓝色很配，听到这番恭维话，我忍不住瞄了自己的手一眼，竟也觉得柔和的蓝色很适合自己。我把左手伸进手套试戴，发现自己的手太粗大了，根本就没法把它塞进那只小巧精致的手套里。女店员却说刚刚好。我听了这话心花怒放，使劲地拉扯手套。女店员又说："一看就知道您平时是戴惯了羊皮手套的，不像某些人那样笨手笨脚。"

我又听到了一句恭维话，更努力地拉扯羊皮手套，拼命把自己的手掌往里塞，一不小心把手套扯坏了，上面出现了一道大口子。女店员仿佛什么也没看见似的，还一个劲夸我有经验，我一用力，手套的背面又开了个口。女店员继续喋喋不休地夸奖我："这双手套简直就是为您定做的。我以前一直不知道什么样的先生适合戴这样的手套，您戴着它显得非常大方得体。"就在这时，手套的指节处也裂开了。那只手套顷刻间就变成了一堆满是裂口的破布，我实在不好意思还给人家，只好佯装高兴地说："这双羊皮手套挺合适，我很喜欢它。另外一只不用试了，我到街上戴上就行了。店里太热了。"我一面说着，一面付了钱，狼狈地离开了百货商店。

《羊皮手套》的故事告诉我们，在别人的恭维面前，一定要保持清醒和理智，否则就会把自己推向窘境。赞美对每个人来说都是必要的，他人的赞美确实可以增强我们的自尊心和荣誉感，但如果我们太过依赖外界的赞美，就会沦为别人的附庸。虽然我们不能像庄子那样，达到"举世誉之而不加劝，举世非之而不加沮"的境界，但是至少应该做到正确地对待赞美和批评，既不要让自己被赞美冲昏了头脑，也不要让自己被批评的口水吞没，任何时候都保持一颗平常心，尽量看淡世间荣辱。

### 法则效应

受到赞美时，人的通常反应是欣喜万分；受到批评指责时，都会倍感失落。赞美就像糖果，我们得到得越多，心里越甜；得到得越少，心里越不是滋味。所以，我们做事的动力和幸福的感受掌握在别人手里，别人可以很慷慨，也可以很吝啬。如果我们不能摆脱对外界的依赖，就永远会被别人牵着鼻子走。不妨把赞美和批评看得淡一些，这样我们才能更好地坚持自我。

## 皮格马利翁效应：期望能产生奇迹

每个人或多或少都是在别人的期待中成长起来的，父母曾经对我们寄予厚望，老师把我们看成了正午十二点的太阳，常说未来的世界是属于我们的。在他们的期许和鼓励下，我们奋发向上、锐意进取，做出了一番成就。这种为了不辜负对方期望而努力拼搏的现象就叫作皮格马利翁效应。

皮格马利翁效应是美国心理学家罗森塔尔提出的，他曾在一所小学做过一项非常著名的心理实验。实验的内容是：从每班随机抽出3名学生，拟定出一个18人的名单，然后对校长说："经过科学测试，这18名学生全是高智商人才。"过了半年，罗森塔尔再次来到这所学校，发现这18名学生进步很快，各方面表现都超出了同级的学生。过了若干年以后，这些被选中的学生都已长大成人，他们都在各自的工作岗位上做出了了不起的成就。这些被随机抽取的学生，在智商和能力上与常人无异，他们为什么始终表现得比别人更出色呢？其实是皮格马利翁效应在起作用。

皮格马利翁效应反映的是一种暗示心理，如果你喜欢和信任一个人，就会不自觉地接受他的暗示，情感和观念也会因此而受到影响，为了获得对方的赞美和支持，不让其期待落空，你会尽最大努力把对方的期望转化为现实。在皮格马利翁效应的影响下，他人的期待将转化成你对自己的期望，而你对自己的强烈期望具有一种无形的力量，它促使你变得更加自尊和自信，帮助你梦想成真。皮格马利翁效应告诉我们，期待是一种积极的力量，你期望什么，就能得到什么，你的成就是你期待的成果。

在古希腊神话中，塞浦路斯有位叫皮格马利翁的国王，他是个醉心于雕塑的艺术家，有着非凡的手艺，雕刻的人像栩栩如生。后来他用精致光洁的象牙雕塑了一位楚楚可人的少女，由于人像太过逼真了，他情不自禁地爱上了自己的作品，并为她取名叫盖拉蒂，俨然把她当成了自己的情人。他给这位"少女"披上了华丽的长袍，将她想象成了一个血肉丰满的真实人物，每天温柔地亲吻她，深情地拥抱她，并且真诚地期望自己的爱能被对方接受。

"少女"静默无语，它不过是一尊冰冷而没有生命的雕像罢了，对于他的示好始终无动于衷。他感到绝望了，不愿意再被这种无望的恋情折磨，于是便走进阿弗洛蒂忒神殿，请求女神赐给他一位像盖拉蒂那样妩媚迷人的妻子。女神被他真诚的期望打动了，答应帮助他实现愿望。

皮格马利翁再次靠近雕像时，发现它微微有了变化。它的脸不再苍白生硬，而是渐渐地有了血色，它的眼眸开始熠熠生辉绽放光芒，它的芳唇微微张开，露出了撩人甜美的微笑。盖拉蒂步履轻盈地向他走来，脉脉含情地注视着他，眼神里满含着柔情蜜意，身上散发出妙龄少女独有的青春气息。随后，她开口说话了。他顿时目瞪口呆，像石化的雕像一样一动不动地立在原地，半天都没有讲出一句话来。就这样，盖拉蒂成了皮格马利翁的妻子，他给她取了一个新名字，叫伽拉忒亚。

皮格马利翁的故事告诉我们，期望能创造奇迹，你真诚地渴求什么，就能得到希望的结果。当你的热切渴望和他人的期望合二为一，皮格马利翁效应便能发挥它魔力般的效用了。每个人在内心深处都渴望得到赞美和肯定，他人的期许往往会成为我们进步成长的动力。许多奇迹就是在赞美和期望中诞生的。"经营之神"松下幸之助深谙此道，所以他经常亲自给员工打电话勉励他们努力工作，每个接到电话的员工都感到自己被公司看重，为了不辜负总裁的厚望，全都拼命工作，结果松下公司出现了大批可以独当一面的高端人才。如果我们能积极地运用皮格马利翁效应，把家人、朋友、恋人、同事、老板对自己的期望转成不竭的动力，那么我们的人生就有可能变成另一番模样。

## 法则效应

积极期望的传递，能激发人的斗志，使人做出惊人的成就。期望是一种正能量，我们不能忽视它对人生的积极影响。当然，对我们寄予厚望的人，也有可能恨铁不成钢，给我们的心灵带来无形的压力，但只要我们调整好自己的心态，把压力变成动力，是完全可以发挥皮格马利翁效应的积极作用的。

## 瀑布心理效应：一言激起千层浪

如果你是一个分外敏感的人，别人随意说出的一句话都能变成锐利的匕首，一下就戳到了你最脆弱的那根软肋，搅得你心神不宁、心潮难平，这种现象在心理学上就被称为"瀑布心理效应"。

正所谓"言者无意，听者有心"，别人无意的一句话，有时也能被解读出弦外之音。这是信息的发出者始料未及的。发出信息的人内心始终是风平浪静的，根本想不到信息在传递到下游时，下面会浪花飞溅，甚至迸发出震耳欲聋的轰鸣声。这个过程像极了自然界中瀑布飞泻的一幕，上游平平静静，下游却激流汹涌、白浪滔天。

在现实生活中，外界施加给你的只是微小的伤害，这些伤害大部分都是别人的无心之失，但在瀑布心理效应的影响下，你会把这种伤害扩大百倍。比如和年幼的孩子一起外出就餐，孩子看着你发福的身材不解地问："为什么你越吃越胖，而我却怎么也吃不胖？"周围的人全把目光聚焦在你身上，有的人忍不住笑了起来，有的人在窃窃私语，场面无比尴尬。因为童言无忌，你不会责怪孩子，但本来就因为身材自卑的你确实被孩子不经意的一句话刺伤了。假如，有人小声讲话，你会认为所有人都在针对自己，心里立时升起一股无名火。你之所以会产生这么强烈的反应，主要是因为太过在乎别人的看法了。

总活在别人的言论之下，你的内心是很难获得长久平静的。因为任何人不小心说错了一句话，都可能在你那里制造出一石激起千层浪的效果。也许你会认为，没有经过大脑思考脱口而出的话往往都是真话，而经过深思熟虑精心加工过的话反而都不可靠，所以格外在意那些随口说出的不太中听的话。即使别人说出了某些实情，但未必有伤害你的动机，你完全没有必要大发雷霆。由于成长背景和社会阅历的不同，每个人看待问题的方式是不同的，别人不可能百分百认同你的观念和主张，对你的评价也都不尽相同。所以明智的做法是，不要过分在意别人怎么看待自己，认真地走好自己的路就可以了。

有一位知名画家，想要画一幅人人看了都拍案叫绝的画。他仔细地揣摩大众口味，不敢忽略任何细节，终于创作出了一幅堪称完美的画作。随后他把新画带到市场上展出，在空白处附上了几行小字，意思是观赏此画的人只要觉得这幅作品有不妥之处，就可以随意在上面做记号。

画作展出没多久，整幅画被涂满了记号，几乎每一处都受到了指责。画家大感惊讶，他没想到自己精心绘制的作品竟被批评得一无是处，他的信心动摇了，开始怀疑自己的绘画才能。痛定思痛之后，他又画了一幅一模一样的画，再次把它拿到市场上展览，这次他不再让人挑错了，而是请每位观赏此画的人在自认为画得最精彩的地方留下记号。结果那幅画标满了记号，原先所有被指责的地方都被打上了赞美的印记。

画家在震惊之余，终于明白了一个道理：别人的看法永远是别人的看法，没有人可以让所有人都感到满意。人不能把别人的看法当成评定自己的标准，而要坚持做好自己。

太在乎别人的评价，就会迷失自我、迷失方向。一个人如果将生活的焦点放在别人身上，那么随时都有重心失衡的危险。别人有意无意的一句话，都有可能让你患得患失，焦虑不安。不要因为别人的一句话而失去一整天的好心情，就算是某句话无意中伤了你的自尊心，也不要大动肝火。必要时，要学会忽略外界的非议，别人口中的你未必是真实的你，只要自己问心无愧就足够了，不必介意别人说什么。不要扣动情绪的扳机，不要让自己的心像瀑布一样喧腾不止，平静地对待外界的评价，你的内心将获得真正的宁静。

法则效应

如果你是一个非常容易受瀑布心理效应影响的人，除了要分析外界的刺激因素外，还要学会从自己身上找原因。你可能是个多愁善感的人，所以才会对别人的话耿耿于怀。你也可能有自卑情结，别人的话恰好触动了你的内心，被你解读成了挖苦和嘲笑，以致引起了你强烈的反感。要摆脱瀑布心理效应，必须克服自身的弱点，这样你才能做到对负面言论免疫，有效避免来自外界的伤害。

## 冰山理论：每个人都是一座漂浮的冰山

你了解自己吗？面对这个问题，大多数人都会不假思索地回答："当然。"但心理学家萨提亚却说你所看到的自己不过是冰山的一角，而不是整座冰山的全貌，你对自己的认知只是它浮出水面的极小部分，而深藏于水下的大部分山体才是被你长期忽略的内在自我。这就是有名的冰山理论。

萨提亚用了一个十分形象贴切的比喻，把自我比作一座漂浮在水面上的冰山，你的外在行为只是暴露在外的很小的一部分，而水下的世界则潜藏着你内心的渴望、期待和个人感受，它才能真实地反映你究竟是一个怎样的人。

众多周知，人的外在行为是受主观意识支配的，而复杂的情感因素则深埋在潜意识当中。著名精神分析师弗洛伊德在解析冰山理论时，把意识比作水面上的冰山一角，把潜意识比喻成隐藏在水面下神秘莫测、难以估量的那部分。他认为人们应该把注意的焦点放在潜意识上，理由是："心灵最本质的部分不是意识，而是潜意识，潜意识是比意识更为根本的东西。"

冰山理论的隐喻主要包括七个层次，由上到下分别为行为、应对方法、感受、观点、期待、渴望、自己。行为受意识主导，处在水平面以上的层次，应对方法则体现出了你的态度和姿态，它是一种外在的表象，依旧属于浮出水面的部分。感受指的是事情发生时你的想法和情绪，属于潜意识的层面。除了感受之外，还有感受的感受，即你对于感受的决定。观点指的是你对人或事物的看法，因为有了看法，你会关注自己怎样看待别人，别人怎样看待自己。期待代表的是我们对未来发展的一种期望，如果事情的发展态势符合我们的期待，我们就会很开心，反之就会非常失望。渴望指的是人类皆有被爱被认可、寻求归属感的倾向。自己指的是每个人都希望知道自己是谁，从生命和灵魂的角度探求自我的本质。

由著名导演李安执导的《少年派的奇幻漂流》很好地反映出冰山理论的构架，观众对影片的不同解读能充分折射出人的潜意识。影片讲述的是一个叫派的印度少年，父亲经营着一家动物园。后来他随父母乘船前往加拿大，动物们也都被运上了大船，不幸的是途中发生了可怕的海难，派逃到了救生船上，发现船里有四种动物：一只孟加拉虎、一只鬣狗、一匹斑马和一只猩猩。

在饥饿的驱使下，食物链发挥了作用，温顺的斑马和猩猩被鬣狗咬死了，随后孟加拉虎又把鬣狗吃掉了。船上只剩下了派和老虎。派担心老虎把自己当成美餐，时刻警惕着，紧张对峙了一段时间之后，他觉得喂饱老虎比防范老虎更划算，于是一边制作钓竿钓鱼，一边寻找淡水。老虎的存在，让派丝毫不敢懈怠，他有了活下去的斗志，最后成功获救了。

当派把自己的冒险经历讲给保险公司代表听的时候，对方不相信他的陈述，于是他又讲了另外一个版本的故事：救生船上根本就没有任何动物，只有一个厨师、一个水手以及派和他的母亲。厨子为了活命，残忍地杀掉了水手，之后吃掉了他的尸体。接着又杀掉了派的母亲。派为了给母亲报仇，最后杀掉了厨子。对比两个版本的故事，人们推断出，四种动物分别对应了救生船里的四个人。温顺的斑马代表的是善良的水手，凶狠的鬣狗代表的是穷凶极恶的厨子，温柔无害的猩猩代表的是派的母亲，而那只孟加拉虎代表的是派自己。

两个版本的故事，你愿意相信哪一个呢？任选其一看似容易，不过背后折射的却是不同人的不同心理状态。如果你相信前一个版本的故事，表明在潜意识里你相信人生和生活是美好的，所以才愿意接受那些美好的幻想。如果你相信后一个版本的故事，表明潜意识里你便认定人生是残酷的，生活是险恶的，所以你不愿轻信任何超现实的东西。

一则极具奇幻色彩的故事能让你看清自己内心深处潜藏的情感。不过要想更深入地了解自己，你还要学会正确地应用冰山理论。其操作方法如下：用7张纸逐一写下根源问题，将它们按照顺序摆放在地上，先站在"行为"的纸张上，思考目前困扰自己的问题，然后站到"感受"的纸张上，描述自己的感受，接着站到"感受的感受"的纸张上，弄清自己为何会有这样的感受，随后依次走向"观点""期待"和"渴望"的纸张上，进一步解析自己的内在情感，最后走到"自我"的纸张上，深入解析自我，找到问题产生的根源，根据对自己的最终认识做出选择。

**法则效应**

冰山理论揭示的是不同层次的自我，它告诫人们不要把注意力过分集中到表象上，而要更深入地挖掘自己的内在，揭示自己内心深处隐秘的东西。只有这样，我们才能对自己有一个更为全面和深刻的认识。

## 酸葡萄效应：得不到的就一文不值

《伊索寓言》中人们最为熟悉的，恐怕就是"酸葡萄"的故事了，它讲述的是馋嘴的狐狸想要吃葡萄，因为够不着葡萄便说葡萄是酸的。狐狸的心理反映的就是一种羡慕嫉妒恨的复杂心理状态，为了自我安慰，谎称得不到的东西都是不好的，甚至对其大肆贬低，这种现象在生活中屡见不鲜，被心理学家称为"酸葡萄效应"。

在我们身边，处处都能发现有酸葡萄心理的人。比如，有些人看到别人考上名校，就酸溜溜地说学历并不等于能力，考上好大学并不一定有好工作；看到别人吃大餐，就不屑地说山珍海味吃多了恐怕消化不良，还是粗茶淡饭更好；看到别人获得了荣誉称号，就说虚名没有价值；看到别人交了漂亮的女朋友，就说漂亮的女人全都是爱慕虚荣的花瓶，一点内涵都没有……人故意歪曲事实，主要是为了寻求一种心理平衡，把那些可望而不可即的东西贬损得一文不值，这样自己的挫败感就不会那么强烈了。

经常用酸葡萄的说法欺骗自己，久而久之会让人丧失进取心。在遭遇挫败之后，如果我们总是以各种站不住脚的理由责怪别人，为自己开脱，那么是不可能努力改变现状的。酸葡萄心理另外一个副作用是，让人产生忌妒心理，我们没来由地忌恨比自己更优秀的人，贬低对方，甚至对其予以中伤，这样做并不能让我们变得更出色，反而会使我们的人格变得卑下。

1919年春，徐悲鸿被巴黎高等美术学校录取了，从此开启了赴法留学的学习生涯。后来他结识了法国闻名遐迩的绘画大师达仰，潜心向其学画，画技有了极大提高。达仰很欣赏这位天分高又勤奋刻苦的中国留学生，几乎对其倾囊相授，外国人知道后，忌妒得无以复加。

有一天，有一位外国学生非常不客气地对徐悲鸿说："我知道你在跟达仰学画，他很看好你，不过你别以为能拜达仰为师，就能成为有名的画家。就凭你们中国人的资质，就算有机会到天堂好好深造，也成不了才。"

听到这样刻薄的话，徐悲鸿很生气，不过他知道争论没有用，要让外国人对自己刮目相看，就必须用实力证明自己。为了给自己和国家争口气，徐悲鸿更加努力地学习作画，他夜以继日地研习绘画技巧，孜孜不倦地汲取绘画知识，绘画水平有了很大的进步。

每逢假日，徐悲鸿都会到巴黎博物馆参观，认真临摹馆内大师们的绘画作品，经常在那里待上一整天。通过临摹，他对不同风格、不同画派的画作有了更深刻的认识，对艺术的领悟能力也有了很大的提高。

徐悲鸿在留学期间，一直过着清苦的生活，他住在小阁楼上，每顿饭只吃两片面包，喝一杯白开水。这样省吃俭用主要是为了购买更多的绘画用具。三年后，徐悲鸿以优异的成绩毕业了。他的画作在巴黎展出后，在整个画坛引起了巨大的反响。那个曾经对他冷嘲热讽的外国学生看到他的作品后，感到无比吃惊，他羞愧地走到徐悲鸿面前，鞠躬致歉说："中国人确实有才能。我犯了一个低级错误，用你们中国话说就叫作'有眼不识泰山'。"

那个讥讽徐悲鸿的外国学生，定然是极度渴望拜师达仰的，但他的绘画才能并没有得到达仰的认可，所以愿望落空了。当得知中国留学生徐悲鸿有幸成为达仰的弟子时，他不禁妒火中烧，刻薄地对徐悲鸿说就算有机会跟达仰大师学习，你也成不了人才，这就是酸葡萄效应在起作用。向达仰学习的机会就好比他无论怎么争取都摘不到的葡萄，因此他故意贬低这种难得的机会，同时又对得到机会的人加以侮辱。在徐悲鸿创作出轰动画坛的作品后，他才看清了自己自私、狭隘和卑下的人格，最后不得不对当初的无礼行为道歉。

得不到的好东西就好比悬挂在架子上的诱人葡萄，它令人无比向往，却也给人带来了强烈的挫败感，自己摘不到的葡萄如果被别人采摘了，心理自然会很不平衡。面对自己暂时够不到的葡萄，我们可以选择继续坚持，一直坚持到自己吃到葡萄为止，也可以选择放弃，如果倾尽全力也摘不到甘美的葡萄，就要学会面对现实。贬低葡萄或是恶意嘲讽摘到葡萄的人，都是不可取的。

**法则效应**

得不到的葡萄有可能是世上最好的葡萄，也有可能不是，葡萄的滋味如何只有尝过了才有发言权，我们不要妄自揣测。如果别人美梦成真，吃到了我们梦寐以求的葡萄，我们不妨大方地送上祝福，然后多多向对方请教学习，也许有朝一日我们也能吃到葡萄。

## 奋起效应：暂时的失利只是成功路上的一次小憩

布卡·华盛顿曾经说过："成功的大小不是由一个人的人生高度来衡量的，而是由他在成功路上克服障碍的数目来衡量的。"遭遇挫折未必是人生的大不幸，不幸的终点往往就是幸运的开始。屡战屡败未必悲情，也许下一次的失败就孕育着成功。

古今中外，在任何领域颇有造诣的人，几乎都是败而不馁、屡仆屡起。这些跌倒一千次却能鼓足勇气一千零一次地站起来的卓越人物，无疑都具备越挫越勇的斗志和始终昂扬向上的坚强意志。这种受挫之后不灰心、不气馁，反而被激发出无穷斗志的现象，就叫作"奋起效应"。

面对挫败，为什么有人选择了破罐子破摔而有人选择了奋起呢？这需要从外因和内因两个方面来解析。"积极心理学之父"塞利格曼指出，把失败归咎于不可变更的永久性因素，比如先天智力、个人能力等，这样的人往往对未来不再抱有期待，一旦遭到失败的打击就有可能一蹶不振。而把失败归咎于暂时性因素，比如临场发挥失常或者外界因素，这样的人通常会把失败看作人生的小插曲，一般不会轻易被

108

失败击倒，他们通常能够从失败的废墟中爬起来。也就是说，无论你把失败归结为内因还是外因，只要将其归结为暂时性因素，就能使奋起效应在自己的身上发挥作用。

有一个叫麦西的年轻人，带着天真的梦想闯荡波士顿，他只是想碰碰运气而已，没有什么明确的目标，结果什么事情也没干成。后来他开始尝试做生意，先是跟一个叫荷顿的人合伙开了一家布店，之后又开了属于自己的小店，售卖针线、纽扣之类的商品。虽然针线之类的东西对于每户家庭来说都是必不可少的，但因为麦西的小店位置比较偏远，人们都选择了就近购买，再加上这类产品消耗量本来就不大，所以小店自开张以来一直经营惨淡。

面对失败，麦西并没有灰心，他认为失败的主要原因在于他当时只是考虑到了顾客的需求，根本没有考虑客流量，这是经验不足所致。没过多久他又开了一家布店，原本以为自己已经积累了一定的经验，做生意应该顺风顺水，谁知一切都不像他想象的那么简单。以前合伙开布店时，都是由合伙人负责进货的，他并不知道该怎样控制进货成本以及该如何选择货物的品种。由于进货成本太高，货品的种类不符合顾客的需求，他的布店倒闭了。总结失败的教训时，他认为这次失败是因为没有将经商的各个环节掌握好，尤其是进货环节没有掌控好。

过了一段时间，麦西又开始琢磨开店。当时许多美国人纷纷涌进旧金山淘金，麦西也把目光投向了旧金山。他开了一家小店，专门售卖淘金用的平底锅，采用薄利多销的经营方式，很快就大赚了一笔。有了充足的资金，麦西不满足于继续做小本生意了，于是关闭了店铺，把布店开到了哈佛山，但他又一次失败了。主要原因是当地人口稀少，市场空间有限，销量没有保障。

麦西在哈佛山没有赚到钱，还把本钱全部赔了进去，可谓是血本无归，但他依旧没有认输。就在这时，当年的合伙人荷顿主动向他抛出了橄榄枝，表示愿意跟他再度合作。麦西同意了，于是两人在纽约开了一家大型百货商店。凭借荷顿的资金支持和麦西丰富的经商经验，百货商店生意越来越兴隆。后来两人又开了很多分店。十年之后，他们的百货公司成了全球最大的百货公司之一。

麦西创业屡屡失败，但每次总结失败的原因时，他都将其归咎于自己经验不足。经验不足显然只是暂时性因素，因为经验是可以通过阅历的增加而积累的。正是因为归因得当，他才得以咸鱼翻身，可见正确归因对于成功来说有多么重要。

**法则效应**

人生在世，难免起起落落，谁也不能成为常胜将军，挫败的体验乃是我们生命中的一部分。我们要客观看待人生成败，学会正确归因，这样才能从失败中奋起，走向成功。失败不是永恒的，导致我们失败的因素也不可能永远存在，只要我们破解了失败的谜题，就一定能找到成功的密码，所以任何时候都要对自己有信心。

## 迟延满足效应：禁得住诱惑，方可守得住繁华

你有没有遇到过这种情况：想要减肥瘦身，却禁不住美食的诱惑；想要潜心学习，却抵御不住娱乐节目的吸引；想要躲进小楼，却对外面的花花世界迷恋不已。这是为什么呢？是因为我们决心不坚定吗？其实不是，作为凡夫俗子，我们只是在诱惑面前没有招架之力罢了。

美国心理学教授沃尔特·米歇尔曾设计过一项测试自制力的实验，实验对象是一群4岁的孩子。研究员给每个孩子发放了一块软糖，并对他们说："如果你们马上把糖吃掉，就只能得到一块糖，要是能坚持20分钟再吃，就能得到两块糖。"有些孩子没有克制住自己，立即把刚到手的软糖吃掉了。另一些孩子强迫自己不要屈从于眼前的诱惑，他们或是闭上了眼睛或是大声唱歌，有的甚至不知不觉地睡着了，实验结束后，他们都得到了两颗糖。

经过调查追踪，研究人员发现那些耐住性子延迟 20 分钟吃糖的孩子，长大以后都具有超强的自制力，在学习和工作中表现得极为出色，而那些迫不及待地吃下软糖的孩子，长大以后普遍缺乏耐心，自我克制能力差，各方面表现都远远逊色于前者。由此可见，抵制诱惑也是一种能力，而且对于人的一生具有重要影响。

实验中吃到两块糖的孩子，为了追求更大的目标，成功克制住了心头的欲望，将诱惑拒之于门外，这种表现就是所谓的"延迟满足"。而为了实现高远目标，有意识地克制自己，延迟享受的现象，就叫作"延迟满足效应"。很多时候，我们之所以失败，并不是因为能力不足，而是因为被诱惑俘虏了。在人生的道路上，充斥着各种诱惑，如果我们不能掌控自己，贪图一时的享受，就会一生碌碌无为。事实证明，只有耐得住寂寞、经得起诱惑的人，才能守得住繁华，干出一番大业。

辛泰尔曾经是纽约评论界大名鼎鼎的人物，20 世纪 30 年代，在全美 498 家报纸上都能看到他拟写的专栏，他的时评广泛受到关注。凭借在评论界的举足轻重的地位和巨大的影响力，辛泰尔一星期就可以轻松赚取 2150 美元稿酬，年薪至少有 10 万美元。他的收入虽然很可观，但跟真正的富豪比起来还有不小的差距。

由于辛泰尔知名度高，多家电台为了增强栏目的吸引力，纷纷邀请他主持节目。纽约电台还想出了一个帮助他节约宝贵时间的办法，即在写字台上安装一台播音机。辛泰尔只要愿意接受这份工作，就能立即获得一笔不菲的收入，纽约电台承诺每分钟支付 500 美元的薪酬。面对这样的诱惑，辛泰尔不为所动，他依旧选择了继续埋头拟写自己的专栏。好莱坞著名的影视公司也竞相向他抛出了橄榄枝，希望他能出演某个角色。华纳公司寄给了他一张空白支票，表示他可以随意写下所期望的酬金数额。辛泰尔不假思索地拒绝了。

辛泰尔一次次把送上门的钱拒之门外，不是因为他真的"不差钱"，而是因为他不想把自己的名气换算成钞票，假如他加盟了电台和电影公司，人们就有可能质疑他的观点不再中立了，怀疑他本人被某个大公司收买了，那么他在评论界的地位就会有所下降，影响力也会受到影响。正是因为辛泰尔面对诱惑不为所动，他发表的观点才永远值得人们信服，凭借这点，他成了纽约评论界首屈一指的权威人物。

急功近利是成功的大忌，我们绝不能屈从于眼前的诱惑，而要时刻提醒自己朝着更高远的目标进发。眼前较小的满足并不能带给我们长久的快乐，所以我们不能太过短视，而要学会以发展的眼光看待问题，一切从长远利益出发，舍弃一些小的利益，延迟满足内心的某些愿望，坚定不移地向更大的目标迈进。

**法则效应**

我们之所以对诱惑缺乏抵抗力，是因为它确实能给我们带来享受和快感，而奋斗的过程是辛苦的、寂寞的，在唾手可得的欢乐和一场苦旅之间，人们自然更愿意选择前者。不过屈从于诱惑的人，有可能快乐一时痛苦一世，而拒绝诱惑的人，只是放弃了短暂的欢乐而已，很有可能换来一生的幸福。所以诱惑和前途之间，我们应当选择后者。

## 冰激凌哲学：逆境是激发潜能的最好酵母

做过冷饮生意的人大多懂得这样一个基本常识：卖冰激凌必须从寒冷的冬季开始，原因是冬天客源少，会逼迫你想方设法降低产品成本以及提升服务水平招揽顾客。假如你能在冬季把冰激凌卖出去，那么就不用担心夏天的市场竞争了。这种在逆境中生存的商业哲学就被称为"冰激凌哲学"。

冰激凌哲学告诉我们，只要能熬过严冬，又何惧火热的盛夏呢？学会了在逆境中取胜，那么以后就可以不惧世间的任何挑战了。只要我们心中没有恐惧，随时都能开创我们想要的幸福生活。有句格言说得好："逆风更适合飞翔。"逆风虽然会给我们带来很大的阻力，但也能为我们提供巨大的升力，我们若想飞得更高更稳，就必须接受逆风的挑战。

没有人能随随便便成功，也没有人能随随便便收获幸福，只有勇于挑战逆境的人，才能冲破巨大的阻力，搏出属于自己的一片天空。逆境可以激发人的斗志，不经历逆境，你可能永远都不会知道自己究竟有多大的潜能。从某种意义上说，逆境是激发人类潜能的最好的酵母，你只有学会了在逆境中成长，才能无惧世间的风雨，成为你想要成为的人，缔造美满的幸福人生。

玛丽·哥罗达小时候有严重的读写障碍，很多人都认为她智力发育迟缓，甚至有人把她看作智障儿。少女时代的哥罗达因为和周围的人格格不入，所以被人称作是"无可救药的家伙"，饱受冷眼和歧视。虽然身处逆境，但她没有自暴自弃，而是更加努力地刻苦读书。虽然她天资不高，在智力方面比不上同龄人，但是凭借着每天苦读16个小时的勤奋精神，她终于学有所成，顺利拿到了高中文凭。

高中毕业后，哥罗达因为意外怀孕而耽误了学业，经过长期坚持培养起来的读写能力慢慢弱化了。这对她来说，无疑是一个沉重的打击。她陷入了前所未有的迷茫和痛苦。在这个时候，父亲的支持和鼓励给了她莫大的勇气，她很快振作起来，重新培养读写能力。在经济拮据的情况下，她坚持自修，后来又学习了社区学校的课程，毕业之后成功拿到了奥班尼医学院的通知书。

若干年以后，哥罗达自信满满地参加了毕业典礼，她早已不是那个被看作智障的小女孩了，而是变成了一名风采卓然的迷人女士，手捧医学博士证书的她，向自己也向世界证明了一个道理：上帝永远不会辜负性格坚韧的人，再艰难也扼杀不了一颗坚持梦想的心，逆境能击垮弱者，却能成全强者。只要不肯认输，就永远都不会输。

玛丽·哥罗达的故事告诉我们，每个人身上都有一种潜在的精神力量，只有在逆境的考验中，我们才能承受平时不能承受之重，发挥超乎寻常的能力，进而成全自己。

法则效应

　　很多人认为身处逆境，就如同逆水行舟，后退比前进的可能性更大，即使勉强前进，行进的速度也是缓慢的，怎能和顺风顺水相比？其实只要你拥有激流勇进的勇气，练就超凡的速度和力量，就可以进步得更快。冰激凌哲学告诉我们，遭遇逆境并不是坏事，它能让我们变得更坚强、更成熟。

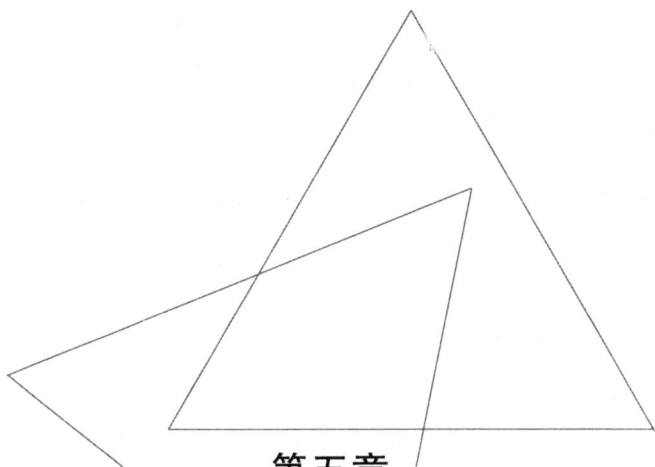

# 第五章

## 蜕变效应：勇于突破生命的临界点

　　人生就像一条奔腾不息的河流，不可能长久停留在一个地方，也不可能永远停滞在某一个阶段。超越、蜕变、升华是人生中必不可少的内容。生命的本质就是不断地突破和超越。尼采说："生命企图树起自己的云梯——它渴求眺望到遥远的地方，渴望着最醉心的美丽——因为它要求向上。"从因果定律角度分析，不肯安于现状、不甘寂寞，勇于突破生命的临界点，是所有默默无闻者突破生命的局限、大放光彩的根本原因。只有种下企图奋起的因，才能刷新纪录、创造壮举，迎来一个又一个人生巅峰。

　　如果你有一颗渴望超越的心，就不会轻易停下脚步，也不会为自己的人生设限。你的追求永远都不会有极限，所以你的人生就拥有无限的可能。人生最有意义的追求，绝不止于目标与丰碑，而在于那种永远在路上的感觉。生命不止、奋斗不息，才是人生最大的乐趣所在。

## 跨栏定律：困难有多大，成就就有多高

小时候，我们都听过鲤鱼跳龙门的故事，传说鲤鱼只要逆流而上，越过北山瀑布，跳过黄河的龙门，就能化身为龙了。长大后我们才知道鲤鱼逆流洄游，不是为了跳龙门，而是为了产卵，但那种激流勇进的精神，那面对飞瀑的惊人一跃，还是给我们的心灵带来了极大的震撼。对于一条小鱼来说，逆流而上显然是凶险万分的，它随时都有可能被冲走，要跨过生命的这道坎儿难度又是何其大，但只要它跨过了，完成的就是一项生命的壮举，这是其他的小鱼永远也做不到的。

鲤鱼的逆流一跃带给我们的启示是：一个人的成就高低往往和他所遇到的困难大小成正比。困难就好比栏杆，栏杆越高，你便跳得越高，这种现象就叫作"跨栏定律"。跨栏定律的提出和一个名叫阿费烈德的外科医生有关。他在从事尸体解剖工作时，惊异地发现死者的患病器官在功能上并不像人们预想的那样糟糕，它为了抵御病变，被迫增强自己的功能，结果功能通常比正常器官更强。他发现患病的肾比正常肾要大得多，其他器官诸如心脏、肺等也都出现了类似的情况。后来他为美术学生治病时，又有了惊人的发现，原来那些才华横溢的艺术生视力远不如常人，有的人居然还是色盲。然而正是因为他们存在生理缺陷，需要解决超乎常人想象的困难，才练就出了超乎寻常的本领。

跨栏定律在生活中是广泛存在的，比如盲人行动不便，出门处处受限，无论做什么事情都困难重重，为了更好地适应环境，他们的嗅觉、触觉和痛觉要比一般人发达得多，有的人还成了调琴师。由此可见，遇到困难并不见得是坏事，积极挑战更大的困难，反而有助于我们实现质的飞跃。困难的梯度有多大，我们未来成就的平台就会有

多高。

珍妮弗是音乐系的一名学生，自从学习钢琴以来，几乎没有遇到什么障碍，但她的演奏水平也一直没有什么明显的进步。后来班上来了一名新的指导教授，开学第一天，他就强迫学生练习弹奏超高难度的乐曲。经过三个月的魔鬼训练，学生们好不容易把曲子弹熟了，他又让学生弹奏难度更大的乐曲，学生们唉声叹气，珍妮弗也感到越来越吃力，事实上她从来就没有成功地弹奏好任何一首高难度的曲子，所以感到分外泄气。

和其他学生一样，珍妮弗非常不认同这位教授的指导方法，认为他是在有意刁难学生。不过，这位新教授显然不是这么想的，每次上课前他都鼓励学生试试看。珍妮弗无比生涩地弹奏着新曲子，断断续续地坚持着，一曲下来简直漏洞百出。其他学生的表现也好不到哪里去。

教室里经常是一片嘈杂声，不过教授从来没有批评他们把优美的音乐变成了难以忍受的噪声，只是鼓励大家要多加练习。等到大家把曲子练熟以后，像往常一样，教授又交给他们比之前难上两倍的曲子。珍妮弗实在受不了了，便公开质疑教授。教授没有多加解释，只是把新学期最早的一份乐谱交给珍妮弗，让她照着乐谱弹奏一遍。珍妮弗娴熟地弹完了整首曲子，每一个音符都弹得十分到位，一个音符都没有弹错。演奏完毕后，珍妮弗和全场学生都呆住了。

"如果你没有信心挑战自己，总是表现自己最熟悉、最擅长的部分，你可能还在练习那份最早的乐谱，是不可能取得现在的进步的。相信自己能够做到，你才能迈向新的高度，从而不断地超越自我。"教授缓缓地道出了自己教学方式的奥秘。

每一次超越，都是一次突破自身极限的体验。难度越大，压力越大，我们才能聚集更大的心理能量，获得浴火涅槃后的新生。如果把目标定得太低，我们轻轻松松就跨过了，那么又何来人生的飞跃呢？把目标定得高一点，再高一点，主动接受更高的挑战，勇于面对更大的困难，把自己变成弹跳能力极佳的皮球，受力越大，反弹能力越大，所能到达的高度越高。人生就像一场跨栏运动，每一次纵身一跃，都意味着成功刷新了纪录，你迈得越高，未来的天地也就越广阔。

**法则效应**

没有披荆斩棘的过程，就不可能有最后辉煌的成就。虽然没有人喜欢布满荆棘的坎坷之路，但是，如果你前面的道路过于平坦，你取得的成就也就很小。困难和阻力可以磨炼我们的意志，让我们从中获取提升自己的宝贵经验，使我们变得更勇敢、更强大，逼迫我们做出超越常人的成就。

## 沸腾效应：把握好人生"沸点"的最后"1℃"

有常识的人都知道，水的沸点是100℃，99℃的水不能算作开水，尽管它的温度已经很高了，但是没有沸腾就不能用来沏茶或直接饮用，只有再添上一把火，让它在原来水温的基础上再提升一度，它才能发生质的变化。99℃的水和100℃沸水只是差了一度而已，然而只差一点点，却导致了它们天差地别。

差之毫厘，导致天壤之别，这似乎有些超乎人们的想象。99℃的水和真正的沸水究竟有多大区别呢？其实它们的差别不在于表面的水温，而在于质的差别。水沸腾时会产生大量的气泡，部分液态水经过汽化以后转化成了气体，这是一个由量变到质变的过程，而没有沸腾的水没有经历这个过程，它始终都保持着最初的状态。其实两者之间差的只是一把火而已，这把火就是让99℃的水变成开水的关键因素，人们把这种由关键因素引起的本质变化的现象，称作"沸腾效应"。

在现实生活中，只差一点点，一步之遥往往就意味着平庸与卓越的差距。比如一名考生因为一分之差而名落孙山，多年的努力付诸东流；一名运动员因为一秒之差而与冠军失之交臂；一名登山者只差一点就成功登顶了，却基于各种原因选择了放弃……无论他们曾经离成功有多么近，哪怕是咫尺之遥，都因为没有跨过最后一步而错失了梦想。因为缺少最为关键的一把火，他们始终都是99℃的温水而已，没能让自己的人生在热血与烈火中得到升华和沸腾，这是一件多么遗憾的事。沸腾效应告诉我们，我们必须烧好人生这壶水，尤其不能忽略最后一度。

有位著名的摄影师，在给记者们讲述拍摄技巧时，只字未提摄影理论，而是不停地展示手提电脑里储存的照片，在两个多小时的时间里，他一共展示了一百多张照片，每一张照片背后都有一个故事。

接着他展示了近千张的铁路照片，这些作品都是他呕心沥血的结晶，同一个题材，他一拍就是十年，十年的光影历程，使他对铁路道口有了全新的认识和把握，所以在他的镜头下，冰冷的铁路仿佛有了血肉和生命，每一幅画面都带给人们不一样的感受。在当地喜欢专门拍摄同一个题材的摄影师有很多，但能坚持拍十年的，只有他一人，所以他成了摄影名家，而大多数摄影师一直籍籍无名，并没有拍出轰动一时的好作品。

令这名摄影师最难忘的是拍摄三峡截流工程的过程。三峡截流时，记者是很难进入库区的，他们都被拦在了警戒线外。记者们离那壮观无比的画面那么近，可是谁也没有机会将它用镜头捕捉下来。只有那位摄影家做到了，当他把三峡截流的照片刊登在媒体上时，业界的人都感到不可思议，大家都忍不住问："你是怎么拍到画面的？"他说为了拍摄这张照片，他趁夜坐着渔舟到达了对岸，然后在工程车下面躲了二十多个小时。

　　这个故事打动了现场所有人，三峡截流时，全国各地的记者都蜂拥到了那里，为了拍到一张照片，历尽艰难跋涉之苦，然而到达目的地时，却什么也拍不到。能拍摄到截流场景的人寥寥无几，那位摄影家之所以能做到别人做不到的事，无非是他比同行们多了一点近乎偏执的敬业精神。许多摄影师也许比他更强壮、更优秀，但就是因为缺了那么一点精神，一辈子都没有好作品。

　　在我们身边，不乏有理想有才华的热血青年，其中很多人也基本具备成功所需要的素养和能力，但就是因为缺了一点关键元素，比如坚持到底、义无反顾的精神，便成了差一度没有烧开的水，到最后功败垂成。事实证明，越是接近成功巅峰越是不能松懈，最后的一跃就好比水烧开前的1℃，又好比球场上的临门一脚，如果你不能掌控好，之前所有的努力都将前功尽弃。如果把人生看成一壶水，那么在关键时刻绝不能停止加热，只有再接再厉努力添上一把火，你才能迎来最激动人心的时刻，让自己的生命沸腾起来。

## 法则效应

　　突破和改变是一个由量变到质变的过程，仅有量的积累是不够的，是否能提升关键的1℃，才是质变是否能真正发生的根本因素。我们不要小看这一点，如果不能把控好最为关键的微小变化，那么就有可能与成功擦肩而过。所以我们要发扬不放弃的精神，坚持到最后一刻，直至成功实现目标。

## 彼得原理：梯子不是越高越好

每个人都渴望攀得更高、走得更远，时刻都想着更上一层楼，但一旦升到了高位，却未必能适应。这就好比一个收入稳定的人，已经具备了一定的理财能力，但在有了巨额的财富后，就不知道该如何管理自己的财产了。又如，一名中级将领可游刃有余地指挥小规模的战斗，但在被提拔为元帅后就开始屡打败仗了。这种现象就被称为"彼得原理"。

彼得原理是由美国知名学者劳伦斯·彼得提出的，他认为在各种组织中，人们总是会被晋升到与自身能力不相匹配的地位，以至于没有办法更好地发挥自己的才能，同时给组织带来了损失。由此得出结论："每一个职位最终都被一个不能胜任其工作的员工所占据。层级组织的工作任务多半是由不胜任的员工完成的。"这是一个可怕的推断，如果推断成立，无论对于个人还是组织来讲，都将是一场灾难。人人都渴求突破，希望自己在晋升的阶梯上越爬越高，但爬得越高，未必会发展越好，如果你的能力与现在的位置严重不匹配，那么爬得越高，往往意味着摔得越惨。诚然，我们应该勇于突破自己的发展瓶颈，但前提是我们确实已经做了充分的准备，能确保自己登上山巅后看到的是无限的风光，而不会因为过度恐高产生眩晕感。

奥克曼是一家汽修公司的技师，他很胜任这份工作，对目前的职位也比较满意，因为表现出色，老板打算提拔他当管理人员。奥克曼不熟悉管理工作，而且也不喜欢做方案，所以很想回绝老板的好意。但他的妻子却鼓励他接受这份新工作，理由是如果他获得晋升，薪水也会跟着水涨船高，这样他们就可以换部像样的新车，添置一些有档次的物品了。

奥克曼虽然极度不情愿，但还是在妻子的极力劝说下选择了屈服。由于新工作过于枯燥乏味，他的工作热情逐渐降低，更让他懊恼的是，他发现自己根本胜任不了这个岗位，因此变得越来越焦虑。上任半年来，他一直表现平平，从工作中丝毫找不到成就感，为此心中充满了挫败感，脾气变得越来越暴躁，回家以后经常跟妻子争吵，婚姻因此陷入了危机。没过多久他就患上了胃溃疡，医生劝他戒酒，从此，他连借酒消愁的权利都被剥夺了。

奥克曼的同事哈里斯也是一名优秀的技师，老板也曾想要把他提拔到更高的位置，但是哈里斯深知目前的工作是最适合自己的，所以就婉言拒绝了，继续在自己的岗位上工作。后来，他的技能水平越来越高，老板视他为不可或缺的人才，不断地给他加薪，给了他可观的奖金和红利。哈里斯的生活越来越宽裕，他购买了适合全家人出行的新车，为妻子添置了新装，并给儿子买了最新款的棒球手套，他们一家过上了幸福美满的生活。

雄心万丈的人常鼓舞自己说，晋升的阶梯爬不完，其实梯子不是越高越好，适合自己的才是最好的。诚然，我们不该放弃任何一次提升自己的机会，但超越并不等于无休止地往上爬，蜗牛爬到金字塔顶端会选择止步，因为它深知自己不是鹰，不可能翱翔于蓝天。对于自身的局限，我们要有一个正确的认识，不要逼迫自己站在不适合的阶梯上，否则以后的人生就有可能在战战兢兢中度过。

法则效应

原地踏步、安于现状是不可取的，但是在能力、经验不足的情况下，过早地迈向了更高的阶梯，随时都要面临失足坠落的风险。我们必须让自己的才能和所处的位置相匹配，这样才能游刃有余地做好分内的事，好高骛远、眼高手低，则会误人害己。

## 约拿情结：不敢放手一搏，是因为害怕成功

害怕失败是人之常情，但是面对成功却落荒而逃就让人难以理解了。难道还有人会害怕成功？乍听起来，似乎觉得这种说法很荒谬，但美国心理学家马斯洛认为："人不仅害怕失败，也害怕成功。"人们向往在最完美的时刻获得圆满成功，但当那一刻真正来临时，又会产生退缩畏惧心理，这种现象就叫作"约拿情结"。

约拿情结反映的是一种无比微妙复杂的心理，人们迫切地渴望成功，但面对成功时又感到无限迷茫，觉得自己不够优秀，配不上即将享有的殊荣，因此逃避，宁愿退守在一个较为安全的范围内。约拿情结源自对成长的恐惧，我们既害怕限于低谷，又害怕自己走向巅峰。在畏惧自己成功的同时又害怕别人成功，对于成功者既羡慕崇敬，又表现出一丝忌妒和敌意，这是人类普遍存在的一种心理障碍。

马斯洛在课堂上，曾经问过心理学专业的研究生："你们谁希望自己创作出美国有史以来最伟大的小说？""谁想成为一个圣人？""谁渴望成为伟大的领导者？"面对这些问题，学生普遍感到不安。有的红着脸一言不发，有的紧张地挪动着身体。马斯洛又问："你们有没有悄悄计划写一本震惊世界的心理学著作？"学生们没有做出正面回答，而是支支吾吾地搪塞了过去。马斯洛接着问："你们难道不想成为优秀的心理学家吗？"有位学生回答："当然想。"马斯洛说："你想成为一位沉默不语、谨慎胆小的心理学家吗？那样的话，你并不能实现自己的理想。"

这些学生之所以有这样的反应，显然是约拿情结在作怪。这种情形在日常生活中也是很常见的。比如一个聪明的年轻人得到了千载难逢的好机会，只要经过一段时间深造，就有可能飞黄腾达，可是面对唾手可得的荣誉，他犹豫了、退却了，最终竟然选择了离职。其实这主要是一些消极念头导致的。如果一个人不够自信，又极度缺乏安全

感，在机会来临时，就会深陷约拿情结无法自拔。他可能觉得自己配不上鲜花与掌声，也可能担心自己被别人拆穿，还有可能对成功本身存在着很多疑惑，因为成功本身就能引起人的许多复杂的感受。

杰克·伦敦是一名极富传奇色彩的伟大作家，他一生命运多舛，历尽艰难坎坷，在功成名就之前，一直保持着昂扬的精神状态，因为冥冥之中总有一股力量始终推动着他向前迈进，那就是对成功的渴望，可是成功以后，他的生命却迅速腐朽，导致他对生活失去了热情，最终绝望自杀。他的生与死至今让世人争论不休。

杰克·伦敦的童年是十分阴暗的，他是一个私生子，从小就没有享受过家庭的温暖，母亲嫁给了一个已经育有 11 个孩子的约翰·伦敦，所以他在家中的地位是比较尴尬的。由于家境贫困，11 岁那年，他就被迫外出谋生。他做过很多辛苦的工作，报酬少得可怜，由于不甘心永远贫穷，他冒险参与了偷袭私人牡蛎场的行动，因此而被罚做苦工。后来他成了一名水手，长年在海上漂泊，对平民的苦难有了更深刻的认识。航行归来后，他已经年满 18 岁了，不久便加入了一个叫作"基林军"的失业组织，该组织被政府取缔后，他不得不浪迹街头。

长期颠沛流离的困苦生活并没有使杰克·伦敦放弃理想，他渴望拥有非凡的人生，不甘心永远在社会底层挣扎。他以顽强的毅力坚持自学，20 岁时终于考上了加州大学。如果交得起学费，他有可能成为一名前途无量的青年。可惜生活并没有给他一线阳光，囊中羞涩的他不得不辍学到荒远的阿拉斯加淘金。踏上那片蛮荒之地以后，他受尽磨难，还险些丢了性命，然而却并没有获得财富。

杰克·伦敦后来走上了写作的道路，丰富的人生阅历和广博的见闻为他提供了鲜活的创作素材，他的作品一经出版就引起了巨大的轰动。成为知名作家以后，杰克·伦敦迷失了，他自认为已经走到了人生的巅峰，世上没有什么再值得他追求了，为此他感到无比空虚，渐渐地陷入了纸醉金迷的烂俗生活里，最后以死亡结束了自己的精神痛苦。

人们深受约拿情结影响，有时是因为对成功抱有消极的看法。比如杰克·伦敦，认为成功会让人陷入无尽的空虚之中。其实成功并不像人们想象的那么光辉夺目，也不像人们想象的那么可怕，我们只有亲自体验，才能知道个中滋味。在成功面前，不要胆怯、不要畏惧，勇敢地面对，让自己的人生翻开新的一页，让自己的生命因此而变得不同。

**法则效应**

我们受约拿情结所困，是因为面对成功，没有办法平衡内心的压力，既担心自己表现得不够完美，又害怕光环加身会无所适从。这是一种看似不合情理却十分正常的心理现象。我们要正确地看待成功，并努力地克服自己的约拿情结，千万不要因为畏手畏脚而错失了人生的重大机遇。

## 蜕皮效应：华丽的蜕变通常伴着痛苦的过程

自然界中，很多节肢动物和爬行动物，在成长过程中，都要经历无数次的蜕皮之痛，每一次蜕皮都是疼痛难忍的，在新皮长出来之前，它们无法正常活动，也不能顺利捕食，一旦被天敌发现就会丧命。因此，从某种意义上说，每一次蜕变就意味着一场生与死的考验，但旧皮脱落后，它们会长大一些，然后一点点走向成熟。这种经历蜕变之痛重获新生的过程就是"蜕皮效应"。

蜕皮效应告诉我们，某些动物只有褪掉旧的躯壳才能茁壮成长，人也一样，要想超越自己目前取得的成就，就不能自我设限，必须不断挣脱束缚在身上的枷锁，勇于超越自我，才能由丑小鸭变身成天鹅。蜕变意味着要走出安全区和舒适区，还要经历炼狱般的考验，如果你望而却步了，觉得随遇而安也没有什么不好，那么你此后便再也不会

125

有什么进步了。因为不敢褪掉身上的旧皮，你就不能获得更大的成长空间，更谈不上换来崭新的生命了。世上没有什么力量能限制你，唯一能限制你的就是渴求安逸、不思进取的心。你唯有真正超越自己，才有可能有朝一日坐拥整个天下。

查理·派迪是一名天赋极高的赛车高手，他风驰电掣般的速度、雷厉风行的风采给每一位在场的观众留下了极为深刻的印象。凭借一流的车技和出色的表现，他赢得了一个又一个奖项，成为赛车运动史上获奖最多的运动员。提起查理·派迪，人们莫不交口称赞，那么他是如何长期保持好成绩的呢？答案便是永不知足，永远超越。

第一次参加赛车比赛时，查理·派迪就表现不俗，轻轻松松获得了第二名的好成绩，把那些长年参赛的对手远远地甩在了后面。比赛结束后，他高高兴兴地向母亲报喜，刚进家门就得意地说："妈妈，我得了第二名。"母亲听到这个消息，十分平静地问他有多少人参加了比赛。查理·派迪回答说："35人。"本以为跟35名专业选手较量，自己能获得这样的成绩已经很不错了，母亲一定会为自己感到骄傲的。没想到母亲不但没有夸他，反而对他说："孩子，你输了。"

查理·派迪简直不敢相信自己的耳朵，他说："我初次参赛就战胜了34名久经赛场的选手，这样的成绩还不够好吗？"母亲说："你本来是有能力超越任何人的。但你只知道跟别人比，却没有和自己比。"她知道儿子具有很大的潜能，但是在赛场上并没有全力以赴，因为他认为第二名的成绩已经很不错了。

查理·派迪记住了母亲的话，从此他不再满足于已有的成就，而是努力超越自己，他要不断刷新自己的纪录，成为最出色的赛车手。在以后20多年的赛车生涯中，查理·派迪实现了一次又一次自我突破，用一种执着的方式演绎着属于自己的速度与激情。

成长是一个不断蜕变的过程，只有经历痛苦的挣扎，不断磨砺自己、修炼自己，我们才能拥有一个美丽的人生。超越别人也许能让我们获得某种优越感，但超越自己才能让我们获得破茧成蝶后的新生。

一个没有经历过创伤和痛苦的生命，是软弱的、幼稚的。所有优质而又强大的生命，都是在创伤中成长起来的。满足现状、故步自封，固然可以逃避一时的苦痛，却将自己局限在了一个没有希望的天地里，唯有勇敢地走出去，勇于接受生命的洗礼，我们才能不断成长成熟。

**法则效应**

> 蜕变成长是人生的必由之路，拒绝蜕变，我们就不能真正长大，也不可能真正走向成熟。其实华丽转身是一个痛并快乐着的过程，就算我们一路踉跄、一路跌跌撞撞，摔得伤痕累累，只要能体会到成长的喜悦，在磨砺中变得更加强健，那么一切就是值得的。

## 杠杆效应：以信念为支点，支起亮丽的人生舞台

阿基米德曾经说过："只要给我一个支点，我就能撬动整个地球。"说法虽然夸张了一些，但确实生动地阐述了杠杆的巨大作用。这种以小博大的现象，就被称为"杠杆效应"。杠杆效应被人们广泛运用于生活的各个方面，比如财政和投资领域，其实它对我们人生的影响也是不可忽视的，如果你能找到生命中最有力的支点，那么就有可能改变自己的命运，甚至改变世界。

在人生的杠杆上，信念就是我们生命中的支点，有了它，我们就能像渺小的蚂蚁那样托举起超过自身数倍的东西；有了它，我们在暗夜里也能看到斑斓的星光，无论前路多么苍茫，都不会迷失方向；有了它，我们在风雨中也能纵情放歌，即使风雨过后并没有看到美丽的彩虹。信念让我们不再迷惘，使我们始终相信自身的潜能，在这种意念的支持下，我们就会产生巨大的力量，大到超出自己的想象。撬动地球也许只是一个科学狂想，但以信念做支点，我们完全有可能搭起亮丽的人生舞台。

　　乔布斯堪称是一个非同凡响的传奇人物，他不但创造了颠覆人们想象的电子产品，还彻底改变了音乐、影视、电脑、通信等多个领域，使世界各地不同文化、不同信仰的人对时尚文化产生了一致的共鸣，这样的成就迄今为止，无人敢与之比肩，那么撬动乔布斯人生生命支点的又是什么呢？其实就是一个简单的信念。

　　乔布斯19岁就辍学了，那时正是血气方刚的年龄，他像美国其他年轻人那样对现实感到深切不满，厌倦了极度物质化的商品社会。他不相信成功学大师的理论，而是想要追求一个不一样的人生。为了探求生命的意义，他只身前往印度游历。在印度的半年时光里，他总是反反复复地问自己同样的问题："如果生命只剩下一天，我该做些什么？"

　　有一天，他在印度乡村闲坐，感到分外无聊，天渐渐黑下来，电灯给他带来了光明。那一刻，他竟被再寻常不过的灯光吸引了。他一边观察着柔和的昏黄的灯光，一边默默思考。在电光石火般的一瞬，他迷惘的心境豁然开朗，就像牛顿从落地的苹果中发现了万有引力一样，他从灯光里发现了人生最大的奥秘。他想：爱迪生在搞发明创造时，从来没有强调过自己的信仰和大爱，但是他发明的电灯，却把他的信仰和大爱的哲学全都体现出来了。生命最大的价值不在于金钱，而在于伟大的发明创造，像爱迪生那样创造奇妙的东西，就能彰显生命的意义。

　　乔布斯因为这个发现而兴奋起来。他苦苦思索而不得的东西却在他心情落寞的时候呈现在了眼前。创造奇妙而美好的东西成了乔布斯一生最大的追求，它是他的信念所在，也是他生命哲学的支点，凭借这个支点，他撬动了整个时尚界，也撬动了整个世界。

　　作为个体而言，人是渺小的，没有人可以真正无坚不摧，也没有人是天生的智者和强者，每个人都有迷失方向的时候，有时我们倾其所有地付出，未必能换来预期的收获。有时我们可能找不到人生的意义，只为奋斗而奋斗，每天都感到身心俱疲。有时我们不知道该追求什么，不清楚自己存在的价值以及能给这个世界带来什么，这都是因为心中没有信念。一旦有了信念，一切都会变得大不相同。乔布斯找到了信念，毕生致力于创造奇妙美好的事物，通过创造诠释纯粹的信仰以及大爱之美，因而设计出了一款又一款非同凡响的产品。

信念是人生的支点，有了这个支点，我们就变成了强有力的人。信念是生命中最温存的光芒，有了它，我们迷惘的灵魂才有所归依。信念成就了乔布斯，其实也可以成就任何人。在我们接受命运考验的时候，支撑我们风雨兼程继续走下去的，不是野心，也不是那些响亮空洞的口号，而是心中最持久、最有力的信念。信念虽然不能让我们成为超人，却能让我们由渺小走向强大，由软弱走向刚毅，由庸俗走向高尚。信念可以让我们活出属于自己的精彩。

**法则效应**

在现实生活中，不少人抱怨自己的付出和所得不成正比，生活和事业都很不如意。这主要是他们没有找到支撑起整个人生的支点。每个人都有不同的支点，它源于你心中最坚定的信念，凭借这个信念，你即使改变不了世界，至少可以改变自己。你的信念可以源自一个人、一件事、一个美丽的梦想或是一句简单却令你茅塞顿开的话，它给你的心灵带来了震撼，让你找到了生命的意义，从此你的人生就有了别样的光彩。

## 天花板效应：难以逾越的晋升瓶颈

生活中，我们常看到一些聪明强干的精英人士一路扶摇直上，但晋升到一定的位置之后，发展空间越来越小，职业生涯似乎进入了瓶颈期，这种现象就叫作"天花板效应"。天花板效应是一个形象的比喻，指的是有一种无形的不可视的障碍阻碍一些有资历有能力的优秀人才继续晋升，迫使他们局限在较为狭窄的空间内。造成这种局面的原因有很多，比如年龄、性别、学历、制度等。一般而言，过于年轻或超过黄金年龄的人、能力突出却缺少一纸文凭的人等，都比较容易陷入"天花板"困局。

天花板效应无疑会影响仕途发展，被它困住的人往往会陷入进退两难的境地，继续晋升无望，但放弃人人垂涎的高位又心有不甘，久而久之，就会变得悲观失望，甚至出现消极怠工的情况。有心理学家曾经做过一项实验来揭示身陷天花板效应困局的人群的心理状态。他让一群受试者走进天花板高度不一的房间，结果发现进入天花板较低的房间的人，心情较为压抑，而进入天花板较高的房间的人，心情较为愉快舒畅。

其实天花板的高度不仅左右人的心情，还决定着人的气度与胸怀。如果抬眼你能看到更加高远的天空，那么必定会热血澎湃，立志做出一番惊天动地的伟业来。但是若是有一块低矮的天花板阻挡了你的视线，你自然感到压抑局促、心情沮丧。由此可见，只有突破天花板效应，你的人生才会有转机。

汤姆供职于一家制造企业，他刚进公司时，只是一个普通的工程技术人员，由于勤勉好学，技术水平不断提升，在业务方面表现得非常突出，深受上司和老板的器重，半年之后他就晋升为核心技术工程师。两年以后，公司进行了一次人员调整，客服部主管被调到了分公司，他被提拔为该部门的主管。对汤姆来说，从一名普普通通的技术工晋升为客服部主管，似乎异常顺利，他一路顺风顺水，没有遇到任何障碍。

一年后，客服部经理被派到了国外，汤姆被认为是最有希望接任此位的人。但最终的结果却出乎人们的预料，老板外聘了一个名校毕业的硕士生担任客服部经理，其实这个被高薪聘请的人以前并没有担任过经理，他只是凭借着一些新理念说服了老板，很多人认为他华而不实，觉得汤姆才是客服部经理的最佳人选。

汤姆虽然不服气，但也没有办法改变老板的决定，毕竟他只是一个30出头的年轻人，老板觉得他难当大任，所以聘用了更加年长的雇员担任部门经理。年龄是他没有成功晋升的一个因素，但不是决定性因素，汤姆意识到学历已经成了自己职业发展的障碍，他毕业于一所籍籍无名的大学，只拿到了学士学位，而公司里人才济济，有不少硕士生和博士生，但凡身居高位的学历都比较高，看来他以后想继续晋升真是难上加难了。

不少职场人士在大展宏图以后，忽然遭遇了发展瓶颈，以后晋升的机会越来越少。这就是中了天花板效应的魔咒。如果不能找到上升的通道，"天花板"很有可能变成"水泥顶"彻底把自己未来的路封死。遇到这种情况，必须找出瓶颈产生的原因。首先要从自身和企业双方面找原因，弄清究竟是什么因素限制了自己发展，然后有的放矢地解决问题。如果是因为自身原因造成的，就要想方设法弥补，学历低就抽时间充电考取文凭，年轻不被信任就尽量表现得成熟稳重一些，向别人证明自己确实可以担当重任。如果是由于企业方面的原因，就要及时跟有关人员沟通，在沟通无效的情况下，只能"良禽择木而栖"，另谋高就了。

**法则效应**

现在，女性的社会地位虽然日益提高，在职场中扮演着越来越重要的角色，但晋升到高层的女性在比例上依然低于男性。要改变这种现象，需要企业和女性雇员共同努力。此外，学历也是造成天花板效应的重要因素。有的企业轻学历重能力，有的则不然，你可以提升自己的学历，也可以选择更重视能力的企业。

## 犬獒效应：竞争是造就强者的学校

藏獒是产自青藏高原的一种野性十足的猛犬，当地的人们用它们放牧和看家，把它们当成了生活中不可或缺的帮手。然而由于以前牧民长期过着颠沛流离的游牧生活，藏獒必须能经受住极其严酷的考验才能成功活下来。一些藏獒因为自然选择的原因被淘汰了，活下来的藏獒还要经历更为严酷的人工选择。当它们长出牙齿能够撕咬东西时，主人就会把它们集中到一个食物和水源都匮乏的地方，让它们互相撕咬，这样弱小的藏獒都被淘汰了，剩下的都是凶猛强大的藏獒。据说十只藏獒里只有一只能活下来。这种由残酷的竞争造就强者的现象就叫作"犬獒效应"。

犬獒效应告诉我们竞争是造就强者最好的学校。没有人天生强大，强者的素质都是在不断超越竞争对手，不断超越自我的过程中磨炼出来的。与弱者相争，虽然能轻松获得胜利，但这种胜利意义不大。我们只有超越最强悍的对手，才能在提升自身实力的情况下不断拓宽自己的生存空间。其实对手并不是我们真正的敌人，而是我们的教练和老师，没有对手，我们会变得懈怠和无聊，是对手不断逼迫我们成为更优秀的自己。所以，从某种意义上说，我们要感谢自己的对手。

有一位动物学家在研究非洲奥兰治河东西两岸的羚羊时，发现尽管它们的生存环境并没有什么差异，它们的属类也没有什么不同，但东岸的羚羊明显比西岸的羚羊更强健，前者奔跑起来的速度比后者每分钟快 13 米，繁殖能力也大大强于后者，这是为什么呢？动物学家百思不得其解，于是就从两岸各捉了 10 只羚羊做实验。

他把 20 只羚羊分别送往对岸。一年之后，发现被运到东岸的 10 只羚羊繁殖到了 14 只，而被运到西岸的羚羊只有 3 只存活了下来，另外 7 只都被狼吃掉了。原来被运送到东岸的 10 只羚羊之所以如此强健，是因为它们原来生活在狼群出没的西岸，在天敌的威胁下，它们被训练出了一流的奔跑速度，并拥有了强大的繁殖能力。而被运送到西岸的 10 只羚羊以前生活在东岸，由于没有天敌，所以普遍比较羸弱，一旦被送到了狼群环伺的地方，就没有招架之力了，所以大多成了猎食者的美餐。

在非洲大草原上，还流传着这样一个故事。据说非洲的一个商人，想要把本地的鱼类卖到世界各地去，但是在运输过程中出现了一个难题，许多鱼在刚装进船箱时都是活蹦乱跳的，但时间一长，鱼儿们就变得无精打采了，没过多久，大批的鱼都死去了。运送到目的地时，商人损失了大半的鱼，他不明白它们为什么会莫名死亡，他几乎每天给它们换水，氧气和鱼食也都很充足，难道它们是忽然得了什么怪病吗？

商人一直找不到答案，最后一位老者告诉他将鱼的天敌放进水箱里就能解决问题。商人不明白老者的用意，但还是照做了。结果鱼儿被运送到目的地时大部分都活了下来。原来鱼儿为躲避天敌的追杀，被迫拼命游动，因此保持了活力，是索命的天敌让它们在漫长的运输途中存活了下来。

生命在竞争中进化，在进化中超越，对手的存在，就是我们不断超越、不断进步的动力。对手可以是和我们同处一个平台的竞争者，也可以是前人、老师和朋友，超越他们，我们将给自己的生命带来新的变革。世间所有的发明创造、所有新理念新成果都是在超越前人的基础上诞生的，超越前人，就意味着创造历史。超越老师，青出于蓝而胜于蓝，就意味着长江后浪推前浪，能更好地推动时代向前发展；超越竞争对手和朋友，就意味着我们在公平的较量中取得了跨越性的进步。总之，不断接受挑战，就能成为真正的强者。

> 弱者要找的是没有威胁的安乐窝，强者要找的却是对手云集的竞技场。因为他们清楚，竞争的压力，将鞭策自己不断提升和超越自我，如果没有了对手，自己就会苟且偷生，丧失斗志和进取心。所以可以毫不夸张地说，人生最大的危机不是对手太多，而是没有对手。不要害怕强者，拥有强大的对手不是坏事，而是一件幸事。

## 等待效应：等到时机成熟再行动，你将永远没有机会

"等等看"是我们最为熟悉的口头禅之一，当我们酝酿一个新计划时，总觉得万事俱备只欠东风，时机未到或是条件不够成熟，于是迟迟不肯执行，把事情一拖再拖，拖着拖着就错失了最佳时机。即使没有错过时机，我们的态度也会由于境遇的改变而发生变化，于是所有的计划都被搁浅了。这种由于拖延等待而对某事产生态度、行为变化的现象就叫作"等待效应"。

在漫长的等待过程中，最初那种跃跃欲试的兴奋感会随着时间的推移而慢慢消失。比如你被一部精彩的电视剧所吸引，刚刚观看时兴致极高，假如中间突然插播了广告，而且广告的时间超出了你的忍耐限度，那么你很有可能产生弃剧的念头。毕竟再有趣味的东西也经不起等待的考验。

等待不但会让我们对一件事情兴味索然，还有可能让我们对自己的信心产生动摇。比如一名刚刚走出校园的大学生到知名企业应聘时，发现竞争者很多，在等待面试的过程中，越来越不自信，时而担心自己出糗，时而担心自己在第一轮测试中被淘汰，最后竟中途离场。在尝试执行一项宏伟的计划时，等待的时间越久，我们就越容易瞻前顾后，犹豫不决，自信心也会随着时间的流逝被大大削弱。由此可见，

要想让自己的人生实现飞跃性发展，等待是万万要不得的。

小鸟和老鹰是一对好朋友，它们常年生活在太平洋东岸，后来由于自然环境发生了巨大的变化，那里已经不适合它们生存了，它们必须飞越广阔的大洋，到达对岸开始新生活。临行前，老鹰准备了一大包东西，包括足以支撑半个月的粮食、一只装满淡水的大水壶、一个专门用来歇脚的木筏。它想自己必须考虑得周全一些，免得途中忍受饥渴。渴了有淡水喝，饿了有存粮吃，困了累了有竹筏可供休憩，没什么好担心的。

小鸟出发前什么也没带，只是在口里衔了一根小树枝。启程当天，老鹰由于负重太多，累得喘不过气来，飞得十分缓慢，小鸟轻装上阵，很快就飞到了前面。小鸟奉劝它的朋友老鹰扔掉一些东西，老鹰看了一眼自己的物品，觉得每一样东西都很重要，犹豫了很久也没有扔掉一样东西，渐渐地，越飞越慢，越来越感到辛苦。

小鸟虽然没有为自己准备粮食和水，但并没有受太多苦，它渴了就喝雨水，饿了就下水捕鱼，累了就把小树枝横在海面上，站在上面休息。经过半个月的飞行，小鸟到达了大洋彼岸，找到了新的栖息地。等了好久它都没有看见老鹰的影子。老鹰由于带了太多的东西，飞起来太过吃力，一路上飞飞停停，不知何时才能完成这次旅程。

有时候我们以为只有准备得足够充分才能展开行动，否则在执行计划过程中就会遇到各种障碍。这种想法虽然有一定的道理，但俗话说得好，计划赶不上变化。事实上，无论你准备得多么充分，都有可能出现突发状况。所以行动是否成功不在于现有条件的好坏，而在于你对待机会的态度。等到时机成熟再行动，机会早被别人抢走了。如果你是一个有胆识、有气魄的人，就像那只飞渡大洋的小鸟一样，仅凭一根小树枝也能立足，仅靠一双翅膀也能完成万里征程的壮举。若是犹豫不决，就会在无休止的消磨和等待中，失去人生中重要的发展契机。

成大事者必有当机立断的勇气，就算条件不成熟创造条件也能成就自己的事业。而惯于等待和拖延的人，即使拥有了优越的条件，也会以各种借口将计划无限期延后。等待效应告诉我们该出手时就出手，有了好的想法应立即采取行动，绝不能让自己因为优柔寡断而错失机遇。

## 吉格勒定理：欲成大事者必志存高远

为什么有的人干出了一番轰轰烈烈的事业，而有的人平庸一生、无所作为？对此美国行为学家吉格勒给出了答案，他认为主要是两者设定的目标不同，成功者往往会设定高远的奋斗目标，所以他们的成就会远远超越常人。他解释说："设定一个高目标就等于达到了目标的一部分。"即起点高才能达到至高的高度，有气魄方可成就大业。这就是著名的"吉格勒定理"。

吉格勒定理告诉我们，目标远大才能有所建树。如果你的目标是成为一只遨游万里的鲲鹏，那么终有一日你将御风驰骋天下；如果你的目标只是成为一只在蓬蒿间穿行的小斑鸠，那么你永远都不会知道飞翔的滋味。你的目标决定你的人生高度，纵观人类历史，那些卓有建树、取得杰出成就的伟大人物，都有一个相同的特征，那就是志存高远。莱特兄弟想让人类像鸟儿那样自由飞翔，发明了飞机；马丁·路德·金立志变革社会，在人权和种族平等方面做出了巨大的贡献；乔布斯立志改变世界，在全球多个领域掀起了时尚革命……有句格言说得好："瞄准天空的人比瞄准树梢的人要射得高。"树立高目标，哪怕最终没能成功实现自己的人生目标，所能达到的高度也会超出你的想象。

齐瓦勃出生在美国乡村，由于条件所限，他只受过短期的学校教育，就被迫闯荡社会了。尽管齐瓦勃从来没被精心培养过，但从小他就坚信自己将来一定能做大事。雄心勃勃的他到处寻求机遇，时刻准备大干一场。

18岁那年，齐瓦勃在钢铁大王卡内基的建筑工地谋到了差事，刚刚找到新工作，他就下定决心一定要成为这里最优秀的员工。下班后，同事们都聚在一起闲聊打发时光。只有齐瓦勃躲在一个角落里，一声不响地看书。有一天，公司经理到工地上例行检查，看到齐瓦勃正在安静地看书，就问他："你学那些东西干什么？"齐瓦勃回答说："我认为公司不缺普普通通的打工者，缺的是既有丰富的工作经验，又具备专业知识的高级技术人员或者管理者。"有些人觉得齐瓦勃异想天开，就嘲笑他。齐瓦勃丝毫也不把这些挖苦放在心上，他说："我觉得我们辛苦工作不光是为了给老板打工，也不是单纯为了得到一份薪水，至少我不是这么想的。我为自己伟大的梦想而努力工作，为自己未来的远大前途而奋斗。"

正是因为树立了远大的目标，齐瓦勃实现了人生一次又一次突破，从一名普通的打工者晋升为总工程师、总经理，之后又被任命为钢铁公司的董事长，最后一手创办了属于自己的大型钢铁公司——伯利恒钢铁公司，成为一名杰出的企业家。

齐瓦勃之所以能完成从打工者到创业者的飞跃，主要是因为他志向远大、目标高远，不愿成为平庸之辈。俗话说："不想当将军的士兵不是好士兵。"一个人设定的目标越高，他的进步往往越快，将来的成就也就越大。

有的人认为不是每个想当将军的士兵都能成为将军，梦想成真需要天时、地利、人和等各方面的因素，不是光有目标就行的。的确，能成为将军的士兵必是千里挑一、优中选优的，并非每个人都能如愿以偿，但即使成不了将军，有更高追求的士兵一定会比甘于平庸的士兵表现要出色得多。这个道理是比较容易理解的，就像一名跳高运动员，假如目标是两米四，即使没有达成目标，其跳高水平也会和两米四无限接近。假如他的目标是两米，那么他基本不可能超过这个纪录。可见，你所能达到的高度取决于你最初设立的目标。

**法则效应**

张载在《正蒙·至当篇》中说："志大则才大，事业大。""志小则易足，易足则无由进。"凡成大事者必胸怀大志，目标渺小，是取不了巨大成就的。一个人只有树立远大的目标才能放眼天下，不会因为取得了一点小成就就沾沾自喜，失去了进取心，这样的人才能不断克服各种困难，取得更大的成就。所以，从某种意义上说，远大的目标是成功的一半。

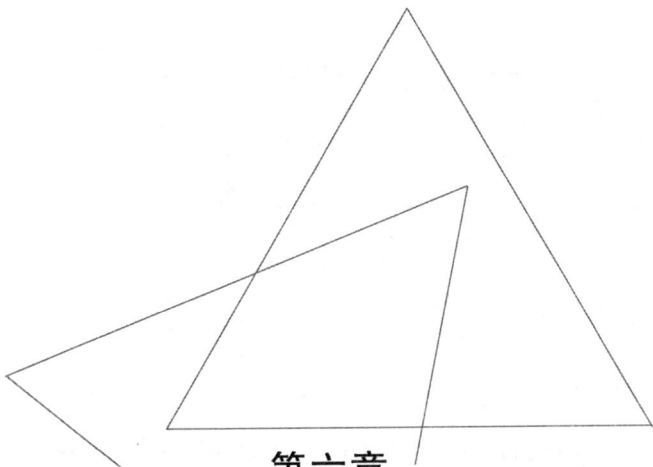

# 第六章

## 恋爱法则：爱情不只是一场风花雪月

　　爱情是一个永恒而又常新的话题，无论多么世俗的饮食男女，一旦遇上爱情，也会变得浪漫和小资起来。不禁感叹茫茫人海中，与数千个人擦肩而过，没有早一步，也没有晚一步，蓦然抬头，四目相会，恰巧就遇上了那个对的人。这是冥冥之中的缘分还是自己苦苦寻觅的结果？因果定律告诉我们，缘聚缘散皆源于你内心的渴望和需要，你爱得刻骨铭心，不由自主地投入其中，是因为你的内心渴求爱的滋养。无论是难以忘怀的初恋还是相濡以沫、日久生情的情愫，都是你生命中最唯美浪漫的乐章，无论是相守还是分离，只要真心爱过，就无怨无悔。

　　然而恋爱不只是一场风花雪月的遇见，要想让爱情长久保鲜不变质，彼此相爱是远远不够的，你必须读懂对方的心，充分了解对方的情感需求，给予对方足够的尊重、信任、宽容和体谅，才能在互相磨合的过程中，让爱情的火花越燃越旺，而不是黯然枯萎。

## 吊桥效应：心动不代表是真爱

一个人胆战心惊地过吊桥，会由于过度紧张出现心跳加速、掌心出汗的反应，这时若是不经意地抬头，忽然看到了一个异性，便会把刚才的生理反应理解为怦然心动的预兆，从而对对方产生爱慕之情，这种现象就是恋爱心理学中的"吊桥反应"。

美国心理学家曾做过这样一项实验：让男性在走过高高的吊桥之后和同一位女性见面，结果 80％的男性对那位女性表现出明显的好感，他们全都一致认为对方是一个迷人而又富有魅力的可爱女子。这是为什么呢？心理学家解释说，多数男性在过吊桥时会不由自主地把紧张导致的口渴、心跳加快等反应解读成生理上的兴奋，误以为自己对那名女性产生了强烈的兴趣。其实，女性在惊险、刺激的环境中，也比较容易对男性产生好感，她们同样会把由于过度恐惧导致的呼吸急促、心跳加速等正常反应看成是春心荡漾时心如撞鹿的感觉。

吊桥效应反映的是一种判断上的错觉，它不同于一见钟情，由于异性之间心动的感觉是在深陷险境时萌生出来的，所以危险一旦解除，那种意乱情迷的感觉也就不复存在了。比如一对青年男女乘坐同一航班的飞机，半途突发险情，在生与死的考验面前，双方都极度紧张，正视对方时均出现了心跳急促、呼吸紊乱的反应，刹那之间，他们误以为自己被丘比特之箭射中了，情不自禁地喜欢上了对方。可是等到险情解除、飞机安全着陆时，这对男女在互相观察时，彼此之间的吸引力便会大大降低，他们甚至难以理解，自己为什么会对眼前这个毫不起眼的人产生兴趣。一般而言，吊桥效应很难成就一段姻缘，因为只要男女双方走下吊桥，那种恋爱的错觉也就随之消失了。不过，也有少数人因为吊桥效应成了情侣，至于两人是否能天长地久，主要看对于这段感情，双方怎样维系和经营了。

大文豪海明威曾经有过一段战地爱情，它诞生于第一次世界大战结束前夕。当时他只是一个 19 岁的毛头小伙子，性格大胆、喜欢冒险，脑海里充满了理想主义的幻想，在战火纷飞的岁月，他毅然加入了红十字会救护队，风风火火地赶赴意大利战场。但战争不同于浪漫的诗歌，它的残酷性远超出海明威最初的想象。一天他被炮弹击中了，身体受了重伤，在野战医院待了五天后就被送进了医疗条件更好的米兰医院。

海明威饱受伤痛的折磨，心中充满恐惧，他担心被炸伤的腿再也不能恢复正常。一连好几天他都昏昏沉沉地睡去。在入院的第二个星期的早上，他猛然醒来，看到有位年轻的女护士正站在窗前等着给他量体温、测血压。她叫艾格尼丝，年方 26 岁，个子高挑、身材苗条，有一头清爽的栗色短发，由于穿着略微宽大的工作服，乍一看去颇有几分风韵。海明威在一瞬间迷上了她，觉得她是天底下最漂亮最迷人的姑娘，对其产生了一种说不清道不明的奇特情愫，身体略好一些的时候就对她展开了近乎疯狂的追求。可艾格尼丝只是把海明威当成伤员，所以起初并没有理会他的表白，后来在海明威的猛烈追求下，总算对他的爱做出了一点点反应，两人成了情侣。

后来艾格尼丝被调到了美国驻佛罗伦萨的意大利伤员医院工作，海明威回国了，分别前两人承诺互相写信。开始时他们通过鸿雁传书互诉衷肠，满怀着对对方的思念，可没过多久，艾格尼丝便来信说她即将嫁给那不勒斯的贵族青年。海明威深受打击，由于伤心过度大病了一场，之后他带着一颗受伤的心写了两部映射这段战地浪漫史的小说，以此来祭奠那段随风而逝的感情。

在血与火中诞生的爱情，是一见倾心的真爱，还是仅仅是吊桥效应在起作用呢？恐怕连海明威本人也说不清。总之，他爱上了艾格尼丝，艾格尼丝也接受了他的感情，这说明危险刺激的环境确实有可能让男女之间擦出爱的火花，但这小小的火花是继续燃烧还是瞬间熄灭，则因人而异了。

在刺激情境中邂逅的爱情，多半只是一场幻觉而已。一个模糊的身影也有可能被解读成惊鸿一瞥，令人心驰神往。这样的爱情不能算真爱，不要把肾上腺素的飙升误当作恋爱的反应，一个人坐过山车也能出现脸红心跳、呼吸紊乱的症状，不过那时你可没有爱上任何人。要正确认识吊桥效应，不要盲目地去爱，这样就能避免许多不必要的伤害。

## 契可尼效应：初恋因何最难忘

一个人无论一生有过多少段刻骨铭心的感情，最难忘的永远都是初恋。那么人们为什么会对初恋难以忘怀呢？心理学家契可尼通过一项实验揭示了其中的奥秘。她给一群受试者安排了 20 项指定的工作任务，在他们完成一半工作的情况下，故意在中途加以干扰，使其不能顺利完成工作。结果发现，人们对未完成工作的回忆要比已完成工作的回忆深刻且强烈得多。由此得出结论，人们很容易忘记那些已完成的、已有结果的事情，而对那些中断的、无疾而终的事情却总是记忆犹新。这种现象就叫作"契可尼效应"。由于大部分初恋都没有结果，人们在"契可尼效应"的影响下，自然就对这段情感念念不忘了。

初恋是青涩的，不成熟的，男女双方在初恋阶段都是比较天真懵懂的，所以将对爱情所有美好的幻想，都加在了初恋对象的身上，把那种朦胧恍惚的感觉看成了是对对方的迷恋，如果这段感情戛然而止，那么就极有可能成为绝响。因为这种"未能完成的"恋爱总是让人惦念、引人遐想的，而记忆中的那个人由于没能和自己成功牵手，还没来得及沾染柴米油盐酱醋茶的烟火气息，因此就变得永远无法取代了。

丘吉尔是英国历史上最有影响力的首相之一，由于在反法西斯战争中发挥了巨大作用，他在欧洲舞台乃至世界政治舞台上都有着举足轻重的影响，然而鲜有人知的是这位雄狮一般的巨头人物，在年轻时也曾为情所困，为一段失败的恋情伤透了心。

丘吉尔的初恋是一个叫帕米拉的女子。帕米拉是一个印度高官的女儿，她美艳动人、气质高贵，一直是王孙公子竞相追逐的对象。然而她却唯独对丘吉尔情有独钟。当时丘吉尔只是随军团驻留在印度的一名年轻的军官，他的地位当然比不上印度的贵族。在一场马球比赛的赛场上，他有幸邂逅了美丽端庄的帕米拉，两个人一见倾心，迅速坠入爱河。凭借着单纯的爱，丘吉尔战胜了所有的情敌，赢得了美人的芳心，他们甚至在私下里订了婚。

丘吉尔爱得很投入，对于两个人的未来充满信心，他从来没怀疑过自己迎娶帕米拉的决心。在印度这个古老神秘而又充满异域风情的国度里，丘吉尔找到了属于自己的爱情，幸福得就好像置身在天堂一样。他经常带着帕米拉骑着大象漫步在海得拉巴市街头，游览优美的风光。帕米拉在他眼里是那样完美无瑕，简直就是女神的化身，丘吉尔心想如果能有幸娶她为妻，他无疑将成为世上最幸福的男人。

弹指一挥间，两年过去了，帕米拉盛装披上了嫁衣，然而新郎却不是丘吉尔，而是印度总督的儿子维克多。这段初恋之所以无疾而终，主要是因为年轻的丘吉尔当年一无所有，无法让从小娇生惯养的帕米拉托付终身。丘吉尔知道是因为没有经济基础动摇了帕米拉嫁给自己的决心，尽管心中万分痛苦，他还是大度地向帕米拉和新郎维克多表示了祝贺。

丘吉尔结婚以后，仍然对帕米拉念念不忘，和她保持朋友关系，并将自己的文集赠送给了她。直到步入耄耋之年，他仍和帕米拉保持通信往来，并在信中饱含感情地写道："再次看到你的笔迹，真的让我感到非常高兴。"

人人都渴望爱情，而初恋作为恋曲的初章更是倍加令人期待。第一次的恋情总是令人回味的，男男女女初次感受到了情窦初开的美妙，似乎一下子就找到了自己心目中的王子或公主，幸福得忘乎所以，这种奇妙的感觉终其一生也难以忘却。可惜的是好花不常开、好景不常在，美好的事物往往短暂易逝，初恋也是一样，它来得快去得也快，就像白居易形容的那样："来如春梦不多时？去似朝云无觅处。"让人辨不清是花还是雾。初恋大多是让人遗憾的，因为它毕竟是一场失败的、未果的恋爱，可正因为如此，它才成为我们记忆中最为珍视的一部分，所以我们仍然应该感谢生命中的那段经历。

**法则效应**

　　爱情不仅有甜蜜，也有苦涩，青春年少时的初恋给人留下的往往是酸涩的回忆，当一段情缘结束时，我们所有对于爱情的期盼和想象也随着它的终结被封存了起来，所以它成了埋藏在心中最为深刻的记忆。胡适说："醉过方知酒浓，爱过方知情重。"其实只要忘情地爱过了，便已足够，不必慨叹造化弄人，不必谴责对方给予自己的伤害，既然这段感情已经落下了帷幕，那么就不要怨也不要悔，把它当成生命中最难忘的回忆珍藏起来吧。

## 黑暗效应：暗处更易生情愫

　　有这样一则故事：一名男子痴恋着一名女子，频繁地约对方到餐厅吃饭，想方设法地制造浪漫的气氛，可两人总是话不投机。有一天晚上他把女子约到了光线昏暗的酒吧，没想到两人相谈甚欢，距离一下子就拉近了许多。这种情况在心理学上就被称为"黑暗效应"。

　　心理学家指出，在光线明亮的场所，人与人之间普遍存在着戒备心理，全都竭尽所能地展示自己光鲜亮丽的一面，有意识地掩饰自己的弱点和瑕疵，这样就会给对方造成一种距离感，使得双方难以沟通。但置身在光线昏暗的场所，由于双方看不清彼此的表情，伪装就变成多余的了，于是便放下了防卫和戒备，变得更容易接近和亲近，这时黑暗效应就产生了。

灯光昏暗的酒吧比较容易产生恋情，因为它能让人迅速消除陌生感和紧张感，促使男女双方增强互信和了解。可能这就是朦胧产生美的典型例子吧。恋爱中的男女热衷于烛光晚餐，其实也是黑暗效应在起作用。一方在对另一方进行浪漫表白时，可能会紧张，也可能会怯场，或者总担心自己表现得不够完美，但只要将灯光全部熄灭，于黑暗中燃起几支光线微弱的蜡烛，氛围马上不一样了，忐忑不安的心也跟着平静了下来。由于在暗处不再害怕自己出丑，所以更容易真情流露，表白也就进行得格外顺利。黑暗效应告诉我们，无论是约会还是表白，抑或是在寻觅一段新感情，选择光线昏暗的场所胜算率远远高于光线明亮的场所。

常识告诉我们光线昏暗的地方，最适合伪装，最容易制造不真实的幻梦感。我们爱上别人或是被别人爱上，不是因为若有若无的光线，也不是因为缥缈迷蒙的氛围，而是因为彼此大胆敞开了心扉，勇敢地爱了一回，所以让爱住进了自己心里。

**法则效应**

男女双方在初识阶段，表现得高冷和不可接近，主要是戒备心理太强引起的，想要卸下对方的武装，最好把对方拉到暗处，只要黑暗效应产生效用，那么两个人刹那间就有可能产生默契。在恋爱的初始阶段，巧妙运用黑暗效应可以迅速拉近彼此的距离，成功突破对方的心理壁垒。

## 多看效应：日久则生情

在恋爱方面，有人相信一见钟情，有人相信日久生情。我们都知道一见钟情是男女之间奇妙的一种化学反应，那么日久生情是怎么回事呢？心理学认为，这主要是多看效应起的作用。多看效应是指人们对越熟悉的东西越喜欢的一种倾向。

有心理学家曾经做过这样一项实验：他请受试者观看一些照片，有些照片出现了十多次，有些照片出现了二十多次，而有些照片仅仅出现了一两次。结果发现一张照片出现的次数越多，人们对它的喜爱程度就越大。研究表明，大家普遍更喜欢自己较为熟悉的东西，而对于一闪而过的东西则没有什么感觉。

该心理学家还做过另外一项测试多看效应的实验：他在一所大学里随机找了几个女寝室，给女学生们发放了一些不同口味的饮料，要求她们以互相品尝饮料为由加强走动，但是彼此不能交谈。结果发现，见面越频繁，互相越喜欢。见面次数越少，彼此喜欢程度就越低。

这两项实验足以说明熟悉产生美，人与人之间接触的机会越多，彼此之间的吸引力就越大。在恋爱关系中，多看效应是真实存在的。比如跟某个异性刚刚交往时，你可能觉得他或她相貌欠佳，能明显地感觉到对方的某种缺陷，譬如嘴唇太厚、额头太宽、整体不和谐等，但是交往了一段时间以后，尽管他或她的外表没有什么改变，你却越看越顺眼，甚至觉得对方在某些方面非常有魅力。

多看效应不仅可以改变情侣间的观感，而且随着长久的相处，还可以促使双方彼此越来越欣赏，越来越依恋对方。刚刚确立恋爱关系时，双方都会暴露出某些缺点，对方可以清晰地感觉到伴侣个性上的某种缺陷，随着交往的深入，他们各自在对方身上挖掘出越来越多的优点，所以更倾向于注意对方可爱的地方，以前发现的缺点反而变得越来越微不足道了。

　　两个人朝夕相处，已经习惯了对方，会不自觉地把对方看成是自己生命里不可或缺的一部分，久而久之，便越来越离不开对方。更为难得的是，彼此熟悉的两个人，因为相处久了，会生出一种"心有灵犀一点通"的默契。你的心思对方完全懂，有时刚刚说了半句话，对方就能快速地补充完整，那种心照不宣的感觉既温暖又温馨。

　　梁羽生是新派武侠小说的代表人物，其作品《白发魔女传》《七剑下天山》等一经推出便引起了强烈的反响，读者被武侠世界的爱恨情仇、悲悲喜喜所吸引，不少人对作家本人的感情世界感到好奇，做过各种各样的揣测，事实上梁羽生的爱情生活并没有小说中的大起大落，但他收获的却是一段至死不渝、相濡以沫的真情。

　　梁羽生初识太太林萃如时，还是一个不知名的落魄文人。两人第一次见面，梁羽生患了鼻窦炎，狼狈地吸着鼻涕。32 岁的他头发稀疏，模样邋遢。所以林萃如对他的第一印象并不是很好。梁羽生对林萃如的观感也不怎么样，她虽是名门闺秀，但长得其貌不扬，并不符合文人的幻想。可是两人并没有因此而中断交往。起因是女方随手递手帕的举动打动了梁羽生，她的贤惠和善解人意给他留下了极好的印象。

　　随着交往的深入，林萃如发现梁羽生是一个满腹经纶的大才子，便对他生出了几分敬慕和好感。梁羽生认为林萃如热情大方、细心体贴，是个难得的好姑娘。两个人彼此欣赏，感情越来越稳固。梁羽生入院做鼻息肉切除手术时，林萃如一直无微不至地照顾他，不仅照顾他日常的饮食起居，还耐心地为他擦拭伤口。办理完出院手续以后，梁羽生向林萃如求婚了。他单膝跪地，诚恳而认真地说："虽然我现在很穷，经济上不宽裕，但以后我一定努力写稿赚钱，请嫁给我吧。"林萃如将他扶起，点了点头，答应了他的求婚。不久，两人就步入了婚姻的殿堂。

　　在此后的二十多年岁月里，他疾病缠身，受尽了病痛的折磨，她一直不离不弃地陪伴左右。有时她偎依在他的肩头，他则温柔地握着她的手。尽管两人已经年华老去，但在相互守护的日子里却宛如新婚宴尔般甜蜜。85岁那年，他驾鹤西去，文坛因为痛失了一代奇才而痛惜。他的作品被频频搬上银幕，他笔下的美人在影视剧里大放光彩，但是人们始终记得他说过的一句话，那便是所有美丽的女性形象优点都来自他的太太。他对她的爱可见一斑。

爱情并不是一见钟情那么简单，一见钟情只是爱情的开端，日久生情才是爱情的归宿。一见倾心的爱强烈但不深刻，因为那时彼此都不了解，双方不过是被对方的外表和气质吸引罢了。朝夕相处的感情才最弥足珍贵，因为你眨眼之间选择的对象可能只是一朝之爱，而和你白头偕老的那个人则是你在看了无数眼之后选中的最佳伴侣。多看效应告诉我们，日久生情的爱最为可靠，选择终身伴侣时一定要多看几眼，这样才不会看走眼。

### 法则效应

日久生情是综合比较、权衡利弊的结果，在这个阶段，恋爱双方已经经历了磨合期，对对方的优点、缺点已经非常熟悉了，此时再决定要不要继续深入交往下去或者是否要走进婚姻的殿堂。这是一种理性的行为，而不是因为一时的感情冲动，所以这种结合往往比较牢固。

## 罗密欧与朱丽叶效应：棒打的鸳鸯，更亲密

有些时候，备受祝福的爱情常常经不起考验，童话般的婚姻非常容易解体，而普遍不被看好，受尽阻挠的爱情却坚不可摧，这是为什么呢？其实这就是因为罗密欧与朱丽叶效应在发挥效用。罗密欧与朱丽叶是莎士比亚戏剧中的经典人物，由于两家是世仇，他们的爱情受到了两大家族的干涉和阻挠，但他们并没有因此而分手，反而爱得无

法自拔，最终双双殉情。这种由于外界干扰，恋爱双方的感情不但没有被削弱反而变得更加牢不可破的现象，就叫作"罗密欧与朱丽叶效应"。

罗密欧与朱丽叶效应告诉我们，遭到"棒打的鸳鸯"很难被强行拆散，因为他们的关系会由于外界的压力而变得更亲密。这主要是因为人人都渴望自主，没有人希望自己的感情受到他人的操控。一旦有人强行替自己做出抉择，强迫自己和恋人分手，抗拒心理便产生了。别人越是希望你和恋人一刀两断，你越是想要和他或她永远在一起，以此来表达对爱情的捍卫。事实上，你捍卫的不是情感本身，而是爱情的自主权。

生活中常存在这样一种现象：一对情侣在遭到父母、亲朋强烈反对时，感情进展得更加迅速，反对声音越大，他们越是相爱，仿佛世间再也没有什么力量能把他们分开。后来父母不得不做出妥协让步，他们得到了身边所有人的祝福和谅解，终于步入了婚姻的殿堂，可是没过多久却和平分手了。由此可见，被棒打的鸳鸯之所以爱得如此坚贞，不是因为真的深爱对方，而是因为不能忍受外界的粗暴干涉。归根结底，只是一种逆反心理在起作用罢了。

爱德华八世是唯一一个主动逊位的国王，为了和相恋已久的沃利斯·辛普森女士结婚，他放弃了王位，降格为温莎公爵，大半生旅居海外有家难回。这个不爱江山爱美人的故事长期以来被奉为旷世绝恋，那么事实果真如此吗？

爱德华和辛普森的婚姻一开始就不被世人看好，公众普遍认为辛普森配不上即将继位的新任国王爱德华，她有过两次失败的婚姻，在婚姻没有结束时就开始和别的异性发展婚外情。在和爱德华交往时，她仍然是个有夫之妇。所以，英国首相强烈反对这门婚事，英国政府内部也不断向爱德华施压。

辛普森不仅不被公众认可，连爱德华的家人也拒绝她。在随后几十年漫长的岁月里，爱德华的家人从来没有见过辛普森，她一直没有得到皇家认可。而爱德华为她退位的爱情故事却成了人们津津乐道的话题。

越是受到外部力量干涉的爱情，男女双方就爱得越深，这是因为当人的自由意志受到限制时，内心会产生一种强烈的不快感，为了消除这种感觉，人们会选择反其道而行之，坚决地执行被严令禁止的事情，所以不被认可的爱情往往能发展得轰轰烈烈。此外，在多数人的心目中，越是难得到的东西越是珍贵，太容易得到的东西便不被珍惜，历尽坎坷磨难才收获的爱情，分量自然就更重了。这便是罗密欧和朱丽叶生效的深层次原因。

**法则效应**

在当代社会，自由恋爱的观念虽然已经深入人心，但在现实生活中，确实有不少父母会干涉子女的婚恋生活，作为子女，面对这种情况要冷静地处理问题，千万不要因为一时的逆反心理而做出草率的决定。一定要弄清楚自己是不是真心喜欢对方，是否真的想和对方白头偕老，不要因为外部力量的介入影响了自己的判断，否则就有可能做出让自己痛悔一生的决定。

## 互补定律：每个人都是一个缺角的圆

漫步在大街上，我们常常能看到这样一些景象，比如一位亭亭玉立、相貌可人的大美女，挽着一位又矮又矬的男子；一名高大英俊的帅哥，旁边站着其貌不扬的女朋友。这是为什么呢？心理学家认为这种现象没有什么可大惊小怪的，它所遵循的不过是男女之间的互补定律罢了。

互补定律指的是人们希望通过另一半补全自己的一种心理。每个人在单身时都是一个不完整的圆，所以希望异性能补全自己残缺的一角，让自己成为一个完美的圆。这就是表面看起来不协调的男男女女最终走到一起的原因。在互补定律的作用下，恋爱双方对于自己缺乏的东西有一种强烈饥渴的心理，而对于自己已经具备和拥有的东西反倒一点也不重视了。所以，漂亮的女孩和俊美的男子通常会选择一个相貌平庸却有才华有内涵的异性，而貌不惊人的女人和男人在外表出众的异性面前则会失去免疫力。

在爱情上，双方相貌上的互补只是一种表象，性格上的互补才能更深入地揭示互补定律的本质。其实男女本身就是互补的，男人阳刚豪迈，可以给予女人最起码的安全感；女人温柔甜美，能激发男人作为护花使者的保护欲。但性别并不能完全主导性格，俗话说得好："男人的一半是女人，女人的一半是男人。"并非所有的男人控制欲和支配欲都很强，同样，并非所有女人的依赖感也很强。女人可以很强势，而男人也可以很温柔，雷厉风行的女强人和比较黏人的暖男组建家庭以后，往往能各取所需，通常会过得比较幸福。互补定律最大的好处是通过婚恋形式补全了自己的人生。比如一个沉默呆板的男人如果娶了一个热情活泼的妻子，生活里就会平添很多欢笑和乐趣。所以说，互补定律，让男男女女在对方身上找到了一种微妙的平衡，使得自己的人生日臻完美。

蒋英与钱学森的爱情曾被称为艺术与科学的结合，他们一个是杰出的声乐教育家，一个是著名的科学家；一个浪漫多情，一个严谨刻板，堪称是互补型结合的典范。

由于钱蒋两家交情深厚，钱家又非常喜欢女孩，蒋英很小的时候就被寄养到了钱家，钱学森和蒋英从小就青梅竹马一起长大。蒋英回到了自己家以后，时常跟随父母看望钱家人。不知不觉，钱学森长大了，变成了一个有理想有志向的青年，而蒋英也出落成了一个亭亭玉立的少女。渐渐地，钱学森对这个喜欢说笑的小妹产生了别样的情愫，不止一次地对她说她笑起来的样子很美。由于不擅长表达，蒋英一直没有猜透他的心思。后来两人都因为学业奔波异国他乡，一个在美国学习航空工程，一个在德国学习音乐，他们的人生轨迹隔空错开了。直到两人双双归国，他们的人生才又有了交集。

蒋英回国后在上海兰心大剧院举办了一场盛大的个人演唱会，她一出场就惊艳四座，凭借无与伦比的精湛表演征服了台下所有的观众，钱学森也被那优美的歌声迷住了。演唱会一结束，他就主动找机会到蒋英家里做客。不过周围的人并不知道钱学森已经有意中人了，曾一度热心地帮钱学森介绍女朋友，后来才发现钱学森只对蒋英一个人有情谊，就不再乱点鸳鸯谱了。

回国探亲的时限到了，钱学森又要远渡重洋回美国了，临走前他终于鼓足勇气对蒋英说："跟我一起去美国吧。"蒋英是个冰雪聪明的姑娘，一听便明白了对方的心意。不过她似乎对钱学森含蓄而笨拙的表达不是十分满意，就故意逗他说："我为什么一定要跟你去美国？咱们还是通信往来吧。"钱学森是理工科出身，不擅长表达自己的情感，急得不知说什么好，只是反反复复地重复同一句话："不行，我们现在就一起走。"蒋英知道他是认真的，很为他的痴情感动，就放下了女孩的矜持，答应了他的请求。不久，两人就结为了一对伉俪。

钱学森送给蒋英的第一份礼物是一架德国制造的三角钢琴，这个并不怎么懂得浪漫的丈夫，在新婚之后变得温存体贴起来。这架钢琴陪伴了他们夫妻60余载，见证了他们半个多世纪的不朽爱情。

在我们的固有印象中，志趣相投、性格相似的人更容易走到一起，因为他们可以把彼此视为知己。其实性格、气质反差较大的人也能彼此吸引。因为每个人都有显性和隐性两种截然不同的人格，隐性人格又被称为影子人格。譬如沉静的人也有躁动的一面，阳光的人也隐藏着阴郁的一面。当你看到具备自己"影子人格"的异性时，生命里被压抑的某些部分立刻就被唤醒了，所以你会不由自主地爱上对方，随后让自己的"影子人格"显形，从而发展出一个完整的自我。

法则效应

爱情并没有一个固定的模式，无论性格相似还是性格互补，都能开启一段恋爱生活。不要试图寻找一种一劳永逸的爱情模式，模式只代表了可能性，两个人是否能天长地久，并不取决于模式是否正确，而是取决于双方是否懂得珍惜对方，是否能满足对方的情感需要。只有明白了这一点，才能收获一份稳定而持久的爱情。

## 金鱼缸效应：坦诚相待≠完全透明

有些人认为爱情必须是透明的、纯粹的，双方必须绝对坦诚，没有一丝一毫的隐瞒，这样才算没有亵渎爱情的纯洁和神圣性。这是人们对于恋爱关系的一种完美设想，然而这种设想在现实生活中是绝对行不通的。理由很简单，谁都不想成为玻璃缸里的金鱼，被人看得一清二楚，即使是对最亲密的人，人们仍想保留一点自己的秘密和隐私。

众所周知，金鱼缸是透明度很高的玻璃做成的，所以，无论从哪个角度观察金鱼，你都能对它的一举一动看得清清楚楚。这种自然现象就是人们所说的"金鱼缸效应"。金鱼缸效应只是一种比喻，它指的是相爱的两个人完全剥夺了对方的隐私权，要求对方毫无遮掩地面对自己，强迫对方裸呈灵魂。执着的人并不认为这样做有什么不妥，理由是假如你真的问心无愧，为什么就不愿透明地展示自己呢？不敢做玻璃缸里的金鱼，一定是心里有鬼。但事实果真如此吗？当然不是。

不愿绝对透明的人，未必是因为心中藏着什么不可告人的秘密，而是因为想要继续保持自己的私人领地。两个人无论关系多么亲密，哪怕日日如胶似漆，爱一个人，也要给对方一个自由呼吸的私密空间。没有人喜欢每分每秒都活在别人的镜头之下，纯透明的空间是不可想象的。强行占有对方的私密空间，不但不利于促进双方互信，反而可能为未来的感情生活埋下更多的隐患。

列夫·托尔斯泰年轻时曾有过一段放荡不羁的岁月，后来他爱上了一个名叫索菲娅·安德烈耶芙娜的清纯少女，不久便向她求婚了，在等待答复时，他毫不犹豫地对少女敞开了心扉，热烈地向她表达了爱慕之心。当时索菲娅还是一个天真烂漫的女孩，对爱情和婚姻充满了向往，于是便答应了托尔斯泰的请求。

托尔斯泰欣喜万分，为了表达诚意，竟把自己最私密的日记交给了心上人，将过往的情史和盘托出。索菲娅看到那本日记，差点精神崩溃，毕竟她只有18岁，纯洁得像一朵百合花，她原本以为托尔斯泰也是这样的，万万没想到他居然有那么多不堪的过去。内心经过一番挣扎，她还是嫁给了托尔斯泰，但婚后一直被那本日记所困扰，她无法理解丈夫当年的行为，耗费了大量的时间和精力揣摩他的所思所想。丈夫在想什么，成了困惑她一辈子的问题。

索菲娅无疑是爱托尔斯泰的，但是由于种种疑虑，她忍不住一而再、再而三地侵犯丈夫的私人空间。好几次，她都趁托尔斯泰不在，偷窥他的日记，还暗暗把里面的内容抄下来。妻子的这种行为让托尔斯泰感到越发不能容忍，他忍不住向她抗议，请求她不要再揭自己的伤疤，她却不加理会，继续一意孤行。

通过抄日记，索菲娅将丈夫的内心世界一览无余，托尔斯泰最后一块遮羞布也被她夺走了，可是她知道得越多，越是困惑，终其一生，她都没法了解托尔斯泰的真实想法。托尔斯泰从来没有想隐瞒自己不光彩的一面，他承认他的过去是很糟糕的，可是在这个世界上没有人是绝对完美的，每个人的内心深处都有一个隐秘的角落，他直到晚年也搞不明白妻子为什么就不能为他保留最后一块"自留地"呢？索菲娅和托尔斯泰共同生活了半个世纪，为了一本日记他们对抗了大半辈子，索菲娅因为看不透丈夫几乎绝望了，而托尔斯泰则因为妻子无休止的偷窥和秘密监视，内心无比寒凉。82岁高龄时，托尔斯泰毅然离家出走，最后由于旅途劳顿染上疾病，孤独地客逝天涯。

有人认为如果两个人真心相爱，所有的隐秘都应该让对方知晓，这样才能培养出亲密无间的感情。但事实上，亲密无间的关系是会让人窒息的。每个人心中都有一块不对外开放的领地，它藏着一些不愿触及的伤痛或是令自己痛悔不已的过去，谁都不是完美无缺的，没有人愿意向别人展示自己的伤疤或是自己不那么光彩的一面，即使对于最爱的人也是一样。所以，我们应该充分尊重对方，不要逾越底线，不要侵犯对方的隐私。

**法则效应**

爱情不需要完全透明，诚实和透明并不是一个概念。即使最亲密的关系，我们也不能把自己的所有想法都毫无保留地告诉对方，因为总有些事是我们不想回首也不愿提及的，既然如此，我们就没有理由要求对方绝对透明。尊重对方的隐私，其实也是尊重自己。给对方一个自由的空间，相爱的两个人才能自由地呼吸。

## 首因效应：不可忽视的第一印象

心理学家指出，两个人初次见面时，往往在短短 45 秒的时间内，就已经从对方身上获取了大量的信息，一个人的相貌、谈吐、穿着打扮会给另一个人留下鲜明而深刻的印象，这种印象将长期保留在对方的脑海中，甚至会影响到两人今后的交往。这种现象，就叫作"首因效应"。

"首因效应"又叫"第一印象效应"，它指的是一种"先入为主"的概念。男女双方初次见面时，第一印象是极为重要的，它直接决定了你们之间是否有交往的可能。如果互相印象不错，双方才有兴趣进一步了解，爱情的程序才能正式开启。倘若双方留给对方的第一印象都比较糟糕，那么这段恋情还没有开始，就要告吹了。在恋爱过程中，第一印象关乎全局，所以初次约会或邂逅时，一定要注意自己的形象。

首因效应告诉我们，在恋爱过程中，第一印象决定成败。那么怎么才能给对方留下一个好印象呢？首先初次见面一定要守时。迟到是一种不礼貌的表现，无论如何，一定要准时赴约，不要让对方久等，这是对别人最起码的尊重。其次要形象得体。男方不能不修边幅、衣着邋遢。女方最好不要浓妆艳抹，化妆要恰到好处，以清新雅致的淡妆为宜。再次要格外注意自己的言谈举止。不要高谈阔论、自我炫耀，表现得太过自恋；也不要面红耳赤、默不作声，表现得太过没底气。最后交谈时要注意和对方进行目光上的交流，尽量让对方感到亲切自然。这样就能给对方留下较好的印象。

世人都知道杰奎琳是美国前总统约翰·肯尼迪的妻子，她风华绝代、娇艳动人，又聪明睿智，富有知性美，几乎集合了女人所有的魅力和优点，这样的女子自然是万千男士艳羡的对象，但对于阅历丰富的肯尼迪来说，身边从来就不缺美貌与智慧并举的绝色女子，那么杰奎琳是如何成功俘获浪子肯尼迪，进而成为总统夫人的呢？

杰奎琳第一次见到肯尼迪是在报社举办的一次晚宴上，当时她正在报社工作，刚好22岁。肯尼迪比她大12岁，显得成熟、英俊不凡。两个人第一次邂逅，都给对方留下了极为深刻的印象。肯尼迪虽然阅女无数，但还是被杰奎琳身上清丽脱俗的知性美打动了。杰奎琳不同于那些漂亮却肤浅的美人，她不爱抢风头，也不刻意炫耀自己的美丽，而是显得很有头脑，对生活有自己的认识，不仅谈吐机智幽默，还隐隐显露出了大将之风。当晚肯尼迪表现得能言善辩、诙谐风趣，但他却一点也不信口开河，给人的感觉是既老到持重又胸怀抱负。他的斗志和活力深深感染了杰奎琳，初次见面，杰奎琳就非常肯定地意识到他就是自己想要共度一生的人。

由于双方对彼此的第一印象都不错，自然而然地便开始约会。身边的朋友都提醒杰奎琳，肯尼迪并不是个如意郎君，和他交往过的女人不计其数，她有可能成为一个备胎或是充当一个过客。

杰奎琳一笑置之，她非常确定自己已经爱上了肯尼迪，所以甘愿冒风险。两个人的感情发展得很快，1953年便结为伉俪。直到肯尼迪遇刺去世，婚后他们一直恩爱有加。

第一印象的好坏关系到男女双方的恋情是否有机会继续发展，但它只是恋爱的第一步。美好的第一印象虽可以长期发挥作用，但不能保证爱情一定会开花结果。由于第一印象过于表面化，它不能完全真实地反映一个人，所以随着彼此之间的进一步了解，双方对彼此都会形成一个更全面的印象。正所谓"路遥知马力，日久见人心"，对方是不是适合自己，是需要时间来验证的，仅凭第一印象就决定是不明智的。

**法则效应**

由于第一印象带有很大的主观性，很容易形成认识上的偏差，所以仅凭一面之缘就肯定或否定一个人是不明智的。初次接触之后，不要忙着下结论，可根据自身情况决定是否继续交往。

## 近因效应："近视"容易"错判"

人都说爱情是没有道理可讲的，无论之前你对一个人多么呵护备至，只要最近一次不小心得罪了他或她，刻骨铭心的爱就有可能转化成刻骨铭心的恨，好好的一对情侣莫名其妙地变成了互相折磨的冤家。千万不要认为出现这种情况是因为你的恋人无理取闹，其实这主要是近因效应在起作用。

近因效应与首因效应恰恰相反，它指的是最后形成的印象或刺激在人的脑海里占据了主导地位，铺天盖地地掩盖了以前所有的印象。与首因效应不同的是，它不是在陌生人之间起作用，而是在熟人之间起作用。在较为相熟的情侣之间，最近的印象直接影响他们对爱情的判断。比如，近期一方行为反常，会给另一方造成极为恶劣的印象，以致以前一贯的良好表现都被统统忽略了，而后期的刻板形象反而不断得到强化。这就是一句气话就能伤了多年的感情、一次歇斯底里的发泄就能毁掉一段姻缘的原因所在了。

近因效应会把人变成近视眼，使你只能看到离自己最近的东西，让你对人或事物出现明显的误判。通常情况下，认知结构简单的人更容易受近因效应影响，这类人更倾向于通过近期的表现来评价别人，常常犯以偏概全的错误，当然他们意识不到问题出现在自己身上，第一反应就是对方变了，变成了一个自己不认识的陌生人，因此感到极度失望和痛苦，恨不能立即和昔日的爱人划清界限，结果导致两个人不欢而散。

肯尼迪遗孀杰奎琳下嫁希腊船王奥那西斯的消息一经报道，美国举国哗然，民众不能理解这个年轻貌美、时尚的总统夫人为什么要委身嫁给一个个头矮小、面相苍老的富商，有人认为她是为了钱才这么做的，有人说她是想借助他的屏障保护好自己的一双儿女，但杰奎琳的好友却坚信他们是因为彼此相爱才走到一起的。

奥那西斯尽管没有迷人的外表，但谈吐幽默，富有独特的魅力，很讨女人喜欢。寡居中的杰奎琳孤独、绝望，急需展开一段新恋情来为自己疗伤。这时候奥那西斯出现了。他们在一艘华美的大船上相遇，她是那么美艳和高贵，简直就像从画中走出来一样。而他则是一个风趣的绅士，用他那独有的地中海式的幽默打开了她的心扉。命运让他们相遇了、相爱了，奥那西斯没有怀疑过她爱自己的动机，也没有怀疑过自己的个人魅力，尽管世人认为他们两个根本就不般配。

两个人的婚礼是在奥那西斯私人岛屿上的一个小教堂里举行的，当时来自75个国家的贵宾见证了他们的结合。不过这场婚姻并没能给他们带来幸福。奥那西斯忽然觉得他心目中的女神爱金钱多过爱自己，毕竟他不是一般人物，而是那种只要他愿意就能把爱琴海上的任何一座岛屿随手赠送给心爱女人的男人，他富可敌国，这是不争的事实，难道她对自己的财富就一点不动心吗？杰奎琳对奥那西斯也感到分外失望，她不明白之前那个自信迷人的男人怎么了，为什么一下子就变成了一个只谈钱的俗不可耐的老男人。是她对他不够了解，还是他婚前婚后判若两人？

在奥那西斯眼里，杰奎琳不再美丽和高贵，而是变成了一个处心积虑嫁入豪门的虚荣女人。杰奎琳对奥那西斯也感到不屑，把他看成了一个散发着铜臭味的富商。就这样两个人的感情破裂了，他们全然忘记了以前的温存以及昔日的幸福时光，也不想回顾自己是如何被对方吸引，如何不顾外界反对执着地走到了一起。为此他们都深感痛苦，尽管仍然生活在一起，但这桩婚姻实际上已经名存实亡了。

奥那西斯渐渐地衰老了，他后悔娶了一个美貌的娇妻，有一天他孤独地待在私人飞机里，心事重重地拟写遗嘱，心想他决不会把个人财产的四分之一留给杰奎琳，即便希腊法律规定遗孀有继承亡夫同等数额财产的权利。到了晚年，他尽量避开杰奎琳，夜里辗转反侧难以入眠时，就一个人在小岛上散步，后面跟着一只不知从哪里捡来的流浪狗。他想只有这只孤零零的小狗陪伴自己度过最后的岁月了。

在受到近因效应影响时，先不要忙着做决定，给自己一点时间，回顾对方的优点，回忆一下美好的过去，也给对方一点冷静的时间，让双方都整理一下思绪。不要因为对方近期"某一次"表现让你不满意，就对对方进行全盘否定，要知道没有人十全十美，每个人都有失误的时候，学会宽容和谅解别人，以理性思维重新审视这段感情，这样你才不会轻易失去自己曾经最为珍视的人。

### 法则效应

很多人会把近因效应解读成对人性的最终认识，以为它百分百符合"日久见人心"的常识。事实上却并非如此。对方近期的行为和你近期的感受不过只是一个片段而已，它不能取代你们交往的整个过程，不要轻易被自己的主观臆断蒙蔽了双眼，你眼中看到的、内心感受到的未必是真相。

## 马赫带现象：爱情不是拿来比较的

人的视觉印象和主观感觉通常是不准确的，比如在明暗变化的边界，我们会在亮区看到一条更加明亮显眼的光带，而在暗区也能发现一条色泽更暗的线条，这种视觉上的错觉就是所谓的"马赫带现象"。出现这种情况，跟画面刺激能量的分布无关，马赫带是人的神经网络对视觉信息进行加工形成的图像。

马赫带现象揭示的是人的主观意识对明暗变化的判断。当你观察两处亮度不一的区域时，边界地带亮度的对比就显得尤为明显，轮廓线也会显得极为清晰。这样亮区就能发现一条更亮的光带了，而暗区也能相应地发现更暗的部分。如此一来，明度和暗度都被人为地放大了，形成了一种主观上的边缘对比效应。同样，人们在审视爱情时，在与他人的比较中，也会因为主观意识对爱情信息的加工，将伴侣的优点无限放大或者将伴侣的缺点无限放大。这样在认知上就会出现极大的偏差。

爱情是不能盲目比较的，适合自己的才是最好的。爱人就如同沙滩上的贝壳，最大的未必是最好的，最漂亮的也未必是最让自己动心的，只有自己最喜欢的才值得俯身捡起，一旦找到了自己最想要的那枚贝壳，就没有必要做无聊的比较了。事实上，比较最容易让人丧失判断力。每个人都有自己的不足，人与人是没有可比性的，如果你用爱人的缺点跟别人的优点相比，那么对方身上的缺陷当然会被无限放大了。每个人都是独一无二的，爱人身上的闪光点和优点很可能是别人所不具备的，所以千万不要盲目比较，找到你所爱的人就要学会珍惜，别人拥有的幸福未必是你想要的幸福，婚恋生活就像鞋子，舒不舒服只有自己知道，这种感觉和比较无关。

爱情不能对比，事实证明，幸福不是对比出来的，不切实际的比较既伤对方感情，又让自己失落，对双方而言是没有任何好处的。所以最明智的做法是杜绝没有意义的比较。既然你已经选择了对方，就要学会欣赏他或她的优点，包容他或她的缺点，真心实意地爱护对方，而不是无休止地挑剔和指责对方。面对爱情，要懂得知足，彼此且行且珍惜，这样才能走得更远。

**法则效应**

有时候你觉得另一半远远达不到自己的要求，却又舍不得对这份感情放手，就是心理学上的"马赫带现象"在作怪。你分明已经找到了自己喜欢的人，可是和别人一比，又总是心有不甘，觉得爱人各方面条件都不突出，根本配不上眼光高的自己。放下无谓的比较，你的内心就不会再困惑了。他或她或许不是最优秀的，但却是你真心喜欢的，只要能确定这一点，其他的都不重要。

## 鸡尾酒会效应：神经质的敏感是一种病态

热衷于社交的人或许都有过类似的体验：在环境嘈杂的聚会上，你根本听不清别人在说什么，也不在乎别人说什么，不知不觉就把喧哗的笑语当成了背景音乐，专心想着自己的事情，但是，如果听到有人喊自己的名字，你会条件反射般地立即做出反应。这种现象就被称为"鸡尾酒会效应"。

鸡尾酒会效应反映的是注意力的选择性，你的耳朵和大脑自动屏蔽了与己无关的声音和信息，但一旦收到了跟自己有关的信息，神经马上就变得敏感起来。其实热恋中的人比单身贵族要敏感许多，对于关乎自身的事情更是神经过敏，所以很容易被鸡尾酒会效应击中。无论男人还是女人，一旦变得过于敏感，就会丧失理性的判断。比如看到恋人和异性交谈，偶尔提到了自己的名字，就觉得两个人关系暧昧，而且怀疑他们在谈话过程中有意嘲笑和诋毁自己。于是不由得醋意大发、怒火中烧。再比如过于患得患失，只要对方说了一句不中听的话或是由于各种原因没有猜出自己的心思，就怀疑他或她移情别恋不再爱自己了。这种反应不但会给另一半带来很大的心理压力，还会不断降低爱情的幸福值。虽然恋爱中的人敏感度会提升，但一定要把握好度，切忌反应过度，否则你不仅不能牢牢抓住对方的心，反而会逼迫对方加速逃离自己。

　　哲学家尼采有思想、有辩才，且聪明过人，是个非常有个性的旷世奇才，按理说很多女性都应该被他的魅力折服才对，可事实却不是这样，他在感情方面一直十分失意。究其原因，主要是跟他女性般的敏感性情有关。尼采性格内向，为人孤傲，如女子般敏感、细腻、多情，陷入热恋时他感到既甜蜜又痛苦，所爱之人很可能也有相同的感受，所以纷纷选择弃他而去。

　　尼采的初恋是一个叫拉贝的可爱姑娘，她才华横溢，具有艺术家的灵性和气质，完全符合尼采梦中情人的形象，可惜两个人的感情并没有瓜熟蒂落，尼采失恋了，痛苦得难以自拔。32岁那年，尼采爱上了一个美丽的荷兰姑娘，他对她一往情深，整个身心都被她占据了，于是在相识不久以后，就冒昧地请求姑娘嫁给自己，并在信中写道："我们在一起生活岂不比单身要好？"但是姑娘却回复他说自己早已心有所属了，尼采再次失恋了。

　　这次失恋给尼采的心灵带来了沉重的打击，他决定不再接近女性了。他在给朋友的信件中提到了不婚的念头，他说世上没有一个女子能够追随自己的思想，他觉得希腊哲学家的生活方式才真正适合自己。尼采打算献身于哲学，因为他对爱情彻底绝望了。几年之后，尼采的身体健康状况每况愈下，他的好友找来了一位聪慧美貌的小姐照顾他，最初他没有拒绝，可两人只相处了 5 个月就分道扬镳了。尼采声称那个女人只是逢场作戏，像他这样伟大的天才是不会上当的。这次感情经历彻底结束了他对理想女性的幻想，以后他不再和任何女性打交道了。

据说，尼采在都灵大街上看到一个凶恶的赶车人无情地抽打一匹又老又弱的瘦马，便用颤抖的手抱住了马脖子，和那匹受尽折磨的老马一起摔倒在地。那时他已经神志不清了，后来被送进了精神病医院。

尼采的一生是悲情的，他近乎神经质的敏感造成了自己单身的命运，从世俗的观点来看，他是一个失意者，在他所生活的时代能认同其哲学思想的人寥寥无几，孤独始终包围着他。更可悲的是，他痴爱的女子最终全都离开了他，他在孤寂和神经错乱中走完了一生。

有时候你以为凭借敏锐的直觉就能捕捉到真相，其实所谓的"真相"并不是事实，而是你胡思乱想的产物。不要让对方忍受自己神经质的敏感，因为那会让人身心疲惫，恋爱不是谍战，不需要你从蛛丝马迹中寻找什么线索。要对自己有信心，对恋人有信心，对你们的爱情有信心，你们的明天才会更加美好。

## 法则效应

恋爱中的人如果过度敏感，总是反应过激，就极容易丧失理智，丧失自我。当一个人极度缺乏安全感的时候，便不可避免地会受到鸡尾酒会效应的影响，对方随口一句话都有可能造成牵一发而动全身的影响，这种影响一旦扩大，既伤人又伤己，所以我们一定要谨慎对待。

163

## 麦穗原理：不完美的伴侣才是最佳伴侣

据说，有一天柏拉图向老师苏格拉底提了一个困扰自己很久的问题："什么是爱情？"苏格拉底没有回答他，而是吩咐他去麦田，摘一束最大最金黄的麦穗回来，并告诫他只有一次采摘的机会，要一路向前走，绝不能回头。柏拉图遵照老师说的去做了，结果却空着手回来了。苏格拉底问他为什么摘不到麦穗。他回答说："我走进麦地，看到了金灿灿的大麦穗，但没有采摘，因为不知道前面是不是有更好的，等走到了前面，发现那里的麦穗比不上刚才看到的好，所以很不甘心继续寻找，结果找来找去也没有找到心目中理想的那束麦穗。"苏格拉底说："这就是爱情。"

寻找伴侣就好比采摘麦穗，如果一味追求完美，最终将一无所获。由于过于追求完美而找不到爱情的现象，就被称为"麦穗原理"。世上不存在绝对完美的伴侣，所谓的理想伴侣、梦中情人只不过是你的想象。爱情是盲目的，当你坠入爱河时，会不自觉地把对方美化，将一切都浪漫化和诗意化。但等到你和对方靠得足够近时，美梦就破碎了。所有风花雪月的幻想都将变成柴米油盐的琐碎。不要因此而怀疑爱情的真实性，爱情本身就是不完美的，不完美的爱情才完美，不完美的伴侣才是理想伴侣，残缺是一种现实，残缺也是一种美，有血有肉有缺点的人才是值得我们爱的，爱上一个真实的人好过爱上一个不存在的幻象。

有这样一个故事：有一位刚刚死了丈夫的太太，在肃穆的葬礼上，她没有向全场亲友夸赞刚过世的老公，也没有表露自己对老公的崇拜和依恋之情，而是绘声绘色地描述起了老公平时打鼾和放屁的场景，甚至还逼真地模仿起了那些令人尴尬的声音，这真是让人匪夷所思。

仪式开始时，那位太太走上台，从容地说："我不想说他有多好，那些溢美之词很多人都说过了。今天我要跟大家分享一些囧事。那么就从我老公日常的表现说起吧。"台下的观众面面相觑，都感到很疑惑。接着那位太太问："你们遇到过汽车引擎发动不了的情况吗？"说完，她开始模仿发动汽车引擎的声音，但那声音分明就是刺耳的打鼾声。她学了两遍，然后说："我的老公打鼾时就会发出这种声音。"

在场的亲友忍不住笑了起来，她的女儿也在台下，女孩表情怪异，她显然不清楚妈妈究竟想说些什么，一些年老的夫妻也开始皱眉，他们似乎都认为在这种场合揭死者的短不太好。不过那位太太似乎还意犹未尽，她又接着说："打完鼾，他还会放屁。有时会被自己惊醒，惊慌地问我那是什么声音。我说是隔壁的老狗在放屁，你接着睡吧。"

全场爆发出一阵笑声，她的声音忽然变得低沉起来："很好笑是吧。当我的老公病情加重时，听到这些声音，至少我知道他还活着。可现在我再也听不到他的这些声音了。只有这些琐碎的事情，深深地印在我的脑海里。就是这些小小的不完美，构成了生命的完美。"随后她把目光投向了女儿："我想对我的女儿说，终有一天你能找到自己的人生伴侣，他也会像你爸爸那样不完美。"说完她缓缓走下台，现场一片沉寂，所有人都在回味那段特别的悼词以及那句发人深省的忠告。

完美的人生、完美的爱情、完美的伴侣只会出现在小说和影视剧里，在现实世界里，我们每一个人都不是完美的，我们都是平凡的生灵，我们的伴侣也一样，不要苛求对方，接受伴侣的不完美，我们才能把握美好的爱情。

**法则效应**

与其寻寻觅觅，寻找一段虚幻的爱情，还不如找一个和自己心灵契合的良伴，也许他或她并不是什么完美的典范，但是却不乏可爱之处，这样的人就是最适合你的。妄想得到一份完美的爱情，就算耗尽一生，恐怕也不会有什么结果，既然如此，我们又何必对完美太执着呢？

## 过度理由效应：不要对恋人的关爱熟视无睹

生活中有一种奇怪的现象，很多人因为陌生人的嘘寒问暖而感动，对亲人、恋人的付出却表现得格外麻木。这是为什么呢？心理学家指出，这是过度理由效应在作怪。过度理由效应是指人们试图让自己和别人的行为看起来合乎常理，并为该行为寻找背后的原因，一旦找到了显而易见的外部原因，就不会再探求内部原因了。亲人和恋人爱护我们，是因为和我们关系亲密，这就是最恰当的外部理由，因此，我们不会把他们想象得多么富有爱心，但陌生人就不能用"亲戚""伴侣"这样的外部理由解释他们的行为，所以我们会将其归结为内在品质的原因。

过度理由效应的提出者是美国心理学家德西，他曾经用实验的方法验证了自己的理论。实验分三个阶段进行，以解题的方式测试学生的智力。第一阶段，让学生在没有奖励刺激的情况下解题。第二阶段，把学生分成了两组，其中一组每解完一道题就能得到 1 美元的奖励，另一组则没有。第三阶段，让学生们自己安排休息时间。结果表明，获得奖励的学生解题时表现得更为积极，但在第三阶段却对解题失去了兴趣。由此可见，人在做某件事情的时候，内在的动机才是持久的，外部刺激的效果是短期的，奖励越多，人对奖励的需求就会越大。

在恋爱关系中，过度理由效应对感情的影响非常大。无论伴侣为我们付出了多少，我们都不会将其解读为"爱"和"关心"，而只是把它视为"责任和义务"罢了，且会渐渐习以为常。两个人刚刚交往时，我们还会为对方端来的一杯热牛奶或是一碗白粥而感动，时间久了，就会以"对方是因为喜欢我才这么做的"为外部理由来解读所有的事情。对方付出越多，我们就渴望得到越多，永远都不会感到满足。伴侣的关爱就如同实验中的外部奖励，它只会助长我们的贪欲，使我们变得越来越冷漠和麻木，根本不能让我们明白什么叫作珍惜。这对于两性关系来说，无疑是危险的。

伟大的物理学家爱因斯坦曾经以书面的形式警告妻子米列娃，若是还想维持这段婚姻，必须遵守以下协议：

一、必须保证我的被褥和衣服整洁，负责为我提供一日三餐。保证我的工作室干净卫生，尤其要注意的是任何人都不得使用我的办公桌。

二、完全放弃我和你之间的一切关系，除非一起参加社交活动，否则不要让我和你待在一起，不能要求我在家里和你坐在一起，或者和你一同外出、旅行。

三、别指望我对你好或者不发脾气。必要时你必须停止跟我谈话，只要我提出要求，你必须马上离开卧室或我的工作室。

四、在孩子面前，不能以语言或动作表达对我的蔑视。

绝大多数女人读了这纸协议，都会感到寒心，一位丈夫对自己的妻子已经冷酷薄情到了这种程度，可见两人的关系已经糟糕到极点了。在爱因斯坦眼里，米列娃早已不再是他想要相濡以沫的发妻，而是一个专门照顾他饮食起居的保姆或女仆，只要他不高兴，她必须以最快的速度从他眼前消失。那么米列娃究竟做了什么，让他如此不快和反感呢？

事实上米列娃虽然达不到一个好情人的标准，但确实可以称得上是一个好妻子。长期以来，她默默地在爱因斯坦身后，把家里打理得井井有条，耐心地照顾孩子，还努力赚钱贴补家用。正因为她的付出，爱因斯坦才能把所有的时间和精力用在探索时空的奥秘上，免于为生活上的琐事操心。在生活上，爱因斯坦依赖米列娃，在事业上他同样需要她的帮助。米列娃并不是一个普通的家庭主妇，她在物理学方面的造诣几乎可以与丈夫比肩，爱因斯坦相对论的观点部分就来自她，他能在科学上取得如此辉煌的成就，其中也有她的一份辛劳。但她不争名不逐利，只愿做他背后的女人。然而对于米列娃的付出，爱因斯坦统统视而不见，他觉得一切都是理所应当的，妻子有义务无私地支持自己，自己有权对她表示厌恶。米列娃尽管一再妥协和忍让，还是没有挽回丈夫的心，两个人最终以离婚收场。

在日常生活中，陌生人即便为我们做了一件极小的事情，我们也会心存感激，但对于伴侣给予自己的关怀，我们却从来也不知道感激，仿佛他们所做的一切都是天经地义的，只要稍不顺意，我们就向其表达不满。这样做当然会伤害对方的感情，可悲的是我们却对此浑然不觉。过度理由效应提醒我们，我们必须学会珍惜眼前人，不能继续对他们的付出熟视无睹，而要怀着一颗感恩的心与之相处，陪伴他们度过人生最美好的时光。

**法则效应**

　　恋人对我们的关怀点点滴滴都是爱的表达，它无关责任和义务，在这个世界上，任何人都没有义务对我们好。我们绝不能以冷漠回应伴侣的热情，更不能肆意伤害对方的感情，而要学会以爱的方式回馈和温暖他们。

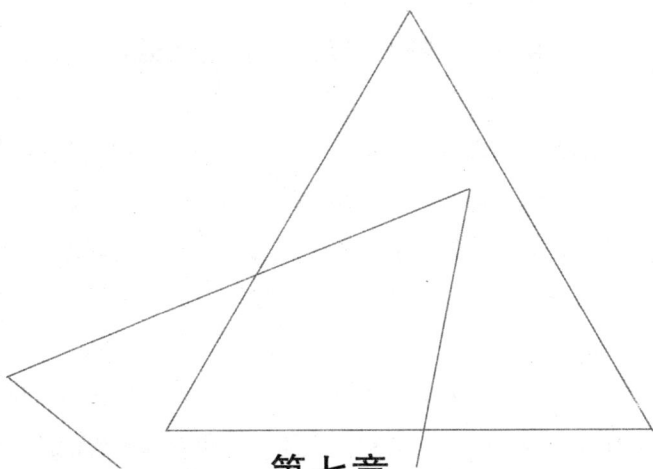

# 第七章

# 社交秘诀：建立良好的人际关系

当代社会，人际关系的重要性是不言而喻的。在事业上，朋友可以助你一臂之力；在情感上，朋友是你最贴心的知己，可以抚慰你的心灵，帮助你渡过人生中的大部分难关。每个人都需要支持和帮助，每个人也都需要友谊的滋润，而这一切都需要在社会交往中实现。培根说："得不到友谊的人将是终身可怜的孤独者。没有友情的社会则只是一片繁华的沙漠。"说明人情味无论是对个人还是社会来讲，都是至关重要的。

在生活中我们常看到，有的人交游广阔却缺少真心朋友，有的人委曲求全却不受欢迎，有的人越想拉近和他人的距离越被排斥？这是为什么呢？从因果定律的角度分析，主要原因是这些人太过在乎自己的利益和感受，不肯对别人以诚相待，不愿意设身处地地为他人着想，不是把友情当成了可利用的资源，就是把别人当成了专门为自己服务的工具，这样就算掌握再多的交际技巧，也不可能赢得人心。想要交友就必须交心，否则就交不到真正的朋友。

## 吸引力法则：打造你的最强磁场

在社交场合，我们经常可以看到有些人一出场就受到众人的关注，似乎所有人都喜欢跟他攀谈，且都以结交他为荣，而他看起来永远是那么光彩耀目，仿佛就是星空中那轮皎洁的明月。这就是吸引力法则在起作用。在人际关系中，某个人极富吸附力的现象被称为"吸引力法则"。

现代研究表明，宇宙中普遍存在能量场，世间的万事万物皆因为能量场的作用而互相吸引。其实在人的身上也存在巨大的能量场，积极的正能量就好比吸引人或事物的磁场，在它的作用下，你必将高朋满座、朋友成群，成为不折不扣的社交达人。仔细观察你会发现，任何一个极受欢迎的社交高手，几乎都具有相同的特质，他们热情、自信、个性开朗，具有乐观主义情怀，且都有助人为乐的美好品质。人们普遍觉得和这类人相处愉快，所以不约而同地被吸引，很快就与之成了无话不谈的朋友。

宇宙中的吸引力法则是由同频共振引发的共鸣效应，人际关系中的吸引力法则遵循的也是同样的原理。一个人如果能被众人喜欢和推崇，必定是他的行为和思想在大众心中引起了广泛的共鸣。大多数人都尊崇和喜爱的人，必是充满正能量的人，其言行让我们觉得真实可信，其品德为我们所认可，所以我们爱戴他、倾慕他，甚至想要成为他那样的人。这样的人无论身在何处，都不怕没有朋友。

胡适一生结交了很多朋友，有些是思想敏锐的知识分子，有些只是默默无闻的普通人。他的朋友多得难以计数，所以很多人张口便道："我的朋友胡适之。"这句话也成了他生前传播最广的一句流行语，足见其朋友之多。

蔡元培是胡适最为特别的一位朋友，他既是长者，也是胡适的伯乐。胡适留学回国以后，到北大任教，深受蔡元培赏识，两人结下了深厚的友谊。蔡元培不拘一格降人才，对年轻的胡适大加提携和帮助，为这位后起之秀在中国的崛起提供了有力的保障。胡适能成为北大备受瞩目的教授，蔡元培起了不小的作用。

胡适能吸引学者固然和他的才学有关，但最为关键的因素在于人们钦佩他的为人和品性。胡适不仅待人诚恳，而且平易近人，从不以名人的身份自居，即便是一些平头百姓向他请教学问，他也会十分耐心地解答，并非常乐意和不同阶层的人交往。

据说，有个卖芝麻饼的小贩非常喜欢研究国际时政，因为学识不多，很多问题他都难以理解，为了解除困扰，他便写了一封信向大学者胡适虚心求教。胡适阅读了来信，很佩服这个小贩，认为他在每天辛苦工作之余还这样关注国家大事，实在难得，便耐心解答了问题，还由衷地表达了对他的赞赏。小贩收到来信后，喜出望外，他没想到自己仰慕的学者真能从百忙之中抽出时间给自己回信，一时激动万分，此后有什么问题，他都会以书信的形式向胡适求教。胡适对于这个普通的劳动者不曾轻慢过，除了认真回信以外，还特地邀请他到自己的寓所面谈。两个人一见面就相谈甚欢，从人生哲理到国家大事，几乎忘记了时间。

为什么在处理人际关系时，有的人游刃有余，而有的人却处处碰壁，在任何场合都落落寡欢？其实一切的奥秘就在于人际吸引力。人际吸引力是我们在社交中无往而不利的利器。想要提升自身的人际吸引力，打造自己的最强磁场，靠的不是什么高明的手段和方法，世上没有什么可以施用于任何人身上的黄金宝典，能不能吸引更多的人，不在于你有多精明，而在于你是否富有人格魅力，身上是否潜藏着具有巨大吸附力的正能量。

法则效应

人是社会性动物，人人都有和外界进行情感交流和沟通的需要，生活中，我们不能缺少朋友和友谊。工作中，我们不能缺少合作伙伴。因此，人际关系对于每个人来说都是非常重要的。学会运用吸引力法则，提升自己的吸引力，你便能结交到更多的挚友，收获更多的友谊。

## 刺猬法则：距离产生美

在寒冷的冬季，两只刺猬冻得浑身发抖，为了让自己暖和一点，它们紧紧地靠在一起，由于身上长满尖刺，它们被对方刺得鲜血淋漓，只好被迫分开了。可天气实在太冷了，它们不得不又抱在一起取暖，被刺伤后再度分开。经过反反复复的折腾，它们终于找到了一个既可以相依取暖又不会刺伤彼此的安全距离。这则寓言故事描述的就是心理学上的"刺猬法则"。

俗话说："距离产生美。"人和人之间的关系其实也像寓言中的两只刺猬一样，需要保持适度的空间距离和心理距离。每个人都有一个自我空间，它就像一个无形的私人堡垒，能给人带来自由感和安全感，一旦别人跨越界限，侵入了这层空间，当事人便会觉得很不舒服或者认为自己受到了冒犯。

心理学家曾用实验验证过心理距离的存在。有一天，他早早来到一个大阅览室，每次看到里面只有一位读者时，就一声不响地挨着对方坐下，以此测试对方的反应。大部分人都站了起来，默默地找了一个远离他的位置坐下。有的人还狐疑地看着他，问他究竟想干什么。一连测试了80位读者，结果都惊人地相似。说明在一个仅有两人的空旷空间里，谁也不能忍受陌生人紧挨着自己。

两个不熟的人要保持一定的空间距离，那么关系亲密的人是不是也要保持距离呢？答案是肯定的。"距离产生美"不分亲疏远近，交往过密，如果不能做到"亲密有间"，也会引发很多问题，比如交往越

172

深、相处越久，就对对方的缺点越熟悉，彼此的印象不知不觉就发生了变化，由原来的喜欢、倾慕变成了失望和厌恶。夫妻之间、情侣之间、朋友之间都可能出现这种情况。此外，距离过近，就意味着对别人私人空间的侵犯，同样会引发他人强烈的不适感。在与任何人相处时我们都要注意把握好度，尤其要尊重别人的心理距离，这样我们才能成为受欢迎的人。

法国总统戴高乐深谙刺猬法则，他把"保持一定距离"作为为人处世之道，所以和顾问、智囊团、参谋一直没有跨越界限。他执政期间，秘书处、办公厅和参谋部的工作人员，工作年限都被限制在两年以内，几乎没有什么人能打破这个惯例。他总是对新到任的办公厅主任说："你可以在这里工作两年，不要把这份工作当成自己的终生职业。"

戴高乐认为人员调动是正常的，国家机构的工作人员就像军队里的士兵一样，不该长久固定在同一个地方，军队是流动的，没有一个军队会永久地驻扎在一个地方，所以士兵必然也是流动的。他不想让任何人过多地走进自己的人生，不允许身边存在永远离不开的人，所以一直刻意地和别人保持着距离。这样于公于私都有好处，一方面智囊机构经常出现人员大换血，可以保障它的朝气，可有效杜绝工作人员借助和总统的特殊关系徇私舞弊。另一方面有助于总统保持自己的独立性，避免过分依赖某个人，或者由于情感因素的干扰做出错误的决策。

"距离产生美"虽然适用于任何人，但不同关系、不同情境下的心理距离是不同的。一般可分为四种距离。第一种是亲密距离，近范围为 0.15 米内，适用于情侣和夫妻之间，在这种空间范围内，人们耳鬓斯磨，可以清晰地感受到对方的气味和气息。远范围为 0.15～0.44 米，适用于亲人和挚友，在这种距离范围内，彼此之间可以有一定的肢体接触，以此体现出亲昵友好的关系，有助于促膝谈心。

第二种是个人距离，近范围为 0.46～0.76 米，远范围为 0.76～

1.22 米，适用于普通朋友和熟人，在这种距离范围内，人与人之间已经没有较多的肢体接触，情感沟通一般体现在亲切握手和友好交谈上。

第三种是社交距离，近范围是 1.2～2.1 米，远范围是 2.1～3.7 米，适用于同事之间、上下级之间，在工作场合和社交聚会保持这样的距离是适宜的。

第四种是公众距离，近范围为 3.7～7.6 米，远范围为百尺之外，适用于演讲者和听众之间。在这种距离范围内，人与人之间可以不交往不联系。

可见，空间距离的远近是显示双方感情亲疏的重要标志，根据不同的情况，选择不同的距离，是人际交往中不可忽视的一环。

**法则效应**

距离太远，会使人与人之间产生隔膜，距离太近又会破坏彼此美好的印象，影响双方的情感，因此我们一定要找到合适的心理距离，千万不要因为拉开距离让彼此产生陌生感，也不要因为想要增进感情靠得太近，而要选择一个恰当的距离，既能温暖彼此又不至于互相伤害。

## 自我暴露定律：摘掉面具，展示"真我"

我们身边有这样一种人，他们活泼健谈，表面看来似乎人缘不错，但知心朋友却很少。提起他们，所有的人都有同一种感觉，那就是他们从来没有用"心"和别人交流过，不肯对任何人敞开心扉，神神秘秘让人捉摸不透，与之相处，任何时候都有一种熟悉的陌生感。

为什么有人在社交圈里会被看成熟悉的陌生人呢？究其原因主要在于，他们把自己隐藏得太深，面对不同的人会戴上不同的面具，从来就没有展示过自己真实的一面。这种人也只能成为泛泛之交，谁愿意把他们当成知心朋友呢？正所谓人贵在相知，相识不相知，又哪里有深交的必要呢？要想缩短和别人的距离，必须打开心门，坦率地表达自己，适度地表露自己的真实感情。一味地自我封闭，不肯让别人走进自己内心的世界，是不可能获得对方的信任的。这种为了确立和他人的亲密关系而自我暴露的表现，心理学上称为"自我暴露定律"。

自我暴露定律告诉我们，要想结交知心好友，就不能对自己的情感和私事讳莫如深，虽然人人都有不想说的秘密，但是秘密太多，就会让人难以接近。真情流露能迅速地拉近和别人的距离，还有可能赢得足以珍视一生的友谊。

萧红和聂绀弩是一对无话不谈的好朋友，萧红对聂绀弩无比信任，曾多次向他袒露心声。有一次，他们一起探讨文学和人生。聂绀弩说萧红是个不折不扣的才女，应该学做《镜花缘》人。萧红说她并不是《镜花缘》人，而是《红楼梦》里那个喜欢作诗的痴丫头，梦里也在作诗写文章。简单几句话概括了自己对文学的热爱和执着。

两人还谈到了对鲁迅作品的看法，萧红说鲁迅的小说格调比较低沉，里面的人物多体现出人的劣根性，即动物性，他们不自觉地在挣扎受罪。但杂文就不一样，杂文格调高昂，让鲁迅瞬间变成了一名战士和勇士。接着谈到了《生死场》，聂绀弩说萧红写的东西，鲁迅不曾写过。她不曾塑造个体英雄，但却塑造了集体英雄，不过小说也有缺点，那就是人物个性不够鲜明。

萧红曾坦率地对聂绀弩讲起了对萧军的复杂感情，她直言不讳地说自己至今深爱着萧军，他们曾经同甘苦共患难，这份真情是不会变的。但做萧军的妻子实在是一件痛苦的事，他脾气太大，在感情上又不忠诚，她已经无法忍受了。言下之意，她早已下定决心和萧军分手了。萧红离开萧军以后，和端木蕻良走到了一起。起初聂绀弩认为他们两个并不合适，不赞同两人往来。但是当端木蕻良和萧军因为萧红而剑拔弩张时，端木蕻良首先想到的就是找聂绀弩帮忙，可见在端木蕻良眼里，聂绀弩也是值得信赖的人。

自我暴露是要分场合看对象的，一般而言，两人关系密切、互相信赖时，会不由自主地进行适度的自我暴露，共同分享一些隐秘的私事及个人的感情经历。对于交情尚浅的人，不要轻易将自己的情况和盘托出，因为不了解你的人很容易对你产生误解。

是暴露自己还是保留隐私，要具体情况具体分析。无论如何，把自己层层包裹起来，不让任何人看清自己是不可取的。我们应根据交情的深浅有选择地对部分人敞开心扉。对于知心朋友更应该推心置腹。没有人喜欢隐藏太深的人，唯有摘掉面具，向别人展示真实的自我，你才能赢得别人的好感和信任感，别人才愿意主动和你亲近。总之，在恰当的时机、恰当的场合，选择合适的对象，进行适度的自我暴露，有助于两个人的感情升温，也有助于催生出牢不可破的友谊。

**法则效应**

俗话说，交友贵在交心，一个人无论有多少朋友，若是没有一个知心的，那么就和没朋友没有什么两样。交朋友不在于数量，而在于质量，只维持表面关系是没有意义的。如果你很擅长社交，在任何场合都能如鱼得水，却没有一个真心的朋友，那么就要自己反省了。最大的原因可能就在于你不肯向别人暴露自己真实的一面，放下顾虑，适度地向对方暴露自己，一切问题都将迎刃而解。

## 海格力斯效应：以德报怨好过冤冤相报

在希腊流传着一则发人深省的寓言故事，讲述的是有个叫海格力斯的大力士，一天他在山路上行走，看到有个鼓鼓的袋子横在了路中间，他嫌它难看，又怪它挡住了自己的道路，便狠狠地朝那袋子踩了一脚。谁知那袋子竟迅速膨胀起来，而且越变越大。海格力斯又惊又气，操起一根碗口粗的大棒便朝那袋子打了过去，怎料那袋子成倍地

176

变大，最后竟把路封死了。海格力斯正无计可施时，恰好有位圣者路过，他给了海格力斯一个忠告："朋友，你别再动它了，忽略它，忘记它吧。它叫仇恨袋，你不侵犯它，它就像你初见时那样小，你要是总是记着它、冒犯它，它就会马上膨胀起来，和你对抗到底。"

仇恨就像海格力斯在路上遇到的那个古怪的袋子，起初它本来是很小的，假如你能宽大为怀，选择忘却，那么任何人都不会受到伤害，但是，如果你选择了记恨和报复，那么仇恨便会成倍地膨胀，直至你无法收场。生活中常见到这样的情形：你和别人有了纷争，如果想打击报复对方，对方便会对你怀恨在心，想方设法地找机会报复你；如果你不依不饶，不肯善罢甘休，对方便会变本加厉地报复你。你越是释放敌意，对方越是痛恨你，两个人在仇恨的推动下，很有可能鱼死网破、两败俱伤，这种现象就是"海格力斯效应"。

俗话说得好："冤冤相报何时了。"以怨报怨是解决矛盾和纠纷最差劲的一种方式，它很容易让我们陷入"以牙还牙，以眼还眼"的恶性循环，导致玉石俱焚的可怕后果。与其如此，还不如大度一点，包容和原谅对方的过失，主动和对方冰释前嫌，把敌人变成朋友。这样对双方都有好处。

卡尔是一个专门从事砖块生意的商人，由于生意兴隆，遭到了竞争对手的妒忌，那个对手到处向别人传播谣言，诋毁他的信誉，还贬低其砖块的品质。人们信以为真，不再向卡尔购买砖块，卡尔失去了很多订单，他非常愤怒。

一个星期天的早上，卡尔去教堂做礼拜，听牧师宣讲如何施恩于那些为难过自己的人，怎样和别人化敌为友。卡尔很赞同牧师的说法，觉得他说的句句都是金玉良言，不过要把这样的观点运用到现实生活中，卡尔觉得自己真是做不到。他的竞争对手实在太卑鄙了，所作所为真是让人难以原谅。这样的人难道也能成为自己的朋友吗？

下午，卡尔还在思考牧师的话，正在他感到矛盾的时候，忽然听说弗吉尼亚州有个客户正在建造办公楼，需要的砖型恰好是那个竞争对手售卖的那种。由于自己公司不生产那种砖，他没办法接那单生意，不过他可以把生意转给那个竞争对手，以此证明牧师的话是错误的。他想以竞争对手的品行，即使受了别人恩惠也不会知道感恩，搞不好他还在琢磨使用什么更卑劣的伎俩呢。

这样一想，卡尔便迅速拨通了那个竞争对手的电话，把弗吉尼亚州的那笔生意介绍给了他。没想到那个竞争对手竟对他十分感激，并且感到万分羞愧。后来，那个竞争对手再也没有散布过不利于卡尔的谣言，还主动把自己做不了的生意转给卡尔。此后，卡尔的生意越来越好，他万万没有想到的是，感化了一个对手，多了一个朋友。

以德报怨是化敌为友最好的方式，只要你能做到得饶人处且饶人，用宽容代替仇恨，那么必然能收获善果。世上没有永远的敌人，也没有解不开的仇恨，只有一颗不肯原谅的心。宽恕别人，其实也是宽恕自己，冤冤相报只会制造更多的痛苦。与其让仇恨啃噬内心，还不如放下一切，主动化干戈为玉帛，与对手"相逢一笑泯恩仇"。这样做既卸下了自己的心理负担，又给了别人一次改正的机会，何乐而不为呢？

### 法则效应

包容、忍让并不是懦弱，而是一种大智大勇的表现，做人要有海纳百川的度量，要能容人之失、容人之过，就算对方做了让你痛恨至极的事情，也要给其洗心革面的机会。学会包容吧，这样你才会交到朋友。

## 南风法则：温暖胜于严寒

法国作家拉·封丹曾写过这样一则寓言故事，讲述的是南风和北风谁也不服谁，于是就进行了一场比试，看谁能最先把路上行人的大衣脱掉。北风首先上阵了，它粗暴地拉扯着行人的衣服，猛烈地往行人身上身上灌冷风，结果行人反而把衣服裹得更紧了。南风则采取了截然相反的做法，它温柔地吹拂着，给行人带来了融融的暖意，行人感到很热，纷纷解开纽扣脱掉了大衣。最终，南风赢得了比赛。这则寓言故事揭示的就是心理学中的"南风法则"。

南风法则也称温暖法则，它向我们诠释了一个朴素简单的道理，那便是温暖胜于严寒。在处理各种矛盾时，温煦友善的"柔"永远比凛冽刺骨的"刚"有效。凶悍霸道地对待别人，只是在气势上占了上风而已，根本就不能解决问题，反而会恶化矛盾。如果双方互不相让，就会引发更多的争斗。我们何不学学南风呢？尝试着用温和的态度对待别人，采取以柔克刚、以德服人的方式处理问题，这样比兵戎相见更好。

白居易说："感人心者，莫先乎情。"泰戈尔也说："神的巨大权威在柔和的微风里，而不是狂风暴雨之中。"以情动人的南风法则对每个人都是适用的，毕竟没有人会拒绝温暖的力量，再强硬的人内心也有一个柔软的角落，表面再冷酷的人其实内心深处也是渴望温暖和善意的，多多对别人刮刮南风，往往能达到不战而屈人之兵的效果。

苏联著名教育家苏霍姆林斯基在乌克兰乡下担任校长时，曾亲眼看到一个小朋友随意攀折花房里的玫瑰花，不过他并没有严厉地批评她，而是试图弄清她这么做的理由。有一天，苏霍姆林斯基在校园里散步，他一边尽情欣赏着娇艳欲滴的玫瑰花，一边默默地观察着看花人。所有人都沉浸在浪漫的花海中。

　　这时，一个小女孩跑过来，伸手摘了一朵玫瑰。苏霍姆林斯基很想知道她为什么会做出这样的举动，就俯下身来，和蔼地问："小朋友，你为什么要摘玫瑰花呢？"小女孩说："我奶奶生了重病，我想让她感觉好一点，就对她说学校里大朵的玫瑰花开了，她不相信，所以我要采下一朵带回去让她看看，她看完了我再把花还回来。"

　　苏霍姆林斯基被孩子天真的想法打动了，就拉着小女孩的手又采了两朵大大的玫瑰花，并对她说："一朵玫瑰花是奖给你的，因为你很有爱心，另一朵是奖给你奶奶的，因为她养育了一个善良的好孩子。"苏霍姆林斯基庆幸自己没有呵斥小女孩破坏公物，因为那种冷酷的方式将毁掉一个孩子纯真的童心，小女孩是那么天真善良，理应受到南风般温暖的呵护。

　　如果说苏霍姆林斯基运用南风法则保护了一个幼小的心灵免受伤害，那么作家林清弦的温和教育则直接促成了一个小偷改邪归正。据说，林清弦曾发表过一篇议论小偷的文章，他并没有指责梁上君子们的不义行为，而是有感于他们出神入化的作案技巧和无比缜密的思维方式，最后竟惊叹道："像思维如此细密，手法那么灵巧，风格这样独特的小偷，做任何一行都会有成就的。"他万万没有想到，就是这样一篇小小的文章，竟然改变了一个青年一生的命运。20年以后，那个小偷通过自己的努力成了一个成功的企业家，有一次和林清弦不期而遇，他十分感激地对林清玄说："您的话一下子点亮了我的生活，它使我意识到除了做一名不光彩的小偷，我还能做正经事呢！"

　　这两则故事告诉我们，温和的教育胜过强横的训斥。人的内心，其实就像花瓣一样柔软，你若用温暖的方式去呵护别人、关爱别人，往往能在对方的心灵里培育出善和美的花朵来。所以，我们要学会理解和宽容别人，毕竟在这个世界上谁都不是圣人，采用善意的方式让别人意识到自己的错误，好过狂风暴雨。

法则效应

> 无论和谁打交道，都要尽量软语宽慰，不要对任何人冷嘲热讽。与人发生纷争时，不要针锋相对，尽情温和地劝说，要以理服人，以情动人，像南风一样温暖对方的心灵，所有的矛盾都会化解，人与人之间的恩怨纠葛也就不复存在了，这样，你就会有好人缘。

## 互悦机制：喜欢是可以互相传染的

我们常常有这样的体验：自己喜欢的人，往往也喜欢自己，两个人知道彼此的心意后，往往会互相喜欢得更深。这就是心理学上的"互悦机制"。所谓的"两情相悦""相看两不厌"都是互悦机制在起作用。那么我们为什么会喜欢上喜爱自己的人呢？喜爱我们的人为什么又恰巧是我们敬爱的人呢？难道世间真有一种神秘的力量能让两个互相喜欢的人不约而同地走到一起？从科学角度来说，当然不是。

事实上，人的感觉是互通的。假如有一个人欣赏你、喜欢你，就算没有直接用言语表达出来，也会通过眼神、动作、表情等将信息表达出来，和这样的人相处，你会感到很愉快，毕竟人人都期待得到他人的赏识和认可，当这个人站到你面前时，你便会觉得此人彬彬有礼、分外亲切，然后会不由自主地喜欢上对方。换作别人也是同样的道理，如果你主动向他人表示友好的善意，表达出了对对方的赞赏和喜爱，对方也会不知不觉地喜欢上你。从这种角度来说，人与人之间的喜欢未必是同步的，但是"喜欢"这种感觉是可以互相传染的，你喜欢别人，别人就会喜欢你。所以要想赢得别人的喜欢，你首先要让自己喜欢上别人，这就是人际交往的基本法则。

有位花匠被法官雇来美化花园，法官向他提出了许多建议。花匠连连点头，非常佩服地说："法官先生，您懂得可真不少啊。看来您不但博学，还很有生活情趣啊。我特别喜欢您家那条漂亮的狗，据说它在家犬大奖赛上表现出色，赢得了不少蓝彩带。"法官听到这样的赞美，高兴极了，他开心地说："是啊，养狗确实很有意思，你想参观一下我家的狗舍吗？"花匠欣然同意。

法官用了一个小时的时间带着花匠参观狗舍，并向他讲述狗儿们在各种大赛中赢得的奖项。随后他问花匠："你有孩子吗？"花匠说："有。"法官又问："他想养一只小狗吗？"花匠说："当然想啦，他很喜欢小动物，如果能有一只小狗，他一定会很开心的。""那我送给你一只小狗吧。"法官慷慨地说道。接着他耐心地解释了如何喂养小狗的方法，由于担心花匠会记不住，便热心地把这些建议写在了纸上。

法官花了将近一个半小时的时间和花匠交谈，还赠给了他一条价值 100 美元的小狗作为礼物，两人分别时已然成为朋友。显然，这位法官很喜欢那个花匠，这是因为花匠真诚地喜欢他，对于他的爱好以及他的生活真心地感兴趣，两个彼此欣赏的人就这样由陌生人成了亲切交谈的朋友。

既然互悦机制在人际交往中如此奏效，那么我们如何率先传达出友爱的信息，让别人知道我们喜欢他或她呢？当然我们不可以直接告诉对方：我很喜欢你。因为那样做太直接、太冒失了。最恰当的方式莫过于真诚地欣赏对方身上的优点，言辞之间流露出对对方的钦佩和赞美之情。需要注意的是赞美一定要发自真心，千万不能给人留下虚伪的印象。

互悦机制告诉我们，爱人者人恒爱之，敬人者人恒敬之。你以友善的方式对待别人，别人也会回馈你同样的友善。你真诚地欣赏和关心别人，别人也会用同样的态度对待你。喜欢是相互的，友好也是相互的。聪明的人从不强求别人喜欢自己，而会先让自己喜欢上别人，设法满足他人的心理需要，以此赢得别人的好感，换来真挚的友谊。

法则效应

每个人都渴望自己被喜欢，但喜欢与被喜欢都不是单向的，而是一种双向互动的机制。喜欢别人和被他人喜欢互为因果。想要成为一个受欢迎的人，首先要学会表达对别人的喜欢，当你学会恰当地传达善意的信息时，别人也会以善意的方式对待你。

## 示弱效应：真正的强者更懂得示弱

在这个竞争无比激烈的社会，"物竞天择，适者生存"已经成了很有说服力的法则，人们推崇强者，渴望强大，所以总是将自己层层包裹，把自己脆弱、敏感、柔软的一面彻底隐藏起来，以一种刚硬不屈的强人姿态出现，久而久之，自己也会被欺骗，误以为自己真的就无坚不摧。

其实生活不是行军打仗，你不需要把自己武装到牙齿，总摆出一副强悍无比、凛然不可侵犯的样子，无形中就把人与人之间的距离拉大了。强者虽然能始终保持威严，但正所谓"高处不胜寒"，一个不折不扣的强人大多是没有朋友的。外表强悍和内心强大是两种概念，真正内心强大的人从不会刻意装高冷，而是会把自己温暖、柔软的一面展现出来，时而以"示弱"的方式袒露真实的自我。

示弱不是装无辜扮可怜，而是一种真诚待人的表现。每个人都有柔软、温情的一面，也都有脆弱的时候，适当地真情流露，会让人感觉更加真实可信。这就是心理学上的"示弱效应"。事实上，有弱点的人才具有亲和力，无懈可击的人只会让人觉得冰冷和难以接近。学会示弱，让别人看到自己的不完美，才能成功拉近彼此的距离。

在无助的时候不要一个人苦撑，主动向别人发出求救信号，不但无损你的形象，还能让别人获得更多的存在感。很多时候，人们是喜欢被麻烦和被需要的，因为被需要本身就是一种幸福，而且在助人的过程中自己也能感受到更多的快乐。不要总是摆出一副"我不需要任何人帮助"的样子，因为那样别人会觉得没有必要出现在你身旁，毕竟谁也不愿扮演多余的角色，长此以往，你很快就会变成形单影只的孤家寡人。要知道完美的人是不存在的，每个人都有力不从心的时候，适当地暴露一些小弱点，让别人知道你也有无可奈何的时候，比一味地装强大更有助于赢得人心。

美国著名心理学家纳特·史坦芬格曾设计了一套测试程序帮助企业筛选人才：他要求4名求职者边用小型煮炉烹煮牛奶边进行自我介绍的录音。第一位求职者声称自己学习成绩优异，社交能力极佳，最后刻意强调自己煮牛奶煮得非常不错。第二位求职者说自己在校时表现出色，而且参加了很多社会实践活动，学习能力和社会实践能力是没问题的，不过牛奶煮得不好。煮牛奶时出现了一个小插曲，他不小心碰倒了煮炉，牛奶也煮糊了。第三位求职者说自己学业糟糕，实践能力欠缺，不过牛奶煮得非常好。第四位求职者说自己学业差劲，也不擅长组织活动，而且牛奶煮得也非常差劲。

纳特·史坦芬格认为这四位求职者代表的是四种类型的人：第一类是完美主义者，各方面都很优秀，几乎让人看不到缺点；第二类很优秀，但略有瑕疵；第三类有缺陷也有专长；第四类一无所长。也许很多人以为第一类人会最后胜出，而实际上第二类人才是被人欣赏的。完美的人在现实生活中是不存在的，处处示强，表现得面面俱美，往往会被看作是华而不实和矫揉造作，而白璧微瑕的人，即使暴露了一些小小的弱点也是可以被广泛接受的。毕竟真实的人是有弱点的，没有弱点的人不诚实地面对自己，也不诚实地面对别人，这样的人是不值得信赖的。

示弱不是把自己的软肋和硬伤毫无保留地展示给别人看，因为你没有必要那么做，别人也不会要求你那样做。示弱意味着不去刻意伪装完美或者时刻以强者的形象出现，而是努力展现自己的真诚和柔软的一面，主动打开心扉，和别人进行交流，以此来获得别人的信任和好感。

**法则效应**

　　喜欢扮演强者的人，内心往往是软弱的，而真正的强者从来不需要通过强悍的外表证明自己的强大。一个人如果内心真的是强大的，还用刻意装扮吗？所以，从某种意义上说，敢于示弱才是强者的表现，撕下伪装，展现真实的自己才能交到真正的朋友。

## 非零和博弈：人与人之间不是一场零和游戏

　　很多人认为世界上的优质资源不但是有限的，而且是匮乏的，它就像一张诱人的大饼，如果人人都能得而食之，那么所有人只能分到一小块。假如别人多分了一些，自己得到的就少了，所以归根结底竞争就是一场零和游戏。人与人之间的关系也不过是零和博弈罢了。然而经济学家却认为，人与人之间并不总是零和关系，在互相合作的前提下，完全可以发展成一种双赢的关系，即一方得利并非意味着另一方一定会遭受损失，这种论断就是所谓的"非零和博弈"。

　　非零和博弈不仅在经济领域是可行的，在人际交往中同样适用。虽然当代社会人际关系较为复杂，但我们完全可以彼此尊重、友好相处。自己的幸福未必要建立在别人的痛苦之上，自己的所得未必要靠别人的损失换得，任何损人利己的行为，实际上都会给自己带来更大的损失，所以，我们要遵循的不再是零和游戏的法则，而是非零和博弈的新型法则。

　　公共关系专家亨利·罗杰斯曾经说过："你在赢时所失去的，可能比输时失去的更多。"因此，我们没有必要争表面上的输赢。占一时的便宜，毁掉的是人际关系的和谐，这实在是一件得不偿失的事情。人与人之间的真情是无价的，为了一点蝇头小利而失去宝贵的友谊是非常不值得的。想要收获真正的友谊，就必须有分享精神，乐于和别人分享资源，而不是费尽心机抢占他人的资源，必要的时候做出一点让步，这样做不但不会让你吃亏，还能在促成双赢局面的同时，让你们的友谊更加坚固。

在经典电影《美丽心灵》中有这样一个情节：夏日骄阳似火，到了下午天气十分闷热，为了享受清凉，教室的窗户打开着。教学楼外，有几名工人正头顶烈日紧张地施工，机器的轰鸣声吵得约翰·纳什教授心神不宁。他烦躁地走到窗前，把窗户"砰"的一声关上了，噪声果然小了很多。但这个举动马上引起了学生的抗议，有位学生忙说："教授，请把窗户打开好吗？教室里实在是太热了。"纳什教授不悦地说："保证课堂的安静比你一个人舒不舒服可重要多了。"然后就转身在黑板上一板一眼地写数学公式。

这时，一个叫阿丽莎的女同学走到窗前，把窗户打开了。纳什教授不满地看着阿丽莎，想要出言阻止。只见阿丽莎探出头去，对着窗外的工人说："抱歉，打扰一下，我们这里有一点小问题。关上窗户教室里太热，我们没法上课。开着窗户声音太吵，影响我们学习。你们可不可以先修别的地方，只要给我们45分钟时间就好了。"工人很爽快地答应了她的请求，吩咐大家暂且休息一会儿。阿丽莎高兴地回到了座位上。纳什教授向她投来赞赏的眼光，接着他对全班同学说："现在你们会发现在多变性的微积分中，一个难题通常有多种解答。"他似乎是在讲课，又似乎是在评论阿丽莎机智的做法。

开窗和关窗看起来似乎就是一场零和博弈，要么开窗忍受噪声，要么关窗忍受高温。这两种矛盾表面看来是无法调和的。然而阿丽莎却通过一种巧妙的方式把零和博弈变成了非零和博弈，使全体师生既能享受清凉又能在安静的环境中上课。这则故事告诉我们矛盾是普遍存在的，但矛盾双方未必是势不两立的，学会和别人达成共识，就能出现双赢的局面。

**法则效应**

事实证明，在处理人际关系时，秉承那种"非赢即输"的观念是错误的，人与人之间并不是一场你死我活的较量，根本无须在博弈中一较高下。吃一点亏、受一点损失并没有什么，它会为你的感情账户增值，完全可以被视为友情的长期投资。不要总想着让别人吃亏自己谋利，否则，是交不到知心朋友的。

## 改宗效应：好好先生做不得

很多人以为只要做人足够圆融，懂得左右逢源，就能成为社交圈里最受欢迎的人，所以总是人云亦云地附和别人的观点，张口闭口都是"是，是，是""好，好，好"之类的奉承语，殊不知这样的好好先生不但不讨人喜欢，反而会讨人嫌，这是为什么呢？心理学家指出，这主要是改宗效应在起作用。

美国社会心理学家哈罗德·西格尔认为当一个问题对某个人来说非常重要时，假如他能使反对者改变最初的意见，附和自己的观点，他宁肯喜欢原来那个立场鲜明的反对者，也不会喜欢那个见异思迁的同意者。这就是心理学上的改宗效应。简言之，人们普遍不喜欢随意附和自己观点的人，而倾向于喜欢那些有自己的见解，最终在自己的影响下逐渐改变观点的人，因为挑战一个坚定的反对者，并通过自身的努力说服对方，会给人带来巨大的成就感，而跟那些鹦鹉学舌的人打交道，则很难产生成就感。

在现实生活中，所谓的"老好人""好好先生"不但不讨喜，反而会被人瞧不起。其实这是很容易理解的，比如有个人对你言听计从、俯首帖耳，从来就没有表达过自己的意见，你便会对他不屑一顾，认为他是有意讨好你或者认定他是一个没有是非观念的人。若是有个人有个性有主张却并不固执，平时喜欢和你辩论，但只要你在道理上能说服他，他便能对你心悦诚服，这样的人你自然会发自内心地喜欢。这就是为什么性情中人更受人喜欢，而凡事点头称是的"好好先生"却遭人鄙视的原因。坦白地说，仗义执言的朋友当然比心口不一的人值得敬重。八面玲珑、和稀泥都是些看似聪明的做法，实际上并不能为你在人际交往中加分，只有那些有自己想法的人才能赢得人们的尊重和喜爱。

撒切尔夫人玛格丽特虽然政绩卓著，但却是一个非常富有争议的人物，有的人对她推崇备至，把她看作是极具魄力的政治家，有的人则不赞同她执政时期推行的各种政策。可无论怎样，撒切尔夫人都始终坚持自己的主张，她从来没有被别人牵着鼻子走，也不随便附和任何人，所以她才成了一个名副其实的铁娘子，不管是赞同她还是反对她的人始终对她怀有深深的敬意。

很小的时候，父亲就教育玛格丽特要做一个有主见的人。5岁生日那天，父亲郑重其事地对她说："孩子你要学会用自己的大脑思考问题，明辨是非，不能人云亦云。这是爸爸赠给你的人生箴言，也是送给你的生日礼物。"玛格丽特上学以后，发现同学课余生活比自己有趣得多，他们经常聚在一起玩耍，或做游戏或野餐或骑自行车，一切都让她羡慕不已。于是她忍不住对爸爸说："我也想像他们一样。"爸爸说："你不能因为别人做什么，就跟着做什么，你必须要有自己的主见。现在正是你学知识打基础的阶段，如果你一味沉迷于游乐，将来就会一无所成。"玛格丽特听了父亲的话就不再嚷着要玩了，而是把更多的时间放在了阅读上。

长大以后玛格丽特变成了一个有主见有理想的人，任职期间她工作勤恳、政绩斐然，从不轻易妥协屈服，赢得了很多人的尊重。她的与众不同给人们留下了极为深刻的印象，而那些随波逐流的政客却永远淹没在了历史的长河之中。

事实证明，改宗效应对于人际交往影响重大，充当"好好先生"

不但换不来好人缘，还会给人留下极为不好的印象。而敢于直言的人，反而更容易赢得别人的尊重和信赖。改宗效应告诉我们，不能因为害怕得罪人，就不敢发出真实的声音，表面上的和气并不是真的和谐，如果你在关键问题上不讲原则，不但会遭人诟病，还会伤害友情，最后也会伤及自身。要知道你不可能讨好所有人，把每个人都当成讨好的对象，只会让更多的人离你而去。做一个和善且讲道义的好人，而不是没原则的烂俗好人，是你赢得更多认同的关键所在。

**法则效应**

违背自己的观点去附和别人，并不能赢得别人的认可；极力讨好别人，不敢说一个"不"字，往往会被他人看低；谨小慎微，事事怕得罪人，往往会在无意中得罪更多的人，因为人们都不喜欢言不由衷、处处讨巧的人。放下顾虑，勇敢地说出自己内心的真实想法，虽然不能让所有人都喜欢你、认同你，但至少你能找到跟自己志同道合的人，即使别人的观点和你不一致，也未必会讨厌你，正所谓"君子和而不同"，求同存异同样能让你获得更多的朋友。

## 同体效应：让别人把你当成自己人

一般而言，人们很容易喜欢上跟自己具有共同点的人，相似的生活阅历、相似的文化背景、共同的爱好，就像一条无形的绳索把两个独立的个体以某种微妙的形式捆绑在了一起，以至于使彼此深信对方就是"自己人"，无论说什么做什么代表的都是自己所在的群体，双方都互相信赖和支持，这就是"同体效应"，也叫"自己人效应"。

同体效应把人分成了两类，一类是和自己毫不相干的圈外人，一类是和自己休戚与共的自己人。对于前者人们通常报之以冷漠、拒绝的态度，而对于后者则视其为亲友，无论对方表达何种观念、立场都乐于洗耳恭听，无论对方提出什么样的请求，都不忍心拒绝。由此可见，赢得人心的关键秘诀就在于让别人把自己看成自己人。

苏联著名演讲大师加里宁就很善于运用同体效应，一次他应邀参加莫斯科市鲍乌曼区中学的即席演讲时说："同学们，我也有过你们这样的学生时代，所以我知道作为一名年轻学子的追求和梦想，我当时的想法和你们如今的想法是一样的，希望自己能学有所成，取得好成绩，这就是你们和我的共同期望，也是父母、政府以及老一代人对你们的期望。"

加里宁刚开始演讲，就把自己和在场的学生紧密联系了起来，他现在虽然成了成功的演讲家，但也有过青葱岁月，他的学生时代和现在的中学生并没有什么不同。这种身份的转换给他的话语增添了不少亲和力和感召力。接着他以一名学生的口吻来阐述自己的所思所想，迅速消除了自己和学生们的隔阂感，使其产生一种"自己人"的感觉，所以他的演讲再也不是刻板无趣的说教，而变成了一种心得和分享，这样自然也就达到了与别人建立共识、打动人心的理想效果。

英国前首相丘吉尔也善于运用同体效应。在第二次世界大战期间，他前往美国发表圣诞演说时这样说："今天我虽是远离自己的祖国和家庭，但在这里欢度圣诞节，一点也没有异国异乡的感觉。我不知道，这是因为我母亲的血统和你们的一样，还是因为我多年踏足此地赢得了深厚的友谊。在这里，我一点都不觉得自己是个外人，我们的人民不但说着同样的语言，有着共同的信仰，而且还追求者同样的理想。我在这里感受到的是兄弟间才有的那种无比亲密的气氛……"

丘吉尔从英美两国的历史出发，成功拉近了自己和美国民众的距离。众所周知，由于历史的原因，美国有大量的英国后裔，所以丘吉尔说自己的母亲和美国人有着同样的血统，言下之意，他的血管里流着和美国人民一样的血。简简单单一句话，就把自己作为外国人的身份掩盖了，使美国民众把他当成了自己人。接着他又讲起了英美两国的诸多共同之处，这样丘吉尔想要团结美国共同反抗法西斯的演讲目的也就达到了。

想要让别人把自己当成自己人，就要善于从双方身上挖掘出相似的东西。如果你们年龄相仿、经验类似，那么体验和感悟到的东西一般会极为相似；如果你们拥有相似的兴趣爱好，那么必定有许多双方都感兴趣的话题；如果你们的信念、价值观或者个性特征都一样，那么你们必定能成为志同道合的好朋友。运用同体效应，与他人建立起亲密的互信关系，往往比其他交际技巧更实用、更有效。

**法则效应**

所谓的"自己人"就是指具有相同的价值观和思想的人。你若想成为自己人，就要多多强调"我们"的立场，而不是自己的个人意志，这样才能获得更多的认同，才能交到更多的朋友。

## 邻里效应：远亲不如近邻

俗话说得好："远亲不如近邻。"亲戚如果远隔千山万水，长期不能见面，感情也会慢慢变淡。近邻虽然没有血缘关系，但接触频繁，彼此熟络，久而久之也能生出一种亲密感。这种现象在心理学上就被称为"邻里效应"。邻里效应告诉我们，人们更乐于和自己邻近的人交往，一方面是因为距离近就意味着见面的次数多，双方在打交道的过程中，对对方的了解也越来越多，不知不觉就和对方成了最熟悉的老朋友。另一方面是因为与近邻交往付出的代价是最小的，得到的收益却是巨大的。人们只需要花较少的时间和精力，就能获取到有用的信息或者得到必要的帮助。在急需帮助时，远方的亲朋都只是远水，通常解不了近渴，近邻则不同了，和他们搞好关系，便有"近水楼台先得月"的妙处。

有的人即使明白远亲不如近邻的道理，也会因为各种各样的原因把近邻拒之门外，有的是因为害羞，有的是因为不信任别人，结果使得我们的近邻不但没有和我们建立起良好的关系，反而让彼此像防贼一样互相防范。不少人住在同一个社区或是同一幢居民楼，几十年共同生活在一片星空下，居然互不相识，这着实令人匪夷所思。

其实近邻的范围不局限于社区，生活在同一个街区的人经常碰面的概率也很高，这些人也能成为我们的近邻和朋友。在交通便利的情况下，双方可以突破街区的限制，只要在同一座城共同工作和生活，同样可以建立起近邻般的友谊。邻里效应是否能奏效，空间距离固然重要，但双方是否主动联系、联络的次数是否足够频繁更为重要。两个人不常联络，即使近在咫尺，感觉也仿佛远隔天涯。两个人经常聚会、打电话，或者在一起散步、聊天，即使需要坐地铁或巴士才能碰面，也会产生"天涯若比邻"的感觉。所以不要以为只要居住地近就能和别人变成好朋友了，要知道心理距离的接近其实比空间距离的缩短更重要。

老舍非常喜欢交友，他的朋友遍布社会的各个基层，有的是生死之交，有的是同舟共济的挚友，有的是生活上的密友兼良伴。老舍之所以能交这么多朋友，除了待人诚恳以外，最重要的秘诀就是常和朋友联络欢聚。每次见朋友来了，老舍都会把朋友请进雅致的饭馆，好酒好肉地招待一番，席间无话不谈，用餐完毕总是抢着付账。即使在经济困难时期，老舍也热衷于请客以及和朋友们畅谈。

老舍的朋友圈里虽然有不少是文化界的知识分子，但他的朋友并不局限于学者、教授。打拳卖艺的、街头卖唱的、拉洋车的车夫以及形形色色的劳动人民都是他的朋友。他经常请这些朋友到茶馆喝茶，一块儿和大家谈论生活和人生。每到有人结婚生子的时候，他都会特地赶去贺喜。

老舍不仅和朋友走得很近，和朋友的孩子也相处得很好。每次见到冰心家的孩子，他都让孩子称呼自己舒伯，觉得这样叫很亲。他还经常给孩子们讲童话故事，马宗融的女儿听他讲"灰姑娘""七个小矮人"的故事，总是听得如醉如痴。除了讲故事，老舍还喜欢拿糖果、饼干、水果等各种好吃的招待小朋友，小朋友吃得开心，他的朋友们在旁边也看得高兴，到处都是一派和乐的景象。所以朋友们就更爱到他家做客了。

人们在交友方面常常有这样一种认知误区：与别人交谈的时间越长，就越能加快彼此的了解。可事实上一次口若悬河的交谈并不能把你的近邻变成熟人或是朋友，与其畅谈不休，倒不如增加双方见面的频率，只有常见面才能让对方更加熟悉你，进而对你产生兴趣和好感。与人接触的次数越多，你们的关系就会越亲密，学会主动和别人联系，是你和他人建立亲密关系的关键一步。

**法则效应**

"关系"是需要维系的，再亲密的关系如果不常联络也会变得生疏。无论是邻里之间还是朋友之间，平时多联系才能保证感情不变淡。时间会冲淡一切，交往数年的好友如果长时间不联系，也有可能变得客套和陌生。近邻效应告诉我们，要尽量利用空间优势把常见面的近邻变成朋友，同时要多多关心朋友，经常和朋友保持联络，让对方感到"天涯若比邻"。

## 安泰效应：生活，不是一个人的战斗

在古希腊神话中，安泰是一个大力神，他力大无穷、所向无敌，但却有一个致命的弱点，那便是他对母亲地神格外依恋，一旦离开大地，脱离了母亲的怀抱，他的神力就完全消失了。他的敌人知道了这个秘密后，在一次搏斗中故意将他高高举起，让他的双脚脱离大地，在空中将他杀死了。后来人们便把脱离某种条件就丧失能力的现象称为"安泰效应"。

安泰效应告诉我们，人一旦失去了赖以生存的条件，便如同丧失了力量的源泉一样，将变得虚弱和绝望。就像鱼儿离不开水一样，人不能脱离必要的环境而单独存在。虽然每个人都是一个独立的个体，但作为人类社会的一员，我们仍然是一种群居性的动物。人与人之间是互相联系、彼此依赖的，因为我们生活在集体和社会中。

从竞争角度看，人际关系决定事业成败，不能融入团队就意味着被社会淘汰，要想有一番作为更是不可能了。从生活情感的角度来看，每个人都是需要友谊滋养的，谁也不能忍受离群索居的孤独，假如让一个人完全断绝了与世界的联系，那么他的人生必定是暗无天日的。

我们无法改变这样一个不争的事实，作为个体，我们的智慧和力量都是极其有限的，想要取得伟大成就，就必须依赖他人和社会，很多事情是我们凭借一己之力办不到的。朋友可以是我们的合作伙伴，也可以是我们的左膀右臂，有了他们的支持和帮助，我们才能无往而不利。在事业上我们离不开朋友，在生活中我们同样也离不开朋友，是他们给了我们欢声笑语，让我们的生活不至于太过黯淡；是他们给了我们鼓励和期许，让我们在失落的时候不至于颓唐懊丧；是他们给了我们温暖美好的情谊，使我们不至于太过孤单。生活不是一个人的战斗，一个人不管智商有多高，能力有多大，内心有多坚强，都需要朋友跟自己一起并肩作战，这样才能避免陷入孤立无援的境地。没有人可以只手撑起一方天，只有依靠众人的力量你才有可能创造奇迹。

德国著名天文学家开普勒提出了对后世影响深远的开普勒三定律，为世界近代天文学做出了巨大贡献，因此他成了人类历史上名垂千古的伟大人物。但开普勒之所以能取得如此光辉的成就，并非凭借一己之力，如果没有第谷的帮助，他是不可能在那么短的时间内发现行星运动的规律的。

第谷也是一位赫赫有名的天文学家，他率先写出了第一份天文观测资料，发现了天体运行的现象，动摇了亚里士多德提出的天体不变的学说。经过多年研究，他绘制出了一份精密的星表，为开普勒提出三大定律奠定了基础。第谷的研究把天文学带入了一个崭新的时代。终其一生他都在努力验证自己计算出的科学数据，可惜直到临终前他都没能解开天体运行的奥秘。病危之际，他把所有的资料交给了一个异国的学生，这名学生就是开普勒。凭借老师的第一手翔实的天文资料以及他本人卓越的知识，开普勒有了更惊人的发现，他发现天体的运行轨迹是椭圆形的。后来他提出了开普勒三定律，否定了"地心说"，完善了"日心说"，使人类对天文的认识更进了一步。

开普勒的成功是建立在第谷研究成果的基础上的，如果两位天才不曾有过合作和交流，那么开普勒是不会那么顺利地发现天体运行的三大定律的，终其一生，他充其量只是个普通的天文学家而已。这足以说明合作的力量是多么大。一棵树木即使拥有参天之姿，带来的绿意与生机也比不上一座森林；一涓溪流即使清澈无比，所能润泽的土地也远远比不上江河湖海。一个人只有融入群体，才能像脚踩大地的大力神安泰一样获得源源不断的力量，所以作为一个个体而言，无论多么优秀，我们都离不开朋友、集体。

## 法则效应

通用电气前 CEO（首席执行官）杰克·韦尔奇曾经说过："你手上有一个苹果，我手上也有一个苹果，两个苹果交换后每人还是只有一个苹果。如果你有一种能力，我也有一种能力，两种能力交换后就不再是一种能力了。"每个人都有独特的能力，如果能力之间能进行交换和整合，就会形成一股巨大的能量。我们不要沉迷于个人英雄主义，不要忽视合作的伟大力量，无论在工作还是生活中，都要善于和朋友及同事合作，只有这样，我们才能走上更高远的道路。

## 视网膜效应：懂得欣赏自己的人，才能欣赏别人

生活中有一种奇怪的现象：你越是关注什么，什么东西越是铺天盖地地朝你涌来。比如你刚买了一件款式独特的衣服，走到街上却发现有很多人跟自己撞衫，仿佛这款衣服一夜间变成了都市的流行装。再比如你买了一辆墨绿色的轿车，以为自己的品位很独特，毕竟红色、白色、黑色才是私家车里常见的颜色，正当你为自己与众不同的选择而窃喜时，忽然发现无论是在开阔的高速公路上，还是在狭窄的街巷里，到处都能看见墨绿色的轿车，似乎一夜间墨绿色成为轿车中的大众色了。这种现象就是心理学上的"视网膜效应"。

视网膜效应指的是当你拥有某件东西或者某个特征时，会比其他人更加留意别人身上所具备的这类特征。一个人只有懂得欣赏自己，能在自己身上看到闪光点，才能在别人身上看到美好的品质。一个看不到自己优点的人，在视网膜效应的影响下，就不可能看到他人的可取之处，你若是笃定地认为自己满身缺点、一无是处，会惊奇地发现自己身上的毛病，别人一样也不少，那么世上就没有人值得你交往了。你以这样的眼光看待自己和他人，就会成为吹毛求疵的讨厌鬼，人人都将对你避而远之。要想赢得好人缘，成为社交圈里最受欢迎的人，首先要学会欣赏和肯定自己，因为只有做到这点，你才能由衷地欣赏和赞美别人。而懂得欣赏他人，用积极的眼光看待世界，往往是建立良好人际关系最为重要的条件。

查尔斯·舒尔茨小时候是个毫不出众的小男孩，他功课不好，几乎门门功课都亮起了红灯，他也不擅长体育运动，在整个学生时代，都没踢过一脚好球。他一直默默无闻，没有人关注他，同学没有发现他有什么特别之处，他也认为自己没有什么值得称道的优点，但是却一如既往地坚持画画，他坚信自己画得不错，即使没有人真正欣赏过

他的作品，他也没有太过灰心。在高中学年的最后一年，他鼓足勇气把自己的绘画作品交给了学校的编辑，希望自己的大作能被发表，但是遭到了拒绝。

高中毕业以后，查尔斯·舒尔茨把自己的画作寄给了迪士尼工作室，又一次遭到了拒绝。除了画画之外，他不知道自己还擅长什么，所以除了继续画画以外他别无选择。带着复杂的情绪，他开始用画笔为自己写自传，创作出了一个叫查理·布朗的卡通形象。查理·布朗是一个无比笨拙的小男孩，他学业一塌糊涂，每次放风筝风筝都飞不起来，每次上场都踢不到球。

查理·布朗就是这么一个惹人发笑又令人伤感的倒霉角色，堪比查尔斯·舒尔茨顾影自怜的形象，但他也并非一无是处。他最大的优点就是身上有股坚持到底的精神，其朋友莱纳斯说："就算天气突变，忽然下起了雨，他还是会像往常一样打球，他从来就不知道什么叫放弃。他还有一个难得的优点，那便是只要是朋友要求的事，他都会竭尽所能办到。"显然查理·布朗身上的优点就是创作者本人的优点，查尔斯·舒尔茨对自己有着十分清醒的认识，正是凭借这种认识，他成功创作了查理·布朗的漫画形象，并凭借这一经典形象两度荣获漫画家最高荣誉奖"鲁本奖"，成了名扬四海的漫画大师。

是的，我们当中的绝大多数人都是平凡之辈，因为不出众，我们常常会忽略自己身上独特的优点，却总对自己的缺点耿耿于怀。其实每个平淡的生命都有不凡的一面，每个人都是一座没有被开发的宝藏，只要你肯用心挖掘，必然会大有收获。卡耐基说，每个人的特质中优点和长处大约占80％，缺点仅占20％。所以，我们有足够的理由自我欣赏，哪怕是孤芳自赏也比自卑要好得多。任何事物都有两面性，比如断壁残垣，在普通人眼里不过是废墟而已，在考古学家眼里，却是价值连城的古迹，在艺术家和文学家眼里，则是残缺美的典范。人也一样，即便你在别人眼里平淡无奇，没有什么可夸耀之处，但是当你换一种眼光审视自己，就能在自己身上发现一种独特的美。带着同样的眼光去观察别人，你会发现人人都是那么可爱可亲，一时间似乎人人都是可交的朋友。

**法则效应**

　　从小我们就被教育要正视自己的缺点和不足，以"三省吾身"的态度不断完善自我。但视网膜效应告诉我们，我们不该把过多的注意力集中到自己的缺点上，而要尝试着发掘自己的优点，这样才能在社交过程中不断发现别人的长处和优点，从而建立良好的人际关系。

## 250 定律：每个人身后都有一个亲友团

　　美国著名推销员乔·吉拉德说，每一名顾客身后，大约站着 250 名亲友，假如你的服务能让一位顾客满意，那便意味着你一下子就赢得了 250 个人的好感；假如你不小心得罪了一名顾客，则意味着你同时得罪了 250 名潜在的顾客。这就是著名的"250 定律"。250 定律运用到商业领域，印证了"顾客就是上帝"的生意法则，它告诉所有从事推销和服务行业的工作人员，要认真地对待每一名顾客。这一定律运用到人际关系上，则另有一番含义，它指的是你务必要善良地对待每一个人，因为每个人身后都站着一个亲友团，它是一个数量不小的群体，你善待一个人，得到一个人的感激，就等于博得了一群人的好感和喜爱。反之，你得罪了一个人，就等于得罪了一个群体，不知不觉中就多了许多敌人。

　　友善地对待每一个人，给别人点燃一盏明灯，不仅能照亮广阔的天地，还能照亮自己的内心。不要轻慢和蔑视任何人，即使他是一个落魄者，即使他是一个毫不起眼的小人物，即使他是一个与你擦肩而过的陌生人，都值得你认真对待。你向别人施以恩惠，自己也将受益无穷，因为你善待的不仅仅是一个具体的人，而是一个庞大的群体，谁也不能预知这个群体会给你的人生带来怎样的影响。

萨莉是一个刚入行不久的出纳员，第一天上班她显得局促不安。由于高中都没有读完，在很长的一段时间里她只能靠领取救济金生活，她做过招待员，卖过塑料制品，仍然不能维持生活。对于这份新工作，她感到非常满意，所以在主管面前表现得毕恭毕敬，恨不能把她的每一句话都默记下来。

主管把一般性的业务流程教给了她，之后给了她一个建议："要善待每一个人，不要因为某个人穿着简朴，随手递给你一沓脏兮兮的零钱，就不把他当成个人物。"萨莉把这几句话牢牢地记在了心里。她十分认同主管的看法，是的，虽然人的社会地位有高有低，但每个人都应该得到尊重和善待。她想起找工作时排队等面试，一等就是好几个小时，又想起了那些排长队领食品券的日子，别人对她的态度就仿佛她根本不存在一样。这种感觉太糟糕了。

萨莉工作时，对每一位顾客都报之以善意，她热情地向窗口前的顾客打招呼，还努力地记住他们的名字，博得了很多顾客的好感。她和善的态度赢得了顾客的广泛认同，也得到了同事的认可，没过多久主管就让她担负起培训新员工的工作。新来的员工叫莱斯莉，萨莉像主管培训自己那样，先是讲完了一般性的工作流程，然后特别强调说善待每一个人是非常重要的。莱斯莉虽然刚来，但也看出了萨莉的与众不同之处，她说："你一向对每个人都很好。"同事贝丽卡赞同地说："是啊，她甚至对某些顾客说波兰话，有些老人只喜欢对着她唱歌。"

萨莉不但对每位顾客很友善，对待每位同事也都十分友好。她和贝丽卡、莱斯莉一直相处得十分融洽，莱斯莉调走以后，两个人依然保持联系。后来萨莉离开了银行，和别人合伙创办了一家公司。在五年的时间里，公司一步步发展壮大，她的合伙人有意出卖自己持有的股份，萨莉很想买下股权，可惜没有足够的资金。正当她犯愁的时候，贝丽卡向她伸出了援手，把她介绍给了自己的朋友们，为她争取贷款。没过多久，她就和贷款负责人见面了，万万没有想到那名负责贷款业务的主管居然就是莱斯莉。莱斯莉说萨莉是自己见到过的最好的老师，她就是从萨莉那里学会怎样对待顾客的，现在她要用同样的方式对待萨莉。

贷款申请很快被批准了，萨莉有了足够的资金以后，顺利收购了合伙人的股权，把公司变成了专属于自己的企业。六年后，公司发展成了一个拥有百名雇员的中型企业。萨莉凭借着做出纳时学到的东西，在业界赢得了广泛的赞誉，事业越做越成功。

你对一个人友善，得到的可能是更多的友善。每个普通人身后，都有一个稳定且规模不小的群体，你赢得了一个人的心，也就等于赢得了无数人的心。不要轻易放弃任何人，任何一个生命都是值得尊重和善待的，你善待别人，别人也会善待你的，你给别人照亮一段路，别人也许会为你照亮全程。你的收获永远都比付出多。

## 法则效应

马克·吐温说："善良是一种世界通用的语言，它能让盲人看见，聋人听到。"善良地对待每一个人，自己的灵魂将得到净化，这个世界也将变得更加美好。不要用功利的眼光把人分为各种类别，即便和你在利益上没有牵扯的人，也能给你带来意外的惊喜。学会善待别人，你才能得到更多的朋友。

## 流言效应：要及时找到流言终结者

俗话说得好："谁人背后无人说，谁人背后不说人。"人们出于八卦、无聊或忌妒的心理，都有可能成为流言的制造者和传播者，有的人还极尽捕风捉影、添油加醋之能事，把一件莫须有的事情搞得尽人皆知、满城风雨。如果这种流言是专门针对你的，你将做何反应呢？是奉行清者自清的原则，等着流言自己不攻自破、烟消云散，还是奋起反击，为自己正名？抑或是怒发冲冠、自怜自伤？

心理学家指出，流言对人的心理和行为会造成极其消极的影响。这种现象就叫作流言效应。无论你怎样面对流言，一旦听到有人飞短流长地中伤自己，是很难心平气和、听之任之的。人都说"人言可畏""众口铄金，积毁销骨"，流言的杀伤力是不言而喻的，任何一个爱惜自己名誉的人都无法忍受流言蜚语的存在。钱钟书说过："流言这东西，比流感蔓延的速度更快，比流星所蕴含的能量更巨大，比流氓更具有恶意，比流产更能让人心力交瘁。"形象地道出了流言的破坏力。

西方有句名言说："谎言重复一千遍就会变成真理。"所以当不利于我们的流言开始传播时，我们绝不能保持沉默，而要在第一时间做出有力的回应。在多数人看来，沉默就代表默认，被诽谤而不争辩，一定是试图掩盖什么所谓的"难言之隐"。因此明智的做法是找一个中立的、被众人信赖的第三方出面澄清，让他们充当流言终结者的角色，这样既避免了自己百口莫辩、有理说不清的局面，又能攻破流言。

英国文学家谢立丹创作的经典之作《谣言的力量》讲述了，18世纪的英国上流社会里，身份尊贵的绅士太太就喜欢以造谣诽谤、传播流言打发时光，那些人三三两两聚在某家的客厅里，张口闭口议论别人家的短长，因此不少人成了受害者，一向对流言深恶痛绝的彼德爵士也没能幸免。

彼德爵士为人正直厚道，一向对那些传播流言者感到不屑，所以很看不惯上流社会的风气，特地娶了一个贫苦的乡下女人为妻，谁知那个淳朴的乡野女子跻身到上流社会以后，也染上了到处造谣的恶习，为此夫妻俩没少吵架。

彼德爵士的好友去世前，把自己的两个儿子约瑟夫和查尔斯托付给了他，并告诉彼德爵士他的儿子们有个远在印度的叔叔叫奥利佛，可以为他们提供一笔可观的财产。大儿子约瑟夫染上了上流社会的恶习，既爱传播流言又喜欢对人甜言蜜语，表面上却装出一副循规蹈矩的样子，以致成功骗过了彼德爵士的眼睛。小儿子查尔斯为人善良，喜欢慷慨解囊，不过花钱不节制，这让彼德爵士很不满意。

由于查尔斯的行事风格有别于上流社会的贵族子弟，因此遭到了很多诋毁和中伤，但无论别人说什么，美丽的女孩玛丽娅始终对他情有独钟。约瑟夫垂涎于玛丽娅的美貌，便试图借助彼德夫人之口毁掉查尔斯的名誉。玛丽娅根本就不相信那些话。彼德爵士却信以为真了，坚决反对玛丽娅和查尔斯的婚事。由于彼德爵士是玛丽娅的监护人，因此他有权过问她的感情生活。

就在人们纷纷奉承约瑟夫，没完没了地贬低查尔斯的时候，那个远在印度的叔叔奥利佛悄悄地回到了国内，他此次回国最重要的目的就是了解两个侄子的品性。奥利佛从来不听信一面之词，他打算用自己的方式来弄清真相。于是乔装成了一个叫普利米埃姆的人，首先来到了小侄子查尔斯的家。查尔斯并没有认出他来，刚见面就张口管他借钱，并声称他已经把家产全卖了，连祖宗的画像也卖了。奥利佛跟着这个败家子来到了画像陈列室，正气不打一处来，忽然发现自己的画像好好地放在那里，居然没有被卖掉，就佯装要买下这幅画。查尔斯断然拒绝了，他说叔叔待他很好，所以他不愿与这幅画像分离，打算一直好好保存它。奥利佛看到了侄子对自己的一片真情，满腔的怒火立即消了，在内心深处，他已经认可了查尔斯的为人。

后来约瑟夫终于暴露出了自己伪善的真面目，所有的骗局都被揭穿了，查尔斯的名誉也被恢复了，他和玛丽娅有情人终成眷属。

故事中，有关查尔斯的谣言之所以能快速消散，是因为叔叔奥利佛证实了他的品行，如果没有公正的第三方替自己辩白，查尔斯遭玷污的名誉恐怕没有那么容易被洗清。这则故事告诉我们，应对流言，我们一定要采取有效的措施，绝不能任由流言扩散，否则后果将不堪设想。

**法则效应**

听到流言，千万不要暴跳如雷丧失理智，也不要奉行"君子坦荡荡"的处事风格，任凭别人诋毁自己。当流言来袭时，千万不要忘了借助第三方的力量澄清真相，一定要及时粉碎流言，不要等到事情发展到不可挽回的地步才思考怎样应对。

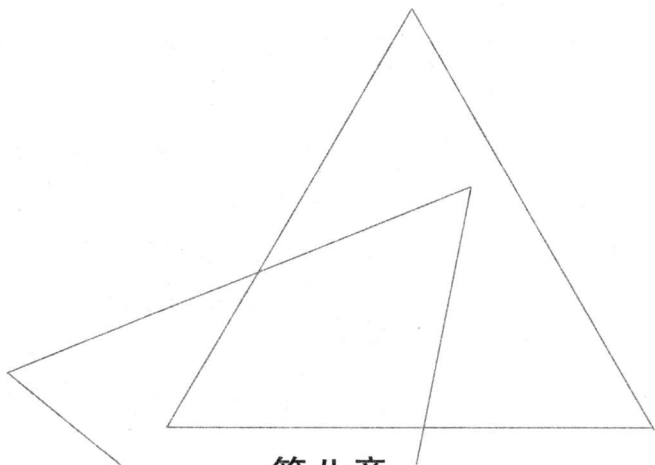

# 第八章

## 沟通定律：交流是一种互动的艺术

在信息时代，人与人之间的沟通越来越频繁，但沟通的效率并没有随着沟通次数的增加而提升，沟通的效果也没有伴着沟通时间的延长而显著提高。这是为什么呢？从因果关系来看，主要原因是我们没有掌握听众的心理，只是一厢情愿地把自己的想法填鸭式地灌输给对方，这样的沟通当然是无效的。真正的沟通高手，不但掌握了谈话的艺术，而且非常擅长倾听，必要时保持沉默，总能洞穿别人的心思，并能恰如其分地表达自己的观点，让对方心悦诚服。

所有失败的沟通都是从自说自话开始的，交谈是一种互动的艺术，交流不是"单口相声"，没有了对方的参与和回应，就不叫沟通，充其量只是个人演说而已。能不能说服别人不在于你的措辞有多么严密和优美，而在于你是否顾及别人的自尊和感受，如果你在交谈时总是以自我为中心，那么再好的言语也起不到作用。成功的沟通始于推心置腹的交谈，了解了这一点，你才能无往而不利。

## 钥匙理论：沟通从心开始

有这样一则寓言故事：城门上挂着一把大锁，锤子、钢锯、铁棒都想把锁撬开来彰显自己的本领。锤子从早到晚对着大锁砸个不停，结果只是在锁的表面留下了一道砸痕而已，钢锯耗尽了全部力气也没能把锁锯断。铁棒使出了浑身解数，从不同的角度撬锁，还是没能把锁打开，这时，一把平淡无奇的钥匙走了过来，只见它毫不费力地钻入了锁孔，锁没过多久就被打开了。锤子、钢锯、铁棒忙问它是如何做到的，它平静地回应道："因为我最懂它的心。"

其实每个人心中都有一把大锁，你只有真正懂得了他的内心，能够切实理解他的感受，才能成功打开他的心门。这种以心换心，用真诚打开心锁的论断就是著名的钥匙理论。在现实生活中，人与人之间是很难实现零距离沟通的，几乎所有人都不同程度地对他人怀有戒心，别人越是想要说服你做某事，你越是抗拒，甚至会对对方产生莫名的敌意。只有真正懂你的人，无须多少言语就能打动你，让你心甘情愿地配合对方的行动。这就是钥匙理论在起作用。

古人讲究"上兵伐谋"，意思是兴兵作战要讲究方法，沟通也一样，与其以攻城略地的蛮横姿态强迫别人认同自己，还不如设身处地地站在别人的立场上考虑问题，用尊重和诚意打开横亘在双方之间的那把巨锁。

推销大王乔·吉拉德在自己的职业生涯中，也曾有过失败的经历。一次，有位顾客买车，乔·吉拉德把最好的车型推荐给了他。那位顾客对车子非常满意，当场就想付款，谁知在即将成交之际，他忽然改变主意了，没有给出任何理由就转身离去。

乔·吉拉德一头雾水，他感到分外懊恼，整整一个下午都在思考这戏剧性的一幕。他实在是想不通顾客变卦的理由。一直到了晚上11点，他还没有入睡，于是便拨通了那名顾客的电话。他直言不讳地问："今天我向您推荐了一部新车，您却在要付款的时候突然走了，我想知道是为什么。"

顾客没好气地说："你知道现在几点了吗?"乔·吉拉德说："现在是晚上11点，很抱歉这么晚了打扰您。不过我确实想弄清自己错在哪里了，所以特地打电话向您讨教。"顾客听出了对方的诚意，语气缓和了些："你说的是真的吗?""绝对是肺腑之言。"乔·吉拉德回答道。"很好。请问你在用心听我说话吗?"顾客又问。乔·吉拉德说："非常用心。"

"但今天下午你卖车时没有用心听我说话。就在订单即将成交的时候，我向你提到了我儿子吉米的情况，他考入了密歇根大学医科，我为他感到骄傲。我还提到了他的学业情况、运动能力及他的远大志向。我说了半天，可是你一点反应也没有。"顾客说出了乔·吉拉德令他不悦的原因。

乔·吉拉德对顾客说的这件事一点印象也没有，他当时分心了，心想那笔生意已经百分百谈妥了，就没有心思听顾客讲话了，注意力就集中到了同事所讲的笑话上。他这次签单失败主要原因就是没有用心跟顾客沟通，他只是把两个人的交流当成买卖来谈，却没有想到顾客除了有买车的需求外，还希望对方能重视自己的谈话，尤其希望听到别人对自己儿子的称赞，乔·吉拉德让这位顾客失望了，所以这笔订单就这样泡汤了。

沟通并不是简单的信息交流，它是心与心之间的交流。沟通的方式有很多，一次谈话、一抹微笑、一个眼神，都可以视为沟通，但沟通的目的只有一个，那便是打破人与人之间的坚固壁垒，在心与心之间架起一座桥梁。你只有用真诚的态度对待他人，用真心传情达意，才能实现心灵的互动与交流。

**法则效应**

要实现有效沟通，必须深谙人心。所谓的深谙人心，是指充分理解别人的感受，设身处地地为他人着想，要把话说到别人的心坎上，引起对方心灵上的深度共鸣。

## 留面子效应：以退为进更奏效

美国的一位心理学家曾经做过这样一项实验：他要求 20 名大学生在一家少管所当两年义务辅导员，由于这项工作耗时耗力，大学生们听到之后都断然拒绝了。接着他提出了另一个要求，请求大学生带领少年前往动物园痛快地玩一次，结果一半的人不假思索地答应了。而当他向另一些大学生直接提出同样的要求时，约 83.3% 的人一口回绝了他，仅有 16.7% 的人答应了他的请求。

第一组大学生在拒绝了第一个要求后，马上答应了另外一个较小的要求，这是因为第一次拒绝别人时，觉得这种做法损害了自己乐于助人的形象，内心多少有些不安，为了让自己表现得富有同情心，弥补之前的过失，他们便欣然地答应了第二个要求。这就是留面子效应在起作用。

留面子效应和登门槛效应截然相反，它是指先提一个较高的要求，在遭到别人拒绝以后，退而求其次，再提出一个相对较低的要求，这样别人就更乐于接受了。心理学家指出，人们在斩钉截铁地拒绝了别人的某个要求以后，通常会因为未能帮助别人而感到分外歉疚，甚至会认为自己辜负了别人的期望，其良好形象也因此大打折扣，为了挽回自己的面子，也给别人留足面子，就会自觉做出妥协让步，毫不犹豫地接受第二个请求。由于大部分人都很爱面子，且都在乎自己的个人形象，所以留面子效应这种以退为进的策略在多数人身上都是奏效的。

有两家规模大小差不多的粥店，每天光顾小店喝粥的顾客数量也差不多，但是盈利情况却不一样，左边的粥店每日都比右边的粥店多赚两三百块钱。两家粥店的经营方式并没有太大区别，唯一的差别就是当客人走进左边粥店时，服务员会马上提供一碗粥，然后问道："加不加蛋？"有的客人说加蛋，有的客人说不加，两种情况各占一半。客人走进左边的粥店，服务员也会立即盛上一碗热粥，不过关于加蛋的说辞却不一样，服务员通常会问："加两个鸡蛋还是一个鸡蛋？"爱吃鸡蛋的客人要求加两个，不爱吃鸡蛋的客人要求加一个，只有少量客人要求一个鸡蛋也不加。到了晚上打烊时，左边的粥店总是能卖出更多的鸡蛋，收入当然就更可观了。

心理学家认为，在向别人提出真正的要求前，先提一个较大的要求，被拒绝后再说出自己真正的要求，这样对方欣然应允的可能性便会大为增加。左边的粥店服务员问顾客："是加两个鸡蛋还是一个鸡蛋？"其中"两个鸡蛋"就是更大的要求，如果客人不想加两个鸡蛋，往往会选择加一个鸡蛋，直接拒绝加鸡蛋的人非常少。运用留面子效应，可以很容易实现愿望，让其心甘情愿地接受自己的要求。在某些时候，巧妙运用留面子效应，还能有效安抚别人的情绪。

据说有架客机在即将到达目的地时，乘务员忽然对全体乘客说："因为机场太过拥挤，我们的飞机无法正常降落，初步预计飞机着陆的时间要推迟1个小时。"旅客们听到这个消息，忍不住大声抱怨起来，毕竟1个小时对于大多数人来说都太漫长太难熬了。谁知刚过了几分钟，乘务员便宣布道："再过半小时，飞机就能降落了。"旅客们长长地舒了口气，心情轻松了不少。5分钟过后，乘务员又说："飞机现在就要降落了。"虽然飞机着陆的时间晚了10多分钟，旅客们还是感到很高兴。

在飞机推迟着陆时，如果乘务员直接要求旅客耐心等待，一定会引起大家的不满，所以她并没有那样做，而是采用了一个比较巧妙的策略：她先提出让大家等待1个小时，把最糟糕的情况公布出来。在机舱里怨声连天，谁都没有耐心等待的时候，她又抛出了另一个要求，让大家等半个小时，由于时间缩短了一半，旅客们很容易接受这个请求。显然善加利用留面子效应，可以使沟通和交流更加顺畅，多数情况下，都能起到事半功倍的效果。

留面子效应并不是在任何情况下都适用的，它能否发挥效用关键要看你提的要求是否合情合理以及你和对方交情如何。如果两个人只是萍水相逢，你却要求对方去做有可能损害其利益的事情，那么即使运用了留面子效应，也不可能达成目的。我们要善加利用留面子效应，但不能滥用心理学知识，尤其不能利用人性的弱点去做一些有违道义的事情，这是最起码的做人准则。

## 费斯诺定理：倾听比雄辩重要

在现实生活中，人们常常陷入这样的认知误区：以为凭借三寸不烂之舌就可以说服任何人，却往往忽略了沟通的实质。沟通是一种双向交流，而不是信息的单向传播，一味地向别人灌输自己的思想主张，并不是真正意义上的沟通，而是一种自说自话的表达，只有学会倾听，充分了解别人的想法，才能在双方之间架起良好的沟通桥梁。

在很多时候，会听比会说更重要。英国联合航空公司总裁费斯诺说：人只有两只耳朵一张嘴巴，所以应该多听少讲。有时候说得太多，反而会成为交流的障碍。这种主张就是有名的"费斯诺定理"。费斯诺定理告诉我们，在交谈过程中，真正掌握主动权的未必是那个侃侃而谈的人，最有价值的也未必是最工于辞令的那个人。有的人所言不多，但由于善于倾听，出口便能一语中的，胜过无数无用的废话，这种人才是真正的不鸣则已，一鸣惊人，一言一行都比那些喋喋不休者具有说服力。

古希腊智慧哲人大多讨厌卖弄口舌的浅薄之辈。泰勒斯说："多言不代表有才智。"喀隆劝诫世人说："不要让你的舌头超出你的思想。"芝诺看到一个青年夸夸其谈时，忍不住打断他说："你的耳朵掉下来变成舌头了。"足见逞口舌之快多么让人厌烦。只有善于倾听的人才能给人留下沉稳、可靠的好印象。用心倾听是对对方最起码的尊重，它既能充分满足对方的表达欲，又能让对方感觉自己受到足够的重视，所以在交谈过程中，少说多听往往更能促进谈话的愉快进行。此外，倾听可以让我们收集足量的信息，增进对对方的了解，使我们在知己知彼的基础上，掌握更大的主动权。总之多用耳朵少用嘴，是实现有效沟通最简单也是最实用的一种方式。

古希腊哲学家阿那克西米尼由于德高望重、声名远播，很多年轻人慕名而来，纷纷拜于他的门下。晚年时，听他讲课的学生已经达到了上千名。有一天，阿那克西米尼拿着一沓纸走进了课堂，他对学生们说："这堂课你们一定要认真听，不要低头忙着做笔记，课后我会给你们每个人都发放一份笔记。我再强调一遍，你们必须专心听讲，因为这堂课非常有价值。"

学生们听罢纷纷放下了纸笔，认认真真地听老师讲课。可是没过多久，就有人分心了，这些学生心想：既然老师会在课后为大家发放笔记，自己又何必用心听讲呢？那些听课的同学也感到非常疑惑，他们并没有听到什么新鲜的内容，这不过就是一堂普通的哲学课，老师为什么一定要再三强调它很有价值呢？

转眼到了下课时间，阿那克西米尼把手里的纸张全部分发给了学生。学生们看到的只是一张白纸而已，上面一个字也没有，不由得惊叫起来："这哪里是笔记，分明就是白纸呀。"阿那克西米尼说："我确实说课下要给你们发一份笔记，不过前提是你们一定要专心听讲。如果你们真是那样做的，那么就把自己听到的东西写在纸上吧，这不就等于得到一份笔记了吗？对于那些没有用心听讲的同学，他们能得到的只有白纸而已。"

学生们面面相觑，哑口无言。那些开小差的学生茫然地看着白纸，不知该写什么好。认真听课的学生则把记住的东西全写在了白纸上。其中有个叫毕达哥拉斯的把老师所讲的内容一字不差地全部写了出来，阿那克西米尼把他的笔记贴在了教室的墙上，以示表彰，随后对大家说："现在，你们还怀疑这堂课的价值吗？"

阿那克西米尼想要传达给学生们的，无非是一个简单得不能再简单的道理，那便是人生最大的财富就是倾听。乐于倾听，人才能变得睿智。拒绝倾听的人，就像一张没有内容的白纸一样，终将一无所获。

法则效应

倾听要有足够的耐心，一定要等对方把话说完，再发表意见，切忌中途打断对方。无论你是否认同对方的观点，都不要急于提出相反的意见。因为耐心地听对方把话讲完，有助于你更好地掌握要点，有利于你切中有害、有的放矢地说服对方。倾听别人讲话时，要注意和对方进行必要的眼神交流，并辅之以微笑、点头之类表示赞许的动作，这样做会使双方沟通的效果更好。

## 古德曼定律：沉默是一种有力的语言

多数人认为沟通是一种有声语言，不开口就算不上沟通，而美国心理学教授古德曼却说："没有沉默就没有沟通。"这种把沉默当作重要沟通方式的论断就是著名的"古德曼定律"。古德曼指出，沉默在谈话中起的作用不可小觑，它可以有效调节交谈的节奏，就像文章中的标点符号一样是必不可少的元素，如果没有沉默，所有的交流都不能顺利进行。

我们常听人说沉默是金，在交流的过程中，适时沉默，往往能达到"此时无声胜有声"的效果。在关键时刻，默不作声比口沫横飞的争辩更具说服力。沉默是一种无声的语言，也是一种以静制动的谈话艺术，善于沉默的人，懂得拿捏分寸和火候，能主动掌控谈话的节奏，所以在沟通过程中，往往处于更为有利的位置。

常言道"言多必失"，沉默就是一种节制语言最好的方式，也是最有力的一种语言，多嘴多舌往往会暴露出一个人的平庸和无知，这样的人很难让人敬服。沉默是一种沉得住气的表现，它不同于高谈阔论给人带来的浮夸感，适当的沉默常给人留下一种成竹在胸、运筹帷幄的良好印象，在这种情况下与人谈判，即便一言不发也能达到理想的谈判效果。

爱迪生想要建造实验室，由于没有足够的资金，他打算卖掉一项发明。可是他并不了解市场行情，不清楚自己的发明到底值多少钱，于是便与妻子商量价钱。妻子也不熟悉行情，便随口说了一个价钱："不如就卖2万美元吧。"爱迪生不以为然地说："这个价格恐怕是有点高吧？"

没过多久，就有一位商人向爱迪生表示自己愿意购买他的发明。两人在谈价钱时，正巧赶上爱迪生的妻子外出，爱迪生认为2万美元的要价简直就是狮子大开口，所以迟迟不好意思开口。商人询问了好几次，他都以沉默应对。最后，商人实在不耐烦了，自己先报出了一个价格："我愿意出10万美元，你觉得怎么样？"爱迪生听到这个报价，感到既意外又高兴，当场愉快地接受了这桩买卖。

爱迪生的沉默使他以数倍的价格卖出了自己的发明，这说明在谈判过程中，有时候适时沉默比讨价还价对自己更有利。有位厂长在处理旧机器时，也像爱迪生那样沉默不语，结果也把机器卖出了一个好价钱。据那位厂长估算，厂里的旧机器价格在50万美元左右。在与买主商谈的过程中，厂长始终没有报价，而是选择了默默倾听买主的抱怨，显然买主想要以最低的价格购买这些机器，所以把它们说得一无是处，不是说机器品相差，就说这样的型号早就落伍了，根本不值钱。厂长什么也没说，买主结束了他长篇大论的指责以后，忽然开口道："这机器最多值80万美元，你要是想再加价的话，那我就不买了。"厂长听到这个价格，感到大喜过望，立即与对方成交。这个不愿多言的厂长，用他的沉默换来了额外的30万美元。

保持适度的缄默，可以给对方留下更多的想象空间。沉默就像是画图中的留白一样，表面看来空无一物，却能让人浮想联翩。一幅画作是否达到上乘的标准，看留白就一目了然了。同样的道理，一个人是否善于运用语言的艺术，关键看他是否懂得运用沉默的技巧达到预期的谈话效果。我们知道，话不可说得太满，因为说满了就没有余地了。在关键时刻停顿一下，保持片刻的沉默，往往会引发对方无限的联想，不知不觉中谈话的主动权就操纵在了你的手里，所以说，沉默者往往都能成为最后的赢家。

### 法则效应

沉默不是自始至终一言不发，而是在恰当的时机保持缄默，暂时把话语权交给对方，这样双方交谈的节奏就会悄然发生改变，暂时的停顿，给了自己也给了对方更多的思考时间，在这段时间里，人的心理会产生微妙的变化，正是这种变化使得整个谈话的局势向有利于你的方向发展。

## 反弹琵琶效应：批评也能甜蜜蜜

常言道，"忠言逆耳"，不管批评有多么中肯，人们对它始终都是持抵制和排斥的态度，就像病人不喜欢苦口的良药一样，做错事的人对于刺耳的批评无论如何都喜欢不起来。面对这种情况，我们该怎么办呢？心理学家指出，批评也要讲究方法，在别人犯下错误以后，最好不要直接指出对方的过错，而要反其道而行之，用肯定和表扬的方式感化对方，促使对方进行自我反省，这种不按常理出牌的批评方式就叫作"反弹琵琶"。犯错的人因为受到表扬而认错改错的现象，在心理学上被称为"反弹琵琶效应"。

"反弹琵琶"源自敦煌壁画上的一个非常经典的艺术形象，画中的人物不像其他操琴者那样正弹琵琶，而是以反弹琵琶的脱俗姿态呈现出独特的风貌，其表达效果远远胜过了正弹琵琶。人们把这一形象运用到了批评领域，提出了用表扬代替批评的说服艺术。

反弹琵琶效应之所以能起作用，是因为人一旦犯了错误，就会产生自责心理，若是受到了批评，自责感便会随之减轻，但自尊心会或多或少受到伤害，为了维护自尊，被批评者要么反唇相讥，要么闷闷不乐，鲜有人能愉快地接受别人的批评指正。假如他们没有受到批评，反而受到了鼓励和表扬，自责感则会陡增，从而产生改过自新的心理。

由于反弹琵琶是一种春风化雨、循循善诱的教育方式，不同于那种严厉的批评，所以更加容易让人接受。人们喜欢反弹琵琶式的批评是很容易理解的，毕竟每个人都希望得到肯定和赏识，谁也不喜欢夹杂着苦药和猛药的批评"炸弹"，如果你能摒弃那些令人讨厌的批评方式，把批评变成甜蜜的解药，引导人向善，别人当然乐于接受了。

陶行知是我国著名的教育学家，他不同于那些古板严厉的老学究，其独特的教育方式至今为人所津津乐道。据说有一天，陶行知看到一个男生举起泥块砸自己的同学，立即出面制止了他，并让他放学后到办公室谈谈。放学后，陶行知走进了校长室，发现那个男生早已站在门口了，那表情似乎是在等待训斥和体罚。

陶行知把男生叫进了办公室，并没有批评他，而是掏出了一块糖递给了他，温和地对他说："这块糖是给你的奖励，奖励你按时来到这里，而我却迟到了。"男生不解地看着陶行知，心神不安地接过了糖。谁知，陶行知还是没有提他打人的事，居然又掏出一块糖送给了他，说："这块糖也是奖给你的，因为我不准你打人，你便住手了，说明你很尊重我，愿意听我的话。"听完这话，男生更是丈二和尚摸不着头脑了。接着，陶行知又把一块糖给了他："我听说你用泥块砸人，是因为班上的男生在玩游戏时不守规则，专门欺负女生，你能打抱不平，说明你是个非常正直的人，敢于同不良现象做斗争。所以我应该再奖励你一次。"

男生听完陶行知的一番话，感动得流下了眼泪，虽然没挨半句批评，但他已经知道自己错了，他哽咽着对陶行知说："校长，打人的事是我不对，我砸的不是什么坏蛋，而是自己的同班同学呀。"陶行知听罢，又把第四块糖塞到了他的手里："你能认识到自己的错误，说明你有觉悟，我再奖励你一块糖。这是最后一块糖了，我的糖都给你了，没有什么可奖励你的了，我们的谈话就到此为止吧。"

人都说"忠言逆耳利于行"，可在现实生活中刻板的说教并不能起到良好的批评效果，因为在一般情况下，犯错者受到严厉的批评和责难后，负罪感会马上减轻，未必会产生懊悔情绪。如果一反常态，用表扬代替批评，就会诱使其自我批评，这就是反弹琵琶的妙用。

**法则效应**

运用反弹琵琶的方式进行批评时，语气要真诚自然，切忌矫揉造作，要抓住对方与其错误相对立的优点来表扬，婉转地让对方意识到自己的过错，促使其进行自我反省。千万不要漫无目的地赞扬对方，更不要生搬硬套、装腔作势，一定要让对方感觉到自己的诚意，否则就会适得其反。

## 超限效应：话痨招人烦

生活中，你有过类似的感受吗？一则创意非凡的广告，第一次观看时，会觉得耳目一新，但连续播放三遍，就感到无比厌烦，如果狂轰滥炸式地播放，便觉得忍无可忍了；别人的忠告听一遍，会当作金玉良言，听N遍就成了噪声，如果有人三番五次地向你重复同样的话，那么无论这句话有多么入情入理，在你听来都成了无用的唠叨，这些现象都跟心理学中的"超限效应"有关。

超限效应是指由于所受刺激过多而引起的心里不耐烦的现象。正所谓"事不过三"，在与人沟通时，再重要的话重复的次数也不要超过三次，否则就会引起对方极度的心理不适和反感。所以把握好前三次机会至关重要。第一次沟通时，应条理清晰地把话讲清楚，不要含糊其词，也不要故意留下话外之音，若是沟通的目的已经达到，就没有必要再三重复。在沟通无效的情况下，可以用提醒的方式与对方进行第二次交谈。第三次交谈时切忌给对方制造压力，尽量以友好平和的方式向对方传达信息，态度要庄重，尽量把这次沟通当成最后一次沟通，尽最大努力达成沟通的目的。

一个人讲话是否有足够的说服力，不在于他是否能言善辩，也不在于他是否擅长长篇大论，事实上一次性言简意赅地表述清楚，比一而再、再而三地重复或是发表冗长的演说更有效。讲话像倒带一样循环播放，自然让人受不了，喋喋不休更是让人厌烦。超限效应告诉我们，一个人对信息量的承受能力是有限的，人的耐心也是有限的，所以与人沟通时，最好简明扼要地发表自己的见解，还要注意不要反复强调。

马克·吐温有一次到教堂听演讲，没过多久他就被牧师极为精彩的演说吸引了，那位牧师演讲的内容非常丰富，肢体语言配合得也非常到位，马克·吐温听到这样的演讲，顿时生出了一种如沐春风的感觉，于是他想等到募捐时，一定要比其他的听众多捐些，以此表达对这位牧师的欣赏和敬重。

谁知，那位牧师滔滔不绝地讲了40多分钟还意犹未尽，听众都有些不耐烦了，马克·吐温也渐渐失去了耐心。但那位牧师却还是十分陶醉，又口若悬河地演讲了半个小时，不过演讲仍然没有进入尾声。马克·吐温感到很生气，认为那位牧师分明是在浪费别人宝贵的时间，于是决定募捐时捐些零钱就行了，以此表达心中的不满。

牧师又演讲了10分钟，依旧没有结束他那冗长的演说，马克·吐温改主意了，决定一分钱也不捐。他想那位牧师实在太过分了，其行为简直让人难以容忍，居然一点也不考虑听众的感受，这样的事情他还是第一次碰到。不知过了多久，牧师总算讲完了，募捐活动开始了。当他把募捐箱端到马克·吐温面前时，马克·吐温不仅分文未捐，还把手伸进募捐箱里拿了2美元。

本打算慷慨捐献的马克·吐温由于反感牧师冗长的演讲，最后不但没捐钱反而拿了2美元泄愤，结局虽然有些荒诞，但背后的道理却非常值得我们玩味。这则故事告诉我们没完没了地说教根本达不到说服他人的目的，因为刺激过多往往会引起别人的听觉疲劳，使人产生排斥和反感心理，要想说服别人语言必须简洁有力、一语中的，沟通最重要的是切中要害，而不是无限延长讲话的时间，很多时候多说无益，少说比多说更容易让人接受。

北大中文系郭良夫老师结婚时，校长马寅初参加了他的婚礼。婚宴上，人们看到马寅初忽然情绪高涨，一致要求马校长为一对新人致辞。马寅初本来没打算讲话，事先没有任何准备，但是既然大家要求，他也不好意思推辞，所以只好硬着头皮上场了。可是在这种场合讲什么最合适呢？作为校长，他肯定不能像司仪那样说套词，讲做人做学问吧，又好像不太合适。思索片刻之后，马寅初只说了一句话："我想请新娘放心，因为根据新郎的大名，他就一定是位好丈夫！"起初人们觉得马寅初的演讲太过简短了，而且不明白那句话是什么意思，但略加琢磨就明白了：新郎叫良夫，良夫不就是好丈夫的意思吗？马校长的话越想越有味道，既巧妙地表达了对新人的祝福，又言简意赅地概括了新郎的品行，虽只有短短一句话却比任何老套冗长的说辞更具感染力和说服力。

在与人交谈时，长话若能短说最好短说，不要为了显示自己的口才滔滔不绝地讲个不停。有些人喜欢长篇大论，以为讲长话才能显示出自己的说话水平。有些人说一句话喜欢再三重复，以为这样才能引起别人的注意。这些想法都是错误的。讲话最重要的是到位，时间的长短、重复次数的多少并不重要，事实上对于说话一针见血的人，一句话便胜过千言万语，只说一次便胜过重复无数遍。可见，到位才是沟通的关键所在。

法则效应

沟通一定要遵循"事不过三"的原则，避免无意义的重复，还要注意把握谈话的时间和节奏，切忌发表长篇大论式的演讲。沟通是一种双向交流，必须给别人开口说话的机会，切忌自己咄咄逼人地说个不停。

## 飞去来器效应：不要试图说服所有人

在 20 世纪二三十年代，曾经流行一种叫作"枪弹论"的论断，意思是掌握了恰当的说服技巧后，就可以把说服对象当成一个个固定的标靶，只要瞄准他们，就能百发百中。事实证明，这种论断是极为荒谬可笑的，在现实生活中也是行不通的。因为每个人都是有思想有情感的鲜活个体，而不是什么被动的"枪靶"，假如有人对自己"开枪射弹"，即使回避不及，也会用心灵盾牌把子弹挡回去，谁会任由别人摆布呢？

如果你以征服的目的向说服对象掷武器，那么不但收不到良好的效果，还可能遭遇"飞去来器效应"。"飞去来器"是澳大利亚原住民狩猎时使用的工具，猎手看到猎物就将其猛抛出去，如果没有击中，武器便像被施过魔法一般会自动飞回来。后来人们把这一现象引申到心理学领域，比喻在说服的过程中，发言者的言论被说服者挡回去的情况。假如把语言当成利器，无论是枪弹也好，飞去来器也罢，其杀伤力并不等于说服力。

每个好为人师的人都希望自己一开口，别人就信服，以为善用语言的利器就能说服任何人。事实却证明，他们想错了。因为"飞来去器效应"的存在，别人随时都可以向你竖起心灵盾牌，把你那些富有杀伤力的话统统挡回去。你越是想说服别人，别人越是不服，非但如此，还会把那个防御盾牌加厚加固，让你的语言利器统统失灵。有句格言说得好："不要给别人忠告，除非对方向你要。"由于成长背景和人生阅历不同，人们的观念、想法各不相同，这是非常正常的事情，不要试图说服所有人，否则就会引起众人强烈的抵触情绪，使自己陷入孤立的境地。

著名艺术家米开朗琪罗是欧洲文艺复兴时期的三杰之一，他集画家、建筑家、诗人、雕塑家等各种身份于一体，留下了许多不朽的艺术精品，其中最伟大的雕塑作品之一便是人们所熟知的大卫像。但当米开朗琪罗刚刚着手雕刻大卫像时，主事的官员竟对这一惊世之作感到不满意。米开朗琪罗也察觉出了对方的不满情绪，便直接开口问道："请问您觉得有什么地方不妥吗？"

那位官员张口就说："大卫的鼻子太大了！"米开朗琪罗仔细看了看雕像，然后说："鼻子是有点大，我马上修改。"说完他就爬上了高高的架子，拿起工具认真地修改起来，从雕像上撒落了很多大理石粉尘，下面的官员急忙躲避。

过了一会儿，米开朗琪罗修改完了，从容地从架子上下来，对那位官员说："您看，现在怎么样？"官员审视了一下雕像，高兴地说："你改得好极了！"官员离开后，米开朗琪罗赶紧去洗手，原来刚才他不过是偷拿了一小块大理石和一小把石灰粉迷惑官员罢了，自始至终，他根本就没有对大卫雕像做出任何改动。

人与人之间的沟通，最大的忌讳就是摆出一副权威的架子，试图说服和教育别人，那样的高姿态很容易引起别人的反感。不要试图证明自己是对的、别人是错的，也不要强行向别人灌输自己的主张和观点，人的感受是复杂的，不可能机械地、被动地接受你的说教，对于外界信息，每个人都有一定的选择性，在对方认可你之前，不要忙着说出自己的观点，而要学会充分满足对方的心理需求，以平等的姿态与对方进行讨论和沟通。

莱德勒是《芝加哥太阳时报》最出色的专栏作家，由她拟写的《忠告专栏》在世界各地都有广泛的读者群，据说每天都有 7000 万读者认真地阅读她的忠告。自《忠告专栏》开辟以来，莱德勒收到的信件多达 8.38 万封，根据来信，她又写下了无数篇忠告。

莱德勒所写的忠告涵盖的范围非常广，大到国家大事、世界大事，小到家庭琐事、私人生活，各种题材无所不包。按常理说，人们平素最讨厌有人板起面孔对自己进行说教，那么为什么还有那么多人心甘情愿地接受莱德勒的忠告呢？对这个问题，莱德勒是这样回答的，她说："我成功说服别人的秘诀就是——从来不试着说服他们。"

不以说教的态度说服别人，通过分享体验的方式与他人进行友好的沟通，就是让别人认同自己的最好方法。飞去来器效应告诉我们，强行让别人赞同自己，只会起到相反的效果，只有放弃说教，耐心地和对方交谈，我们才能赢得对方的尊重和敬服。

### 法则效应

任何时候都不要像狂热的宣传者那样向别人宣讲自己的观点，否则就会遭遇飞去来器效应。人与人思考问题的方式本来就是不同的，我们没有必要追求思想的大一统，竭力说服别人是一件毫无意义的事，只有学会尊重别人的观点，学会容纳不同的声音，我们才能成为一个受欢迎的人。

## 沟通位差效应：没有平等就没有真正的沟通

由于学历、年龄、社会地位等方面的差距，人与人之间很难站在同一个平台上进行平等对话，所以信息由高端流向低端时，总会出现各种各样的问题，以致影响了沟通的效率和效果。这种现象就被称为"沟通位差效应"。沟通位差效应的提出源于美国加利福尼亚州大学做的一项调查研究，通过对不同层级的沟通进行反复比较，研究者得出了这样的结论："高层领导传达的信息仅有 20%～25% 被下级了解并理解，自下而上反馈的信息最多不超过 10%，但平行交流的效率却超过了 90%。"由此看来，只有平等的沟通才有效，沟通如果存在位差的话，其效率低得简直不敢想象。

沟通位差效应在现实生活中是普遍存在的，比如一名高级知识分子和学历较低的人进行对话时，会觉得分外吃力；饱经沧桑的中年人和青涩无知的年轻人交流起来也很不顺畅；基层人员向老板或上级汇报工作时，讲话总是支支吾吾、语无伦次……一般而言，由于地位的不同，人与人之间会形成上位心理和下位心理。社会地位高、知识丰富、阅历广博的人，往往会有一种本能的优越感，而居于下位的人则会产生一种深深的自卑感，正是这两种截然不同的自我感觉拉大了人与人之间的距离，使得正常的沟通无法进行。要想实现高效率沟通，高位者必须主动放下架子，尽量为对方搭建一个平等的信息交流平台，这样才能克服位差效应的影响，促成信息的交流和互动。

英国著名戏剧家萧伯纳有一次到苏联旅行，认识了一个可爱的小姑娘。她有一双忽闪忽闪的大眼睛，头上扎着漂亮的蝴蝶结，看起来冰雪聪明。萧伯纳很喜欢她，陪她玩耍了很久。即将分别的时候，萧伯纳对小姑娘说："回家千万别忘了告诉你的妈妈，说今天陪你玩的是名满世界的大文豪萧伯纳。"

萧伯纳本以为小姑娘得知自己的真实身份后，会感到十分荣幸，她的妈妈也会引以为傲。可是没想到，小姑娘竟以同样的语气和口吻回敬道："请你回去也转告你的妈妈，说今天陪你玩的是苏联小姑娘娜塔莎。"萧伯纳一惊，方发现自己刚才太过高傲了，以后他再也没用这种态度跟任何人讲过话。

如果说著名作家自觉高人一等会造成沟通上的障碍，那么万众瞩目的女王遇到的挑战比他更大。维多利亚女王在和丈夫相处时，因为身份地位的不对等，曾发生过无数次争执。有一天，这对夫妇又吵了一架。丈夫阿尔伯特一气之下回到了卧房，随手把门关上了，两人的冷战又开始了。

维多利亚女王冷静下来以后，觉得两人发生争吵自己也有不对的地方，于是就在外面敲门，想主动和丈夫和好。丈夫听到敲门声，明知故问："谁?""英国女王。"维多利亚随口答道。起初，丈夫并没有回应，沉默了一会儿，又问："谁在敲门?""维多利亚。"女王报上了姓名。但房门依然没有打开。维多利亚沉吟了片刻，又敲了敲门，然后语气温柔地说："把门打开好吗? 我是你的妻子。"只听"呀"的一声，房门打开了。维多利亚女王由于放下了身段，成功克服了位差效应的影响，终于和丈夫和好如初。

沟通位差效应告诉我们，"平行交流"才是真正有效的沟通，没有平等就没有真正意义上的沟通。虽然我们没有办法消除人与人之间的位差，却可以通过调整自己的心态和态度，努力消除心理上的位差，给别人一个跟自己平等对话的机会，只有做到这点，才能突破心与心之间坚固的高墙，让沟通变得畅通无阻。

**法则效应**

与人交流的过程中，如果你发现自己听到的并不是真实的声音，收到的也不是有效的信息，首先要从自己身上找原因，检讨一下自己是不是太过自以为是、太过孤傲了，以至于使双方的交流受到了位差效应的影响。倘若问题不在自己身上，很有可能是对方强烈的自卑感引起的，遇到这种情况，要尽力鼓励对方说出肺腑之言，帮助对方提升自信，以此提高沟通效率。

## 缄默效应：压服不等于敬服

在人际交往中，想要通过强硬手段让别人服从自己并不难。不少人或许会因为忌惮你而选择沉默不语，但这种暂时的缄默不过是一种消极的反抗而已。鲁迅先生曾经说过："不在沉默中爆发，就在沉默中灭亡。"正所谓哪里有压迫哪里就有反抗。

心理学家把滥用强迫手段导致的沉默，称为缄默效应。缄默效应反映的是一种表面的平静，而事实上双方的关系比剑拔弩张更糟，因为在缄默的状态下，沟通已经不复存在了，人与人只剩下了隔阂和敌意。事实证明，强制手段并不是让他人服从自己的绝佳方法，它虽然表面看来快捷有效，然而副作用却极大，采用这种方式对待他人，永远得不到尊重和谅解，得到的唯有忌惮和憎恶，长此以往，对自己对别人都没有好处。只有缺乏人格魅力和基本涵养的人，才会迷信强硬的沟通方式。真正有胸怀有气度的人，从不对任何人说狠话，也不会使用语言暴力，而会采用更加行之有效的办法说服别人。

许多人认为语言暴力对人的伤害远不及肢体暴力或武力，所以对语言暴力并没有予以足够的重视，动辄就对别人采用这种方式，甚至把沟通中的缄默和冷场当成是屈从的信号。这样做，跟用武力扼杀自由言论在本质上已经没有任何区别。历史证明，任何形式的暴力包括语言暴力，都不能使人真正屈服，重压可以导致一时的沉默，但沉默过后往往酝酿着更大的反抗。只有允许别人表达心声，把自由发言的权利交还给对方，才能真正了解对方的想法和意图，从根本上解决沟通中出现的问题。

1877 年夏，一名叫波古柳波夫的大学生因为在见到彼得堡市市长时，没有马上脱帽行礼，被视为对市长不敬，当场遭到了疯狂毒打。有个叫薇拉的女孩为了阻止凶徒继续施暴，开枪射出了一枚子弹，当场被士兵逮捕。

站在审判席上，薇拉毫不畏惧，她面色坦然地控诉着暴徒的野蛮行径，然后说："我们绝不能让这样的事情悄无声息地过去。如果继续保持缄默，他们会更加有恃无恐地滥施淫威，我宁可牺牲我自己，也要让世人明白，绝不能让那些践踏人性的人逍遥法外。"显然，薇拉的所作所为不是出于私心，她只是想阻止践踏人类尊严的暴行而已，她的高尚行为感染了很多人，在辩护律师据理力争下，法庭终于做出了正义的审判，薇拉被宣告无罪，并被当庭释放了。

薇拉的故事说明暴力压制不了正义的声音，同样地，语言暴力压制不了别人内心的声音，压服不等于敬服，也不等于心悦诚服，使用威胁的语气说话，虽然能给别人带来一定的压力，迫使对方遵照自己的意愿行事，但对方若不是心甘情愿，根本就不可能全力配合你。想要让别人敬畏自己，首先要让自己变得可敬，而不是令人畏惧，多运用一些温和的语言跟别人交谈，用人格魅力打动对方，对方若是崇敬你、爱戴你，自然会把你的话放在心上。反之，如果对方根本不认可你的为人，无论采用多么强硬的手段，你都不可能如愿达成目的。

**法则效应**

身处高位的人多半喜欢居高临下地俯视别人，时不时展露威严或是发布最后通牒，以为这样就能让别人言听计从。缄默效应告诉我们，这种想法大错特错。对方保持缄默，表现得格外顺从只是一种表象，他们愈是沉默反抗情绪愈是高涨。所以为了避免互相伤害，身居高位者一定要学会尊重每一个地位低于自己的人，不要让你的优越感成为害人害己的利器。

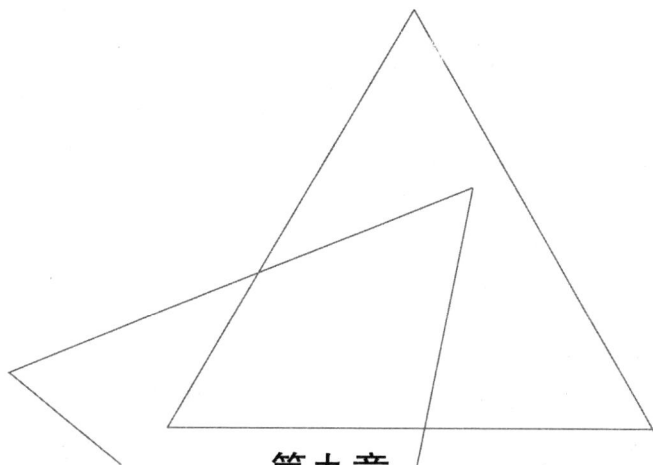

# 第九章

# 人性弱点：生活众生相，人心浮世绘

为什么花同样的钱，却有不同的感受？为什么人的记忆会出错？为什么越贵的东西人们越喜欢抢先购买？为什么我们会被一个新增的小小物件或别人贴在自己身上的标签所左右？这种种生活现象的背后究竟隐藏着怎样的奥秘？因果定律告诉我们，这些现象都符合社会心理学规律。生活的众生相，反映的是人心的浮世绘。大部分人在相同的情况下，受到同样的刺激，都会做出同样或类似的心理反应。尽管人与人在个性上具有差异，但人的行为和感受却具有普遍性。

社会心理学告诉我们，尽管人的心理情况各异，但却具有同样的倾向性，不过需要注意的是，同样的选择同样的倾向，并不意味着人们的所作所为、所思所想就是正确的。我们需要反思人类的群体行为，更多地了解人性的弱点，以便更好地纠正自己的偏差。

## 记忆偏差：眼见未必为实

你百分百相信自己的记忆吗？你是否怀疑过它的真实性？相信绝大多数人会说，记忆是不会说谎的，它就像录像一样完整记录了我们生命里的某个片段，怎么可能出错呢？可心理学研究表明记忆是极具欺骗性的东西，很多你深信不疑的东西与事实根本就不相符。

其实很早以前就有人对记忆的可靠性提出了质疑。在法庭上，目击证人的证词被当作审判案件的重要依据，人们普遍认为他的证词是绝对可靠的，因为他所讲述的都是自己目睹的事情，其真实性就应该是不容置疑的。但美国心理学家孟斯特伯格却发现，对于同一事件，不同的目击者的记忆是不同的，每个人都有着属于自己的一个版本，且都对自己亲眼看到的事情深信不疑，可事实却证明，他们的回忆并不是真实的回忆，而是记忆扭曲的产物。

黑泽明执导的电影《罗生门》揭示的就是记忆的扭曲性，故事情节十分简单，讲述的是一个强盗杀死了一名武士，并玷污了他的妻子。但是令人不解的是，同一个事件在不同的当事人口中居然有了好几个版本。第一个版本是：强盗承认武士是自己所杀，并声称自己和武士进行了一场激烈的打斗，他夸赞武士是一个不折不扣的好汉，称赞武士之妻性情刚烈。死去的武士借巫女之口却说出了另一个版本的故事：强盗在他面前玷污了他的妻子，妻子转而投向强盗的怀抱，要求强盗将武士杀死。武士羞愤异常，强盗也很看不起那个女人，一把把女人推倒，问武士如何处置她，武士无法原谅妻子的背叛，愤而自杀。在武士之妻的口述中，事情的经过却不是这样的，她是一个无辜的受害者，然而丈夫却以鄙夷的眼光看待她。目击者樵夫说出了第四个版本的故事：在他的记忆里，武士和强盗都是懦夫，如果不是武士之妻挑唆，他们连决战的勇气都没有。

同一个事件，为什么经不同的人口述演变成了不同的故事，仔细分析你会发现，四个人代表了不同的身份，不同的身份会使他们对同一事件持不同的看法，所以在他们脑海中形成的记忆也就不同了。

《罗生门》的故事说明，由于主观因素的干扰，人们在加工记忆的过程中，会使记忆发生不同程度的扭曲，由此可见，我们的记忆并不是百分百可靠的，它有可能背离客观现实和真相。心理学家洛夫特斯和帕尔默曾经做过这样一项实验：他们让两组受试者观看一部反映交通事故的影片，随后问其中的一组人影片中汽车相撞的速度是多少，被试者回答是时速 35 英里。之后又问另一组人汽车剧烈相撞的速度是多少，对方回答时速为 41 英里。一个星期后，心理学家分别向两组受试者提出了同一个问题，问他们是否在影片中看到了碎玻璃，第一组受试者中 14% 的人回答说有。第二组受试者中 32% 的人回答说有。但事实是，影片中根本就没有出现过碎玻璃。实验说明，记忆是可以说谎的，当我们受到外部和内部因素干扰时，记忆就会严重偏离现实，以至于强烈的幻想和幻觉都有可能被当成现实。

**法则效应**

心理学研究表明，人的记忆是存在偏差的，眼睛看到的未必是真相，记忆深处的东西也有可能出错。了解了这一简单的基本事实，我们就不能过分相信别人的一面之词，即使对方声称曾经目睹过事件的整个过程。此外，对于自己的记忆，我们也应该客观对待，认真区分哪些是客观事实、哪些属于记忆扭曲。

## 心理账户：看似合理的理财误区

假如你原本打算今晚去听一场自己期盼已久的音乐会，兜里揣着 200 元一张的门票，临行前忽然发现刚买的 200 元的电话卡丢了，这时你还有兴致去听音乐会吗？如果你是个地地道道的音乐迷，自然还是会去听。可是如果当晚你丢失的不是 200 元的电话卡，而是 200 元的门票，你要听音乐会必须重新购买门票，你还会去听音乐会吗？你也许不想去了，原因很简单，因为再掏腰包花 200 元钱买票，会觉得很不划算。

仔细想想，你会发现自己的想法是很奇怪的，无论是丢了门票还是丢了电话卡，损失的都是 200 元钱，为什么面对等价的损失，自己的反应却截然不同呢？其实这就是心理账户在作怪。在你的意识里，不知不觉就把门票和电话卡划分到了两个账户中，丢了一张 200 元的电话卡，并不会影响门票账户的数额，所以你仍然有心情去听音乐会，但丢了价值 200 元的门票，又要花 200 元买票，门票账户的支出就变成了 400 元，这就好比花了双倍的价格去听一场音乐会一样，你当然觉得难以接受了。显然，心理账户和现实账户是不相符的，它反映的只是一种主观上的感受罢了。

心理账户的提出者萨勒曾经讲过这样一个故事：有一次，他应邀去瑞士讲课，由于报酬不菲，他欣然前往，讲完课后他还进行了一次旅行，尽管当地的食物很贵，不过边品美食边观光，让他在大饱口福的同时大饱眼福，还是令他格外受用。后来他应邀到英国讲课，同样得到了一份可观的报酬，于是又去瑞士旅行了一次，可是这次旅行却远不如上次那么愉快，他觉得瑞士物价太高，看什么都觉得贵，心里感到特别不舒服。

为什么到同一个地方旅行，花费同样的钱，两次的感受会不一样呢？萨勒思来想去终于找到了答案，第一次旅行时，他把在瑞士赚取的报酬和在瑞士的花费放了一个账户上，第二次旅行他把从英国赚的钱和在瑞士的花费放在了不同的账户上，两者互不影响，所以他觉得自己一直在不停地花钱。

心理账户是一个非常有趣的现象，它在不经意间就会左右我们的判断，直接影响我们日常的消费和投资。比如发工资时你获得了 500 元奖金，你或许会取出 400 元买一套时装犒赏自己，余下的 100 元当作零用钱。但是如果你得到的奖金是 5000 元而不是 500 元，你会把这笔钱全部存入银行，反而没有心思去购物了。这是为什么呢？究其原因，主要在于在你的意识里，已经把辛苦赚取的钱和意外得来的钱存放在不同的心理账户中了，500 元奖金是意外所得，所以你会选择用消费的方式满足自己的购物乐趣，而 5000 元奖金就是辛辛苦苦赚得的了，毕竟如果你不够努力，是不可能获得那么大额的奖金的，对于这笔血汗钱，你的第一反应自然是存入银行了。

**法则效应**

由于心理账户的存在，我们平时的消费很多都属于非理性的，等价的物品、等值的货币，由于来源的不同或者其他原因，被放入了不同的账户中，有时莫名抑制了我们的消费，有时又刺激了我们的购买欲，并或多或少地影响了我们的心理感受。意识到心理账户的存在，有助于我们纠正认识上的偏差，使我们做出更加合理的选择，创造更有品质的生活。

## 凡勃仑效应：标价越高越畅销

现实生活中，物美价廉的东西未必会受到青睐。比如一双好看的鞋子如果标价太低，上架很久都无人问津，若是在价格后面多添几个零，这款鞋子很快就会变成抢手货，有可能瞬间就被卖掉。其他商品也是如此，价格越高越能激起人的购买欲，便宜的东西反而不受欢迎，这种反常的现象就被称为"凡勃仑效应"。

凡勃仑效应广泛存在的原因在于，人们消费的目的不仅是为了购物，更多的是为了获得一种心理上的满足。花大价钱甚至是天价购买一些奢侈品，或多或少带有炫耀性消费的意味，人们为尊享和占有高价商品及服务扬扬得意，在这种情况下商品的真正价值反而显得没有那么重要了。

　　有一位智者把一块漂亮的石头交给徒弟，吩咐他拿到菜市场去卖，临行前告诉他："不要马上把它卖掉，打听一下价格就行了，多问一些人，回来后把报价告诉我。"徒弟带着石头来到了菜市场，一些人看到石头便想：它又大又光滑，是个不错的物件，买来给孩子玩或者当秤砣都可以，于是当即表示愿意以几枚硬币的价格将石头买下。徒弟回来之后，对智者说："这石头不值钱，只能卖几枚硬币而已。"

　　智者说："你到黄金市场打听一下价钱。"徒弟依言去了黄金市场，回来之后高兴地说："有很多人愿意花 1000 块钱买这块石头。"智者又说："你再到珠宝市场看看，记住，价格低于 50 万不能卖。"徒弟到珠宝商那儿兜售石头，珠宝商们真的把石头当成了珍宝，不少人表示愿意出 5 万块钱把石头买下，徒弟不卖，珠宝商们开始哄抬价格，由最初的底价 5 万，涨到 10 万、20 万、30 万。徒弟认为这些人全都疯了，就在他感到万分诧异的时候，有人报出了 50 万的价格，最后这笔买卖成交了。一块只值几枚硬币的石头卖出了堪比珠宝的价格。

　　徒弟出售石头的故事反映了这样一个经济规律：商品的价值和价格未必完全成正比，在价值不变的情况下，标价高的商品通常会被认为罕有、名贵，它越是昂贵，人们越是乐于购买，因为只有优先占有稀缺资源，才能显示出自己的身份和地位。这就不难解释为什么标价百万的钢琴能迅速在市场上走俏，以及为什么那么多人会对珠宝钻石趋之若鹜了。假如有一天顶级钢琴价格降到 1 万元人民币，珠宝钻石变得像玻璃一样廉价，那么这些东西就再也承载不起"名贵""奢侈"的分量，它们的地位也会随之被其他的东西取代。

### 法则效应

　　凡勃仑效应反映的是一种感性消费的现象，在虚荣心的驱使下，商品的价格被一再抬高，商品的价值概念也发生了很大的变化，人们不再关心商品真正的使用价值，而是把攀比消费当成了自我炫耀的一种资本，甚至是把某些昂贵的商品当成了自己身份的标签。这种心态是不可取的，人的价值绝不能用物质来衡量，金钱可以反映一个人的富有程度，但不能反映出一个人的品行，所以我们不要太过迷信物质，而应树立正确的金钱观，努力避开凡勃仑效应的陷阱。

## 旁观者效应：责任分散下的"集体冷漠"

在媒体的报道中，很多悲剧性事件都是由集体的冷漠造成的，当有人遭遇不测时，现场的大多数人选择了袖手旁观，于是本来可以完全避免的悲剧就这样在众目睽睽之下发生了。公众对于这样的事情感到无比愤慨，不少人甚至毫不留情地指出杀人的不是灾难本身，而是人性的自私和冷漠，那么事实果真如此吗？

心理学家认为发生突发性事件时，人们之所以纷纷充当了旁观者，并非是因为天生冷血，而是因为受到了旁观者效应的影响。旁观者效应也叫责任分散效应，它指的是随着旁观者数量的增加，责任就被无限分散了，每个人都觉得自己不必为事件负完全的责任，当看到他人没有采取行动时，自己通常也不会贸然行动，许多见死不救的事情就这样发生了。

现实生活中，旁观者效应是非常普遍的。比如看到有人溺水，旁观者甲想要下水救人，但转念一想，现场有那么多目击者全都无动于衷，自己独自救人是要承担风险的，于是便改变了注意，加入了观望的队列。溺水者身亡以后，甲或许会感到自责内疚，不过他想责任并不该由自己来承担，而应由所有的目击者分担，经过分摊，每个人身上的责任都已经轻得近乎没有分量了，这样一想，甲也不再内疚了，随后很坦然地离开了事发现场。出现偶发事件，如果现场人数众多，人们在行动之前都会事先观察别人的反应，如果众人默然无应，自己也会冷眼旁观，所谓的集体冷漠就这样产生了。

1964年3月的一天凌晨三点，纽约昆士镇发生了一起骇人听闻的谋杀案，很快这一事件就上了《纽约时报》的头条，引起了人们广泛的热议。据报道，死者是一位年轻的酒吧经理，下班回家途中路过克尤公园，歹徒趁机袭击了她。据说凶手和受害者原本素不相识，凶手之前就有过杀人的前科，这起谋杀案与私人恩怨无关。但一起普通的谋杀案是不可能成为震惊美国的头条新闻的，它之所以能成为特大新闻，必定是因为这个案件自有不同寻常之处。

其实这一案件能引起广泛关注，主要是因为整个谋杀过程持续了半个小时，起初凶手用匕首刺向她，发现旁边有目击者就离开了，之后又折回来再次刺向被害者，然后又离开了，最后在公寓里把她杀死了。其间，受害者尖叫、呼救，陆续有38个人听见了她的呼叫声，并目睹了她被刺的情景，可是面对这样的暴行，所有的人都选择了充耳不闻、视而不见，没有人挺身而出，也没有人报警，直到受害者死后，才有一个人给警察打了电话。

在紧急事件发生时，如果没有他人在场，目击者尚能出于良心和道德，对遭遇不幸的人提供及时必要的帮助，但是，如果有很多人在场，情况就会变得微妙复杂了，见死不救的责任扩散到众人身上，个体的责任就微乎其微了，这时人们便会相互推诿、互相观望，几乎没有人愿意出手相救。

## 法则应效

旁观者效应告诉我们，责任分散会导致集体冷漠，我们遇到类似情况时，绝不能被淹没的责任泯灭了良知，一定要果断地采取必要的行动。其实每个人对社会都有一份责任，对于处于困境的人也有一份责任，关键时刻，要学会担当，主动对有需要的人施以援手，这样才能把冷漠的人间变成温暖的乐土。

# 标签效应：贴在心上的标识

在评价别人时，我们会根据自己的主观喜好给不同的人贴上不同的标签，比如提起爱因斯坦，我们首先想到的是"天才"一词，提起希特勒，我们首先想到的是"恶魔"，"天才"和"恶魔"就是我们赋予两位历史人物的个性化标签。其实我们在给别人贴标签的同时，别人也在给我们贴标签，人们喜欢互相贴标签，然而却很少有人关注标签对自己或他人的影响。

心理学家指出一个人如果像商品一样被贴上了鲜明的标签，他就会自觉地对自己进行相应的印象管理，促使自己的言行举止和标签相吻合，这种现象就叫作"标签效应"。第二次世界大战期间，美国的一位心理学家曾对新招募的士兵做过一项有关标签效应的心理实验，他让那些纪律散漫、表现极差的士兵每月定期给家人写信，内容都是讲述自己如何遵守军纪、英勇作战、立功受奖等。半年以后，这些士兵都做出了惊人的改变，他们真的遵照信中的内容去做了，由一群散兵游勇的劣兵变成了一支听从指挥、纪律严明的劲旅。标签效应是神奇的，它就如贴在心上的标识，能在无形中变成我们生命中的一部分，促使我们在行为和品行上做出相应的改变。

罗森汉恩博士在研究标签效应时，曾招募8人假扮精神病人请医生诊断病情。他们身份各异、年龄不同，但精神状态都良好。这个团队由心理学家、医生、研究生、画家、精神病学家和家庭主妇组成。乍一看，他们和常人没有什么不同。这8个假病人在接受诊断时，全部声称自己有严重的幻听。入院之后，尽管言行完全正常，仍有7人被诊断出患有狂躁抑郁症。

当这些假病人声称自己正常，强烈要求出院时，医护人员把他们的请求看作是"妄想症"加重的表现。医护人员认为假病人能互相聊天，并不代表他们有正常的交谈能力，他们会做笔记说明精神疾病发展进入了新阶段，其"书写行为"是精神病加剧的征兆。由于被贴上了精神病的标签，假病人的一切正常行为都被视为反常，通过这个实验罗森汉恩证实了在医疗机构中乱贴标签的危险性，医生一旦误诊，就可能一错再错，其后果是不堪设想的。

试想一下，如果那8名假精神病人被强行留在精神病院中会发生什么？最有可能出现的情况是，在标签效应的影响下，他们渐渐地把自己当成了真的精神病患者，久而久之精神也会跟着错乱和失常。可见，标签效应是一把"双刃剑"，它既能给人带来积极的影响，又能给人带来极为消极的影响。我们要学会利用其积极的一面，以此激励他人、鼓励自己，促进自己和他人的共同成长和进步。

法则效应

运用标签效应，我们应格外注意，不要乱给别人贴标签，不能戴有色眼镜看人，以免给别人的心灵造成伤害，同时我们要学会温柔地呵护自己，绝不能随意地给自己贴负面标签，如果外界误解我们，给我们贴上了带有歧视和恶意的负面标签，我们要果断地把它撕掉，绝不能把它当作自己的标识。

## 包装效应：美不只在外表

在商业领域，商家总是费尽心思包装产品，这是因为精美的包装不但可以提升商品的价值，还能刺激人们的购买欲，大大地提升产品的销量。由于人们对产品的最初印象主要取决于外观和包装，所以任何一款优质的产品都离不开一流包装的烘托，好的包装让人一见即爱，难怪商家会挖空心思设计形形色色的包装了。

商品需要包装，其实人也一样，一个人若是懂得包装自己，就能给他人带来良好的印象，这种现象就被称为包装效应。在现实生活中，人对于他人的认识都是由表及里的，浅层次上的认识主要和外表的审美有关。所以很多人为了给别人留下好印象，会在发式、服装、配饰、妆容上做足功夫，把自己包装得格外光鲜亮丽，有的人还擅长用优雅的谈吐、时尚的品位来包装自己，使自己看上去更有内涵。

在包装效应的影响下，一个普普通通的人也有可能大放异彩，包装就如同 PS 修图软件，能迅速地将一个资质平平的人无限美化，给人带来一种虚幻般的美好感受。包装自己，力图给他人留下好印象，本来无可厚非，但是我们必须清醒地认识到，包装始终只是一层外壳，不管它有多么华美，都不能代替我们本身，我们只有不断加强自己的内在修养，内外兼修，才能赢得他人的尊重和欣赏。

在人类历史上，多少大半生叱咤风云的人物，一旦落败都难逃"成王败寇"的法则，最终都被当成了可悲的失败者。但是拿破仑不一样，尽管遭遇了滑铁卢的失败，此后他没有东山再起，人们依然把他奉为不倒的神话，这是为什么呢？部分原因是拿破仑自身的魅力和影响力，部分原因是拿破仑对自己形象的成功塑造。

早在担任军团司令时，拿破仑就开始了对自己形象的塑造，他不但要求军团印制刊物宣传自己的特别才干，还让随军的画家为自己画像，突出自己骁勇不凡的英姿。作为领袖，拿破仑觉得身材矮小有损自身的形象，于是便叫勤务兵对外多说了几寸身高。

执政期间，法国出现了反对者，拿破仑一边镇压反对自己的人，一边着手新形象的塑造。在这一时期，拿破仑一改往日威风凛凛的英雄形象，摇身一变，成了勤于政务，每天为国事操劳的政治家。在宣传画中，他要么忙着签署法令，要么就是在起草法案。

在拿破仑的军旅和政治生涯里，留下了大量精美笨重的油画，它们使拿破仑的形象得以长久流传，不过这些宣传品只能陈列在画展里供少数人品赏，并不能对普通的民众产生影响。为了让自己的形象深入更广大的群体，拿破仑开始热衷于为自己塑造戎装半身像和头像，称帝以后，他又精心打造了一系列以自己及其夫人为主题的灯饰、餐具、家具等用品，拿破仑的形象借助这些生活化的物品进入了法国乃至整个欧洲的普通家庭，使得拿破仑家喻户晓。

人们对拿破仑的推崇和热爱，虽然和他善于自我包装有关，但如果他表里不一，是不可能获得人们的认可的。专门为他创制的画作虽然有刻意美化其个人形象之嫌，却部分真实地反映了拿破仑的原貌，作为将帅，他确实有大将之风和军事才干；作为政治人物，他改变了欧洲格局，颁布了法典，确实可以称得上政绩卓著的政治家。拿破仑的故事告诉我们，包装虽然重要，内核更加重要，只有拥有和外表匹配的能力、才干，才能让包装效应成全自己。

**法则效应**

许多人把个人形象的塑造简单理解为华服美妆的自我粉饰，这种想法是非常肤浅的，只有外在没有内在，只会被看成是一只精致的花瓶，并不能真正被人欣赏。一个人是否能给人以赏心悦目的感受，不仅取决于外表，也取决于心灵。只有内外兼美，才是真美。

## 轰动效应：奇人奇事引发的轰动

世界之大无奇不有，世间的奇事经过宣传和炒作，几乎都能引起轰动。一个民间奇人做了一件匪夷所思的荒唐事，也有可能让所有人大吃一惊，继而造成巨大的轰动。对于当事人来说，成为焦点是一件喜忧参半的事，有的人享受到了被瞩目的感觉，有的人却承受了无穷的压力和苦恼。可是大众很少考虑他们的感受，总是无所顾忌地把那些新奇的消息当成茶余饭后的谈资，不知不觉就成了某一事件的推波助澜者。

轰动事件之所以能引起轰动，多半是基于人们追求刺激和猎奇的心理。毕竟对于大多数人来说，日常生活太过平淡了，人们渴望涟漪，渴望波澜，希望获得新鲜刺激的体验，如果这个愿望不能在自己身上实现，就会把目光投向别人。在这种情形下，一则耸人听闻的消息便成了其中的一个载体。人们津津乐道地讲述它，添油加醋地传播它，把它当成了最大的娱乐和消遣，至于消息本身是真是假，则没人有兴趣核实了。

轰动效应多半和引人注目的事件有关，有些事件在传播的过程中已经偏离了事实本身，一旦成为街谈巷议，那就以讹传讹了。有些爆炸性的消息多少保留了一定的真实性，如果人们不是用猎奇的眼光审视它，而是以平和的态度面对它，或许还能从中得到些许有益的启发。

近年来有个叫余秀华的农妇火遍了网络，成了万众瞩目的民间诗人。有的学者甚至盛赞她是中国的艾米丽·迪金森，北京一些高校也盛邀她为学生们进行诗歌朗诵。这个农妇诗人引起的轰动不亚于明星或传奇人物，那么她为什么会在社会上引起那么广泛的影响呢？

余秀华能一举成名，虽然和诗歌有关，但人们普遍更关注她的独特身世。与其他诗人不同的是，她是个无法劳作的脑瘫患者，不但走路不稳，连维持身体平衡都有些吃力。有谁能想到一句句新颖绝妙的诗句居然就出自这个脑瘫患者的笔下，凡是读过她诗的人无一不被她的才华和精神所触动。她的诗歌就像原野上的泥土一样清新，有一种凛冽的新鲜感，令人为之一爽，联想到她身患脑瘫的独特情况，人们自然会对她格外钦佩。

在余秀华的笔下，优美的乡村风光被赋予了全新的生命力，给人带来了耳目一新的感觉。譬如"一棵稗子提心吊胆的春天""村庄被这场大雪洗劫一空"等诗句，语言鲜活且富有意境，同时又十分耐品。然而这么简短的诗行，却耗费了余秀华不少的心血和气力。因为脑瘫，她每写一个字都分外吃力，每次提笔，都要用左手用力压住右腕，才能勉强写出一个歪歪曲曲的字。凭借顽强的毅力，她克服了身体上的不便，将自己的思想、激情流溢于笔端，给更多的人带来了全新的思考。

轰动效应在一定程度上反映出了一个时代的浮躁，不少轰动事件成了人们口中的快速消费品，能引发人们持久关注的事件必然有其独特的价值。农妇诗人的火爆反映出了人们对励志精神的高度认可，这则轰动事件给社会带来的是正能量和正向思考，像这样的事件，人们广泛热议、竞相传播，并不会给社会和他人造成负面影响。不过很多时候，受轰动效应的影响，许多当事人被置于风口浪尖上，背负着大众舆论的压力，身心受到重大影响。所以我们要理性地看待轰动效应，不要轻易推波助澜，做出有损别人名誉和利益的事情。

**法则效应**

轰动效应虽然是群体制造出来的效应，但作为其中的一个个体，我们应时刻反思自己的行为。经常被轰动事件吸引，以八卦、无聊的心态消费别人的喜怒哀乐，这本身就是一种浅薄的行为。我们应该有更高的精神追求，通过其他方式充实自己的内心，努力让自己的人生变得丰富多彩，而不该沉迷于任何廉价的快感。

## 配套效应：有一种配套叫"和谐"

生活中人们或多或少见到过这样一种情形：某位男士有一天心血来潮买了一条上档次的领带，忽然觉得自己的穿着搭配很不协调，于是又先后购买了高级西装和品牌皮鞋；某位女士买了一条闪闪发光的项链，随后又忍不住买下了耳钉、长裙、高跟鞋与之搭配。这种现象就是心理学上的"配套效应"。配套效应指的是人们有了一件新物品以后，会不停地配置与其相适应的物品，尽管有些东西根本就不需要，但为了获得心理上的平衡，人们还是会迫使自己购买不需要的东西。

配套效应是一种常见的生活现象，比如人们在搬入新住宅时，为了让家居环境和房屋配套，总是忍不住要豪华装修一番，地上铺上昂贵的木地板以后，自然要耗费不少工夫装修四壁，四壁布置得富丽堂皇，还要配上红木家具，住在这样的豪宅里，出入必须穿得讲究些才行，所以衣服鞋袜都要统统换掉，假如男主人或女主人不够档次，和周围的环境格格不入，恐怕也要随时被换掉了。显然，配套效应可以使周围的环境越来越"和谐"，但这种"和谐"的背后是不必要的浪费，人若是执著于这种"和谐"的配套，就离原味的生活越来越远了。在环境改换前，你周围的一切和你才是一体的，仅仅是因为得到了某个新物品，就把一切都换掉，环境确实完全配套了，不过却彻底背离了你的本真。

法国哲学家丹尼斯·狄德罗有一天从朋友那里得到了一件昂贵的礼物——一件做工精良、样式高雅的酒红色睡袍。狄德罗从来没有穿过这么华贵的睡袍，所以对这件礼物可谓是一见倾心。回到家里，他迫不及待地换上睡袍，美滋滋地感受那种尊贵的感觉，可是没过多久他就觉得家里的一切都不对劲。家具的风格很不上档次，地毯的针脚粗得让人难以忍受，环顾四周，眼前的一切都不能和身上的这件华贵的睡袍相称。为了让周围的环境和睡袍配套，狄德罗几乎把家里的旧东西都换了，好不容易才让这个家跟上了睡袍的档次。不过狄德罗心里依然不舒服，他觉得自己居然被一件睡袍胁迫了，这太匪夷所思了。

在配套效应的影响下，胁迫我们的可能是一件睡袍，也可能是一个更小的物件，不知不觉我们就成了物的奴隶，为了使周围的物品完全配套，我们终日奔波劳碌，等到真正改换天地的时候，我们却失去了自己。最为可悲的是，我们因为自己和高档品不配套而羞愧自卑或者因为最亲密的人与环境不配套而嫌弃。物品本是为人服务的，人与物不和谐，需要改换的应该是物，而不是人，为了物品改变自己或者离弃至亲至爱的人是多么不值得。配套效应告诉我们，我们不该被多余的物品所累，视觉上的不和谐并不能深层次地影响我们的生活，只有心灵上的不和谐才能摧毁我们的人生。

**法则效应**

　　如果不想被物累，就要努力摆脱配套效应的影响，当你得到了一件高级物品时，不要忙着购买更多的东西和它配套，而要先考虑有无必要添置新东西，对于非必需品，大可不必添置。学会拒绝接受更多非必需的东西，努力克制自己的不适感，这样你就不会被一件小物品奴役了。

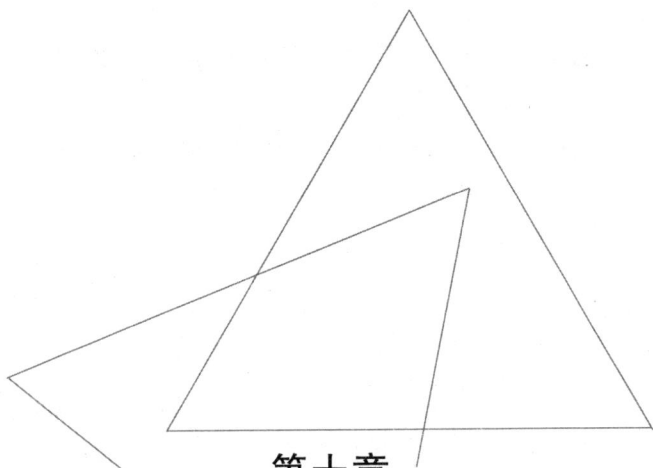

# 第十章

## 幸福哲学：心若安好，便是幸福

当今时代，马路越拓越宽，然而我们的幸福却没有随之拓宽；摩天大楼越建越高，然而我们的幸福指数却没有随之升高。这是为什么呢？从因果定律分析，主要跟我们看待人生的态度有关。我们把幸福想得太复杂，把物质看得太重要，情商太低，不懂得珍惜。其实幸福只是内心的一种状态，只要我们的内心世界和谐，幸福就会不请自来。平时少些功利心，少些焦躁抱怨，多一些感恩，多一些从容，这样，无论得意还是失意，无论在顺境还是逆境，无论是交了好运还是正承受不幸，都能应对自如、谈笑自若，人生即使是苦涩的，也能从中撷取点点诗意。

其实幸福并没有那么难，饥饿时能得到一碗热粥，寒冷时能得到一件冬衣，落寞时能听到一声问候，就能感觉到幸福。幸福需要一定的物质基础，但它本质上依旧是源于心灵的体验，无论你是知足常乐还是有更高的志趣追求，都能收获幸福的感受。

## 史华兹论断："不幸"转身就是"幸福"

每个人都渴望拥有幸福的人生，但谁都避免不了不幸事件的发生，人间没有永恒的春天，即使是命运的宠儿有时也要接受严寒的考验。那么对于身处不幸中的人来说，是不是就永远被剥夺了幸福的资格呢？显然不是。美国心理学家史华兹说："所有的坏事情，只有在我们认为它是不好的情况下，才会真正成为不幸事件。"也就是说，幸与不幸不在于境遇本身，而在于你对它的解读，这种论断就是有名的"史华兹论断"。

史华兹论断告诉我们，如果我们能从坏事中看到好的一面，就能把危机变成转机，将厄运变成好运，用生活的苦水酿出幸福的甜酒来。相信史华兹论断，也许并不能帮助我们从低谷跃向高峰，但是确实能让我们从黑暗中寻到一线光明，在凄风苦雨中感到一丝温暖。史华兹论断不是自欺欺人的乐观主义，如果我们选择相信，它就能给我们带来奇迹。

乔布斯17岁那年考上了大学，可是由于学费太贵，没过多久他就花光了家里所有的积蓄。半年后他被迫做出了一个艰难的决定——退学。起初他心里相当茫然，不知道以后的路该怎么走，作为一个踌躇满志却两手空空的年轻人来说，退学无疑是一个沉重的打击。乔布斯虽然有些困惑，不过他并没有太难过，因为他从坏事中看到了好的一面，心想退学以后他就再也不用理会那些自己不感兴趣的课程了，以后他可以用更多的时间学些有意思的东西。失去了文凭，却得到了自由，这也算是不幸中的万幸吧。

因为再也不用去学习正规的课程了，乔布斯有了更多的时间学习自己感兴趣的美术字。在课堂上，他学到了字体的基本知识，知道了如何通过改变间距设计出更美观大方的字样。他学到的东西在以后创业过程中起到了非常关键的作用，那些漂亮的印刷字体嵌入他的电脑产品以后，效果相当不错。回顾往昔，他坚持认为如果没有辍学的经历，自己是不可能设计出这么赏心悦目的字体的，苹果电脑也不可能像现在这么完美，所以他由衷地感谢那段艰难的岁月。

乔布斯凭借不竭的创造力和精益求精的精神，把苹果公司带向了顶峰，可很快戏剧性的一幕出现了，由于和股东意见分歧太大，他被驱逐出了自己一手创办的公司。那年他已经步入而立之年，觉得生命中最重要的支柱瞬间倒掉了，就在黑暗一步步吞噬他时，他渐渐地看到了一线曙光，决定从头再来。被炒给了他前所未有的自由，他的人生进入了极富创造力的一个阶段。接下来他创办了 NeXT 公司和 Pixar 公司，Pixar 公司制作出了票房口碑极佳的动画电影《玩具总动员》，现在已经成了在世界上非常有影响力的电脑制作工作室。后来苹果公司收购了 NeXT 公司，苹果公司在运行过程中出现了严重问题，不断走下坡路，乔布斯临危受命回到了苹果公司，凭借 NeXT 公司的技术力挽狂澜，把苹果公司重新带向了辉煌。多年以后，乔布斯提起这段经历时，很肯定地说，如果当初不被苹果公司开除，那些令人称奇的事情是一件也不会发生的。

幸与不幸不是绝对的，命运就像一张纸牌，调皮地转一下身，瞬间就能把不幸和幸运改换。很多时候，幸和不幸只是一枚硬币的两面，不幸的事件并没有我们想象的那么糟糕，譬如辍学能让我们更早地认识社会，失业能改变我们的发展方向，一段感情的结束可能会让我们找到更适合自己的人，我们如能从不幸中看到幸福，人间处处别有洞天，所有的苦痛和烦恼也就不复存在了。

## 法则效应

其实痛苦和欢乐只是主观感受，身在逆境，如果我们依然有感知幸福的能力，那么就算经历再多的风风雨雨，也不会陷入不幸的深渊。幸福就扎根在我们的内心深处，无论历经多少艰难困苦，只要我们初心不改，快乐将永远与我们如影随形。

## 平衡法则：世界不是公平的，而是平衡的

宇宙和世间万物都遵循着一种平衡法则，它们各自有着属于自己的生命周期和循环系统，以一种极其微妙的方式运行着。宇宙的新陈代谢就是不断平衡的过程，原有的平衡被打破、旧事物消亡以后，涌现出来的新生物会重新构建出一种平衡。地球的生命系统遵循的也是同样的规律。生命的进化是一个由简单到复杂的过程，低级的微小的生命演化成了庞大复杂的生物世界，到了一个循环周期，旧的物种灭绝，进化步入新阶段。恐龙的灭绝就是如此，它的消亡促成了哺乳动物的繁荣强盛，后来人类出现了。

世界总是以它独特的方式保持着一种平衡，一切都不是以人的主观意志为转移的。正因为如此，许多人认为，幸福的主动权并不掌控在人类自己手里。坦白地说，生活的确不如人所愿，一个渺小的个体根本不可能强大到和整个世界抗衡，想要改变社会运行的规律是不现实的。在现实面前，我们或许有些无可奈何，毕竟我们不是超人，改变不了宇宙，改变不了世界，甚至改变不了自己所处的环境，我们唯一能改变的只有自己的心境，但只要掌控好了心境，我们就掌握了幸福的主动权。

有这样两个人：一个富有但体弱多病，另一个贫穷但身体健壮。两人都觉得自己不幸福，同时又互相羡慕。富人认为自己虽然什么也不缺，但每天承受病痛的折磨，实在太痛苦了，如果他能获得健康，宁肯用自己的全部财富来交换。穷人认为自己除了健康，一无所有，只要能变得富有，乐于付出任何代价。

有一位神医得知了他们的愿望，便采用交换人脑的方法帮助他们改变了命运。富人很快失去了全部的家财，却获得了健康。穷人从此腰缠万贯，不过身体状况越来越差。两人都过上了自己梦寐以求的生活，生活虽然不尽如人意，但是都感到很满足。

一贫如洗的富人由于有了一个好身体，精力越来越充沛，他踏实肯干，又能吃苦，渐渐地富起来，很快就有了自己的一份产业。由于

过分劳碌，他身体越来越吃不消，由于之前有过被病痛折磨的经历，只要身体略有不适他就忍不住胡思乱想，由于身心压力太大，他又染上了各种疾病，不久他又过上了以前那种富有但饱受病痛之苦的生活。

那个一夜暴富的穷人，过上了体面生活以后，整日为自己的身体状况发愁，他担心享受不完财富，自己就驾鹤西去了。一想到这万贯家财是用宝贵的健康换来的，他就感到万分心酸，于是打算生前尽情享受一番。从此他不再耗费心思积累财富，也不再为任何事情苦恼，一心只想让自己过得舒服快乐。不久，他便把所有的钱财挥霍一空了。不过由于那段时间他过得无忧无虑，心里没有任何负担，身体渐渐地强壮起来，后来他又变成了一个健康的穷人。

故事中两个人在交换人生以后又回到了最初的样子。或许有人认为这说明世界总是不公平的，富足的总是富足，贫寒的总是贫寒，健康的总是健康，羸弱的总是羸弱。为什么人与人就不能均衡一下呢？其实这种种不公平现象揭示的就是一种平衡法则，在这个世界上，没有人能真正拥有一切，也没有人真的一无所有，每个人的生命里都有一种缺失，你所拥有的未必都是你想要的，可在别人眼里它们可能是无价之宝，也有可能是幸福的全部资本。平衡法则不是为了取悦你而存在的，无论你喜欢与否，它都会以自己的方式保持着一种平衡。如果你改变心境，珍惜自己拥有的东西，你会忽然发现自己其实真的很幸福。

**法则效应**

人生之所以痛苦，是因为人们强求客观世界服从自己的主观意志，总是幻想着过上随心所欲的生活，这是不切实际的。生活不是童话，世界也不会为我们改变，与其怨天尤人，不如多从自己身上找原因。其实幸福并不需要我们掌控一切，只要我们能掌控自己的内心，就能拥有一个幸福的世界。

## 棘轮效应：由俭入奢易，由奢入俭难

司马光曾经说过："由俭入奢易，由奢入俭难。"的确，人的欲望一旦膨胀起来是很难缩回去的。生活俭朴的人忽然过上了阔绰的生活，多半会沉醉于灯红酒绿、纸醉金迷的世界，怎么可能想要过回以前那种简单朴素的生活呢？在消费方面也是如此，平时精打细算的人如果手头宽裕了，花钱自然会越来越大方，想要让他们像以前那样节省，也是不可能的。这说明消费习惯形成以后就不可逆了，向上调整容易，向下调整则是难上加难，这种现象就被称为"棘轮效应"。

棘轮效应反映的是一种贪婪心理，人生来就是不易满足的，正所谓"饥而欲食，寒而欲暖"，饱暖之后又会生出无穷无尽的欲望。在欲望的驱使下，我们总是渴望得到更多，消费更多，就算占有了全世界最优质的资源，把一切有价的东西全部收入囊中，依然不会感到满足。因为欲壑难填，所以我们总是感觉不幸福。

人的欲望本身就是无止境的，商家的宣传则进一步刺激了人的物欲。一时间似乎每个人都觉得只要是好东西就值得自己拥有，所以名表、豪车、限量版包包一旦新鲜出炉，许多人都会为之疯狂，财力有限的人不惜借钱或者节衣缩食来加入抢购大军，如此一来，虚荣心确实得到了极大的满足，但是生活品质却下降了，幸福又从何谈起呢？若想获得幸福，必须学会克制自己的欲望，只有克服了自己的贪婪心理，我们才不会被欲望所累，活得从容而洒脱。

有一天，有几个学生想拉着苏格拉底到集市上逛一逛，目的是让老师大开眼界。为了让老师对那些琳琅满目的商品动心，他们故意把那里的繁华景象夸张地描述了一番："集市上的好东西可真不少啊。好看的、好玩的新鲜东西应有尽有，您去了，一定看得眼花缭乱，一定会满载而归。"

苏格拉底想了一会儿，同意陪学生看看。第二天，苏格拉底像往常那样平静地走进教室，学生们一下围了过来，纷纷向他打听集市一行的收获。苏格拉底并没有绘声绘色地描绘自己看到的商品，只是不动声色地说："此行我最大的收获就是发现这个世界原来有那么多我根本用不到的东西。"

课堂立刻安静下来，学生们预感到老师又要宣讲人生的哲理了，于是洗耳恭听。随后，苏格拉底说道："当我们为了奢侈的生活劳碌奔波的时候，幸福就与我们渐行渐远了。幸福其实很简单，如一个房间，必需品一个不少；不需要的东西一个也不多。做学问不能轻易满足，但对于物质要懂得满足，这样才容易获得快乐。"

事实上，我们真正需求的东西并不多，古人可以一箪食一瓢饮自得其乐，对于我们现代人而言，消费只要能够满足正常生活所需便可以了，余下的都属于过剩的购买欲。我们应该明白，适度地提升消费水平，确实能在一定程度上改善生活质量，提高我们的幸福指数，但是透支型消费和奢侈型消费并不会提升我们的幸福感，反而会让我们不堪重负。由此可见，节制消费是多么必要。

**法则效应**

幸福不能明码标价，也不是信用卡可以刷出来的，一掷千金的快感只能给人带来短暂的兴奋感，它并不是真实的幸福感受。挥霍不能换来幸福，却有可能将幸福赶走，只有了解了这一点，看透棘轮效应的本质，你才能停止无意义的消费，发现幸福的真谛。

## 奥卡姆剃刀定律：快乐原来如此简单

如果被问及人生的终极追求是什么？恐怕人们会给出一个统一的答案——幸福。然而幸福是抽象的，它不能用具体的事物来描述。假如把幸福具体化，你的回答又是什么呢？也许有人会说一份成功的事业、一个美满的家庭、一笔让人羡慕的银行存款、一所面朝大海的大房子……其实拥有这些的人未必是幸福的，因为追逐这些东西，人生就会变得越来越复杂，而复杂的人生通常和幸福是不兼容的。

事实上，人拥有越多反而越难快乐，简单平实的生活反而更有质感。早在14世纪，英国逻辑学家奥卡姆的威廉就发现了极简主义的价值，他主张剔除无价值的东西，化繁为简解决问题。其流传最广的名言是："切勿浪费较多的东西去做用较少的东西同样可以做好的事情。"这个原理被概括为"如无必要，勿增实体"。这个论断就是著名的"奥卡姆剃刀定律"。奥卡姆剃刀定律告诉我们，果断地拿出犀利的剃刀，把多余的东西统统剔除，我们就能过上简单幸福的生活。很多时候，我们过得不幸福，就是因为被自己制造的麻烦压垮了，只有勇于向复杂的生活开刀，我们才能一身轻松地活在阳光下，沐浴朝晖夕阳，笑看云卷云舒，享受难得的安闲和快乐。

从前有个快乐的渔夫，每次出海只撒一次网，无论收获多少，捕捞到的是大鱼还是小鱼，他都绝不撒第二次网。有人感到很疑惑，就问他说："你为什么不多撒几次网呢？这样不是就能捞到更多的鱼，卖更多的钱了吗？""得到了更多的钱，又能怎么样呢？"渔夫不以为然地说。那人提高声音说："那就可以过上自己想要的幸福生活了。"

渔夫请他具体描绘一下所谓的幸福生活。那人说："丰衣足食、无忧无虑，能随心所欲地安排自己的生活，有闲暇时间陪伴家人，还可以面对蓝天碧海，悠然地躺在沙滩上美美地晒太阳，这样的生活难道你不想要吗？"

渔夫笑道："我每天撒一次网，过的就是你描述的生活啊。现在的我衣食无忧，有大把的时间陪伴家人。只要我愿意，随时都可以躺在沙滩上舒服地晒太阳。我觉得我已经非常幸福了，为什么还要多撒网多捕鱼呢？"

这则故事告诉我们，越是简单的生活离幸福越近。渔夫的幸福最为接近本真的幸福，他追求的幸福生活与物质、金钱、名利完全无关，眼中的阳光美景、海岸沙滩自然也是最真的景色，最为难得的是他没有因为物欲牺牲个人生活，有充足的时间陪伴家人共享美好时光，只要高兴随时都可以享受一次日光浴。而那些超级富豪则不同了，百忙之中才能抽出一点时间陪伴家人或者晒晒太阳，普通人唾手可得的幸福，在他们那里却变成了奢侈品，这样的生活又怎么可能幸福呢？它所维系的不过是一个光鲜的表象罢了。其实幸福并没有那么难，只要我们不要让自己活得那么复杂，懂得知足常乐，幸福便无所不在。

**法则效应**

美国作家丽莎·普兰特曾经说过："幸福来源于简单生活。简单其实是一种全新的生活哲学，当你用一种新的视觉观察生活、对待生活，你就会发现简单的东西才是最美的。"是的，简单就是美，复杂会背离事物本身，唯有追求简单的生活，我们才能抛开凡尘的负累，在宁和的氛围里，自由快乐地嬉戏追逐。

## 霍姆斯马车效应：生命是有时限的

传说，上帝曾经造过一辆最完美最坚固的马车，它的每一个部件都非常匹配，部件间的衔接简直可以用天衣无缝来形容，可是等到马车的使用寿命终结时，车身、车轮、车轴等所有部件瞬间失灵，它们几乎同时报废了。没有一个零部件是持久耐用的。19世纪，美国有位叫霍姆斯的医生兼作家写了一首诗，他在诗中描述了传说中的马车，后人就把完美马车的报废称为"霍姆斯马车效应"。

身为医生的霍姆斯曾经认真思考过完美马车毁掉的过程，他认为一架看起来完好的四轮马车，在毫无征兆的情况下轰然变成碎片，简直太不可思议了。其实人体又何尝不是如此呢？人体也可以被看作是上帝的杰作，每个零部件匹配得恰到好处，健康的时候，它一直是高效运转的，可是等人步入暮年以后，所有的零部件都会磨损老化，直到有一天它们集体失灵了，这就意味着一个生命彻底终结了。

霍姆斯马车效应告诉我们，就如同完美马车有寿命一样，人的身体也是有寿命的，我们不能青春永驻，也不能长生不老，终有一天我们会离开这个世界。正因为如此，我们才应该倍加珍视生命，努力把握幸福时光中的每一刻，如此才算没有辜负人生。珍惜每一天，让每一天都过得幸福、充实而有意义，如此才能了无遗憾。

乔布斯17岁时，从书中读到了这样一句话："假如你把生命中的每一天当成最后一天去活，那么终有一天你会发现自己是正确的。"他把这句话深深记在了心里，在以后30多年的岁月里，他每天都会站在镜子面前问自己："如果今天就是你在人世的最后一天，你是否会去做今天要做的事情呢？"当连续好几天他都对自己说"不"的时候，他就会毅然改变某些计划。

乔布斯一生都在探求死亡的课题，他深知在死亡面前，所有的荣耀、成就、难堪和失败都不值一提，真正重要的东西其实是生命本身的价值。他时刻提醒自己人随时都有可能死去，所以他想方设法让自己有限的生命焕发出更多的光彩。在青春年少时，乔布斯以同龄人少有的深沉思考生与死的问题，随着年龄的增长以及身体状况的恶化，他对生命的感悟更加深刻了。

后来乔布斯被诊断患了癌症，医生告诉他他的病无药可医，现有的医疗手段并不能帮助他控制病情，他至多还能活3～6个月。医生叫他做好最坏的准备。乔布斯知道自己大限已到，尽可能把每件事都安排好。有时候他离死亡无限接近，似乎马上就会被死神带走，然而又从死亡线上挣扎着活了下来。自罹患癌症以来，他苦撑了好几年，在最艰难的时候，他没有放弃自己热爱的工作，没有放弃家人，为了理想拼尽了最后一点努力，也给家人留下了无数美好的回忆，最后他安详地离开了，留给世人的不仅是那些让人拍案叫绝的创意产品，还有一句发人深省的生命忠告，那就是把每一天当成生命中的最后一天来活，因为你随时都有可能离开这个世界。

在这个世界上，每隔几秒就有一个人死亡，有的是寿终正寝安然离世，有的是死于突发意外，无论是哪种情况，其情形都和霍姆斯马车的废弃如出一辙，再完美的机体也维持不了永恒的生命力。我们常以为死亡是遥不可及的事情，却忘记了人生本是一个向死而生的过程，任何一天都有可能成为我们生命中的最后一天，所以我们不能辜负和浪费任何光阴，一定要让自己过得幸福，这样才不枉来世上走一遭。

**法则效应**

庄子说："人生天地之间，若白驹过隙，忽然而已。"是的，生命是短暂的，和悠悠天地、亘古不变的大自然相比，人的一生不过是眨眼的瞬间，如果我们对时光的流逝浑然不觉，等到生命戛然而止的时候，就会留下无尽的悔恨和遗憾。所以，我们要把握好有限的时光，把握好有限的幸福，势必要让自己的生命更加葱茏。

## 自恕效应：宽恕自己，走出过去的阴影

小时候，我们做错事受到批评指责的时候，即使心中已经有了懊悔之意，也总是忍不住为自己辩白几句，进而找出各种看似合理的借口为自己开脱，这就是最原始的心理保卫机制在起作用，在心理学上被称为"自恕效应"。

自恕效应，顾名思义，就是自己宽恕自己。明知自己犯了错，为了寻求心理平衡，保护自己不受伤害，便拒绝自我谴责，把责任推给客观环境或是他人。孩提时代，我们经常运用自恕效应安慰自己，长大以后，我们更容易宽恕别人，却唯独不肯饶恕自己，总是跟自己过不去，所以离幸福越来越远了。

每个人在一生中都会犯下大大小小的错误，如果我们把每一个错

误都当成负累，没完没了地谴责自己，那么人生就会变成可怕的梦魇，还能奢望自己有多幸福？诚然，做错事是一定要反省的，但反省并不意味着自我惩罚，任何的自毁行为都不能帮助我们补救什么。过去已成为不可更改的事实，我们也已经为自己所犯的错误付出了沉重的代价，无论我们再怎么折磨自己，一切都已经覆水难收了。既然如此，又何必继续懊恼呢？

世上没有什么错误是不能原谅的。即使是罪犯刑满释放以后也能得到第二次机会。正所谓"知错能改，善莫大焉"。宽恕自己，努力改正自己的错误，化自责为动力，才能给自己给他人带来更多的福祉。宽恕自己就意味着原谅自己，不再纠结于过去的人和事，给自己从头再来的机会。这或许是很难做到的，因为有些人为人处世宽人严己，但是无论我们怎么严己责己，往事不可追，过去的已经过去了，为了过去的包袱毁掉今天和未来的幸福更是不值得的。

桑德勒经常满面愁容，成天为过去犯下的错误懊悔不已。每次回忆往事的时候，他都希望自己当初没有那样做，他还常常为自己说过的话后悔，真希望自己从来没有说过那些话。为此，他总是闷闷不乐。

有一天，桑德勒来到实验室上课。看见老师的讲台上放了一瓶牛奶。学生们都感到分外好奇，都望着那瓶牛奶。过了一会儿，老师走上讲台，忽然抬起手把牛奶瓶打翻在水槽里，看着牛奶汩汩地流了出来，同学们惋惜不已。没想到老师却说："不要为打翻的牛奶哭泣。"接着让同学们聚到水槽边观看，桑德勒也跟着上前观察那瓶被打翻的牛奶。

老师对全体学生说："我希望你们一辈子记住这堂课，这瓶牛奶已经全流光了，无论你们怎么懊悔、怎么着急，都不可能挽回。现在做什么都太迟了，你们唯一能做的就是忘掉这件事，把注意力集中到下一件事上。"

原来，最近很多学生考试考砸了，总是自怨自艾，已经影响了日后的学习，所以老师才给他们上了这堂别开生面的课，学生们因此受益匪浅，桑德勒此后再也不为过去的错误纠结不已了，脸上的笑容渐渐多了起来。

"不要为打翻的牛奶哭泣"，是西方非常经典的一句谚语。它告诉我们对过去应持什么态度。牛奶已经打翻了，无法挽回，你唯一能做的就是忘记它，坦然面对今天。不要再纠结于过去的错误，因为人生的剧本不可能重演，你也没有机会穿越时空改正过去的错误，最明智的做法是不要再犯类似的错误，全力以赴地过好每一天，认真做好每一件事，这样你才能超越痛苦，遇见幸福。

**法则效应**

泰戈尔说过："如果你因为错过太阳而哭泣，那么你也将失去群星。"意思是我们不能过度沉湎于过去的错误，否则就将错失今天的美好。追悔往事并不能让我们过好今天，却有可能埋葬现在的幸福。人人皆会犯错，不要对自己太苛求，卸下心头的枷锁，勇敢地跨过去，快乐地迎接每一天吧。

## 幸福递减定律：得到越多，幸福感越少

很多时候，不是得到越多越幸福，你的幸福感有时会随着东西的增多而不断减少，这种现象就是著名的"幸福递减定律"。幸福递减定律在生活中是很常见的，比如一个饥肠辘辘的人在吃第一个馒头时会感觉味道格外香甜，吃第二个馒头时也很受用，吃第三个馒头时便有了饱腹感，若是被逼迫着吃下第四个、第五个，甚至更多的馒头，那简直就是受罪了。一个在沙漠里长期忍受干渴的人，在痛饮完一壶水时会感到分外满足，但是等他走出了沙漠，随时都能喝上干净的饮用水，一壶清水给他带来的幸福感几乎等同于零。

幸福递减定律告诉我们，我们很容易失去对幸福的感知能力，随

着物质的丰富、物品的增加，我们的感官会变得越来越迟钝，从前想要的幸福在今天看来很有可能不值一提。贫寒的时候我们是很容易满足的，能吃上一顿大餐、看上一场电影，就觉得很幸福。富足的时候，天天都能吃大餐，随时都能享受视听盛宴，它们带给我们的快乐几乎可以忽略不计了。事实证明，日子过得越好未必越幸福，如果我们把拥有一切当作理所当然，那么就找不到幸福了。

在战争时期，有一个国王为了躲避敌兵的追赶，逃到郊外藏了两天两夜。他又累又饿，为了活命，只好冒险出去寻找食物，路上遇上了一个樵夫。樵夫并不知道他的身份，看他又狼狈又可怜，顿生怜悯之心，于是就给了他一个玉米面和蔬菜做成的菜团子。国王万分感激地捧过菜团子，狼吞虎咽地两口三口就把它吃光了，他觉得这菜团子真是人间美味，赛过王宫里所有的珍馐佳肴。

战争结束后，国王回到了皇宫，心里依然对吃过的美味念念不忘，于是便吩咐御厨做菜团子给自己吃。御厨们费尽心思，也没有做出让他满意的菜团子。后来国王派人四处打听当初给自己菜团子吃的那个人，终于找到了。不过奇怪的是，这菜团子不似记忆里那般香甜，它口感粗糙，品相也不好，和一般粗劣的食物根本就没有什么差别。国王很困惑，不明白自己当初为什么把它当成了绝品美食。樵夫说："陛下，因为您当初很饿，所以能吃上一个菜团子会感到很受用。现在就不同了。"

国王终于明白了，困顿时，人拥有得愈少愈会思之不易，对仅有的东西会格外珍惜，而当自己拥有得越来越多的时候，心也就变得麻木了，自然再不会把任何东西看在眼里了。

我们感到不幸福，不是因为我们拥有的东西太少，而是因为我们身在福中不知福。饥饿时吃什么都是香的，饱腹时就算天天吃蜜也不觉得甜。

想要摆脱幸福递减定律的影响，重拾昔日的幸福，我们必须学会感恩和珍惜，正所谓"一粥一饭，当思来之不易；半丝半缕，恒念物力维艰"，怀着感恩的心去生活，而不是以苛刻的眼光审视生活，你会发现自己一直就生活在幸福之中。

**法则效应**

有时候你认为幸福永远也不会到来，不是因为幸福背离了你，而是因为你丧失了对幸福的感知能力。有时候你以为幸福刚刚开始，其实事实上幸福一直在你身边，你只是"不识庐山真面目，只缘身在此山中"而已。唤醒自己的心灵，学会珍视眼前的一切，即使你拥有的不多，幸福也会与日俱增。

## 马斯洛理论：高层次的幸福源于心灵的富足

我们知道幸福是一种主观的感受，那么这是否意味着幸福只和心灵有关，物质条件就一点都不重要呢？现实主义者显然不这么认为，因为抛开物质基础空谈幸福，就好比吃不上面包还要强颜欢笑一样，一切都显得空洞而虚假。显然幸福关乎精神，也关乎物质，那么两者之间哪一个更重要呢？美国心理学家亚伯拉罕·马斯洛在他的需求层次论里给了我们一个比较客观的答案。

马斯洛把人类的需求划分为五个层次。第一层次是生理需求，指的是满足个人生存所必需的基本保障条件，如食物、水、衣服、健康等。第二层次是安全需求，指的是使个人免于受到外界的伤害以及免受恐惧的困扰的一切需要，比如稳定的收入、较好的福利待遇、良好的社会治安等。第三层次是社交需求，指的是满足个人与外界交往的基本需要，并保障其从中获得爱情、友谊以及强烈的归属感。第四层次是尊重的需求，指的是自我认可的需要以及获得外界肯定和认可的需要，包括名誉、地位、成就、自尊、自信等。第五层次是自我实现的需要，它是人类最高层次的需求，指的是自我价值的实现，包括理想的实现、对事业的不懈追求以及对人生至高境界的追求等。

马斯洛认为人的需求是从低层到高层逐层递进的，只要满足了低层次的需求，才能有更高层次的追求。第一层次和第二层次的需求，反映的是人类对物质的需求，人只有在吃穿住用行的基本物质需求得到满足、正常生活有可靠的保障时，才能追求精神上的幸福。一个衣不蔽体、食不果腹、居无定所的人，是没有心情奢望在精神上获得多大的享受的。

幸福生活离不开必要的物质条件，但如果把物质当成了幸福的全部要义，你所能体验到的幸福就只是低层次的幸福，是绝对感受不到心灵富足所带来的极致快乐的。饱食终日不是幸福，茶余饭后感到惬意才是幸福；拥有金钱不是幸福，懂得善用钱财才能找到更多的人生乐趣；拥有一份高薪工作不是幸福，能通过工作获得愉快的体验、实现人生理想才是幸福。马斯洛需求层次论告诉我们，要想活得更幸福，我们不能太过迷信物质，而要学会向心灵深处探求快乐的意义。

英国作家威廉·萨默赛特·毛姆创作的小说《月亮和六便士》很好地阐述了马斯洛需求层次论的观点，以犀利的笔触解构了幸福的要义。故事讲述的是一个叫斯特里克兰德的证券经纪人，他收入颇丰，有着一定的社会地位，妻子顾家，孩子聪明可爱，各项条件都符合一个中产阶级的标准。但斯特里克兰德并不满足于这种生活，他一直有着更高的追求，于是在40岁那年毅然抛下一切，一个人去了巴黎，踏上了寻梦之旅。

斯特里克兰德为了追求自己心中的艺术吃尽了苦头，他一度贫困潦倒，后来又辗转流落到了塔希提岛，娶了当地的一个土著姑娘，并生下了三个孩子。一家人度过了一段非常美好的幸福时光。可惜好景不长，后来孩子们都死了，他自己也病死了，临终前他终于完成了一幅力作，不过他无意保留这幅画作，最后托人销毁了。

《月亮和六便士》的故事，并非完全虚构，斯特里克兰德的原型就是法国后印象派画家高更，月亮代表纯粹美好的理想，便士则代表纸醉金迷的世俗社会，主人公是一个富有的中产阶级，但是他并不幸福，因为内心极度空虚，后来他为了理想不顾一切、历尽坎坷，不惜远离物质文明社会，最终病死在一个民风古朴的偏远小岛上。

主人公对理想的执着追求是可敬可叹的，然而生活在世俗社会的我们是不可能为了追逐月亮而彻底抛弃便士的，我们不是高更，也不是斯特里克兰德，我们所能做的就是尽可能不被便士腐蚀，在依靠便士生存的同时，不忘抬头仰望明月，这样我们就能在梦想和现实中不断游走，活得既不世俗也不世故，同时又不愤世嫉俗，内心少些挣扎，得到看得见、触得到的幸福。

**法则效应**

幸福是需要温度的，便士可以买来暖气提高室温，可是如果我们的内心是冰冷的，那么无论花费多少便士，我们都不可能感到温暖。对于幸福的构成要素而言，物质条件是必不可少的，但物质不是幸福的全部内容，我们必须学会关注自己的情感和精神世界，才能提升幸福的层次。